Franz Renggli

Verlassenheit und Angst – Nähe und Geborgenheit

In der Reihe »Neue Wege für Eltern und Kind« sind bisher folgende Bände erschienen:

Band 1 Thomas Harms (Hg.): *Auf die Welt gekommen. Die neuen Baby-Therapien*. 2000 (Neuauflage 2017).

Band 2 Thomas Harms: *Emotionelle Erste Hilfe. Bindungsförderung – Krisenintervention – Eltern-Baby-Therapie*. 2008 (Neuauflage 2016).

Band 3 Mechthild Deyringer: *Bindung durch Berührung. Schmetterlingsmassage für Eltern und Babys*. 2008 (Neuauflage 2016).

Band 4 Dirk Beckedorf, Franz Müller: *Von der Resonanz zur Bindung. Förderung von Wahrnehmung und Bindung durch die Systemische Hörtherapie*. 2010 (Neuauflage 2016).

Band 5 Ursula Henzinger: *Bindung und Autonomie in der frühen Kindheit. Humanethologische Perspektiven für Bindungstheorie und klinische Praxis*. 2017.

Band 6 Thomas Harms (Hg.): *Körperpsychotherapie mit Säuglingen und Eltern. Grundlagen und Praxis*. 2017.

Band 7 Michel Odent: *Die Wurzeln der Liebe. Wie unsere wichtigste Emotion entsteht*. 2001 [1999] (Neuauflage 2018).

Band 8 Franz Renggli: *Früheste Erfahrungen – ein Schlüssel zum Leben. Wie unsere Traumata aus Schwangerschaft und Geburt ausheilen können*. [2013] (Neuauflage 2018).

Band 9 Thomas Harms: *Keine Angst vor Babytränen. Wie Sie durch Achtsamkeit das Weinen Ihres Babys sicher begleiten*. 2018.

Band 10 Thomas Harms: *Keine Angst vor Babytränen. Wie Sie durch Achtsamkeit das Weinen Ihres Babys sicher begleiten. Das Elternbuch*. 2019.

Band 11 Ursula Henzinger: *Stillen. Kulturgeschichtliche Überlegungen zur frühen Eltern-Kind-Beziehung*. 2020.

Neue Wege für Eltern und Kind · Band 12

Herausgegeben von Thomas Harms

Franz Renggli

Verlassenheit und Angst – Nähe und Geborgenheit

Eine Natur- und Kulturgeschichte der frühen Mutter-Kind-Beziehung

Psychosozial-Verlag

Bibliografische Information der Deutschen Nationalbibliothek
Die Deutsche Nationalbibliothek verzeichnet diese Publikation
in der Deutschen Nationalbibliografie; detaillierte bibliografische Daten
sind im Internet über http://dnb.d-nb.de abrufbar.

2. Auflage 2021

E-Mail: info@psychosozial-verlag.de
www.psychosozial-verlag.de

Umschlagabbildung: links: Hugo van der Goes, *Portinari-Altar*
(Mitteltafel, Ausschnitt), 1473–1477;
rechts: Correggio, *Madonna mit Kind und Korb*, ca. 1524
Umschlaggestaltung und Innenlayout nach Entwürfen von Hanspeter Ludwig, Wetzlar
ISBN 978-3-8379-2973-7 (Print)
ISBN 978-3-8379-7662-5 (E-Book-PDF)

Inhalt

Einleitung

Ursprünglich bin ich Biologe: Über den Umweg der Verhaltensbeobachtung an Affen/Primaten wollte ich mir eine Grundlage für mein Studium des Menschen erarbeiten. Als junger Wissenschaftler habe ich mich dann doch für den direkten Weg entschieden und ließ mich erstmal zum Psychoanalytiker ausbilden. Schon mit 29 Jahren habe ich meine ersten Praxiserfahrungen gesammelt. Damals habe ich als Kinder- und Jugendpsychotherapeut in einer staatlichen Institution gearbeitet, in welcher unsere Patienten stationär aufgenommen worden sind, weil sie zu Hause bei ihren Eltern nicht mehr tragbar waren. In diesem Therapieheim der Stadt Basel haben wir Therapeuten in einer regelmäßigen Gruppe mit allen Eltern und allen Jugendlichen gearbeitet – was für mich zur Grundlage meiner Arbeit mit Familien und dann später auch mit Paaren wurde.

Angeregt durch meine Erfahrungen mit Patienten, aber auch durch eigene Ängste und Beziehungskonflikte, habe ich früh die Erfahrung machen müssen, dass eine »Redetherapie« allein nicht ausreicht, um die tiefsten Schichten einer Seele, ihre frühesten Verletzungen und Traumatisierungen zu erreichen. So habe ich mich schließlich zum Körperpsychotherapeuten ausbilden lassen – mit folgendem Hintergrund: Unsere bewusste Erinnerung beginnt erst im circa zweiten/dritten Lebensjahr, dann wenn ein Kleinkind die Sprache erlernt. Jedoch sind alle früheren Erfahrungen oder Prägungen nicht vergessen, sondern sie sind im Körper gespeichert. Der Körper vergisst nichts – bis zurück zur Geburt und zum Erleben in der ganzen Schwangerschaft: Es ist dies die pränatale Dimension des Seelenlebens, auf die ich mich in den letzten 20 Jahren spezialisiert habe und die ich in meinem letzten Buch *Früheste Erfahrungen – ein Schlüssel zum Leben* (2018) allgemein verständlich dargestellt habe.

Doch das Thema der pränatalen Dimension des Seelenlebens wird im vorliegenden Buch nicht behandelt, hier geht es um die Entwicklung eines

Babys nach der Geburt, um *seine ersten emotionalen Lernerfahrungen im ersten Lebensjahr* – ein Thema, welches mich durch mein ganzes Leben begleitet hat, seit ich 1968 zu schreiben begonnen habe. Dieses Buch ist eine Zusammenfassung, eine Gesamtdarstellung all meiner Forschungen, wie ich sie in meinen früheren Büchern entwickelt habe. Anfügen will ich, dass ich seit vielen Jahren tatsächlich mit Babys und ihren Familien in meiner Praxis arbeite – eine für mich beglückende Art des Zusammenseins mit Menschen.

In meinem hohen Alter kann ich auf eine 50-jährige Praxistätigkeit zurückschauen und was ich dabei erfahren habe, möchte ich folgendermaßen ausdrücken: In der größten Tiefe der Seele von allen Menschen, mich selber eingeschlossen, habe ich eine intensive Todesangst feststellen können, welche zentral unser Erleben und Verhalten bestimmt und prägt, unser Handeln steuert und die Quelle all unserer großen Krankheiten ist. Woher – so frage ich im vorliegenden Buch – stammen diese Todesängste, was sind ihre Wurzeln oder Quellen? Wie weit reichen sie zurück in die Stammesgeschichte des Menschen, wo liegen die Ursprünge in der Evolution? Und wie wurden diese Todesängste im Laufe der kulturellen Entwicklung des Menschen, in den Hochkulturen, verändert? Und ebenso suche ich nach den spezifischen Änderungen der Todesängste in unser eigenen Kultur, in unserer Geschichte: dem Aufblühen unserer Städte im Mittelalter, ab dem 11./12. Jahrhundert, d.h. mit der Entstehung des Handelskapitalismus, und schließlich der industriellen Revolution, dem Industriekapitalismus im 18./19. Jahrhundert hier in Europa. Auf all diese Fragen möchte ich eine Antwort geben – es ist eine Darstellung all meiner Forschungsergebnisse über die frühen Erlebnisweisen eines Babys und Kleinkindes seit ich Bücher schreibe.[1]

Weil ich eine so lange Praxiserfahrung besitze und weil ich zudem tatsächlich mit Babys und ihren Familien psychotherapeutisch arbeite, unterbreche ich manchmal die Textquellen, welche ich hier in meinem Buch vorlege, um sie von meinen Erfahrungen her zu kommentieren oder zu deuten. Dies gibt dem Leser oder der Leserin die Möglichkeit, die Quellen besser zu verstehen oder aber sich eigene Gedanken bilden zu können.

Nur kurz will ich einleitend noch betonen: Ich spreche immer von der Mutter-Kind-Beziehung. Das ist ungenau oder nicht richtig. Denn durch meine langjährige Praxiserfahrung als Körper- und Familientherapeut habe ich die Erfahrung machen dürfen, dass der Vater immer genauso wichtig ist wie die Mutter. Und dies obwohl das Baby im Bauch der Mutter heranwächst, durch sie geboren wird, sie in unserer Kultur wahrscheinlich seine hauptsächliche Betreuerin ist und sie ihr Baby durch Stillen ernährt. Jede Aussage über die Mutter-Kind-Beziehung sollte also immer ergänzt werden durch die korrekte Aussage: die Eltern-Kind-Beziehung.

1 Zur Evolution der menschlichen Angst

Die Bedeutung der Bindung

Die vergleichende Verhaltensforschung (Konrad Lorenz, Eibl-Eibesfeldt, Tinbergen, Wickler) hat sich eingehend mit dem frühen Lernen von Kindern befasst und es bei Vögeln und Säugern als *Prägung* bezeichnet (Hess). Dabei meint dieser Begriff das emotional erste Lernen in ganz besonderen, sensiblen Phasen. Und was dort gelernt wird, ist irreversibel, d. h. nicht mehr umkehrbar. Konkret bedeutet dies: Natürlich können später neue Erfahrungen gemacht werden, aber in »Krisen« bricht immer wieder das Alte, die erste Lernerfahrung durch. Konrad Lorenz hat dieses Phänomen entdeckt, indem er in den ersten 24 Stunden nach dem Schlüpfen von Graugänsen anwesend war – anschließend waren sie auf ihn geprägt: Sie folgten ihm überall hin nach, wie ihrer Mutter, und nachts schrien sie, wenn sie nicht in seiner Nähe schlafen durften. Dieses Phänomen wird als Mutterprägung bezeichnet, weil heute eine ganze Reihe von verschiedenen Prägungen erforscht worden sind, so beispielsweise die Futterprägung, die aggressive und sexuelle Prägung, oder auch die Prägung auf den Gesang der Eltern zu einer Zeit, da die Jungvögel noch gar nicht singen.

Was die vergleichende Verhaltensforschung bei den Tieren mit dem Begriff der Prägung umschreibt, wird von der Tiefenpsychologie her beim Menschen ganz ähnlich mit dem Begriff des *Unbewussten* umrissen: Unser Erleben, unser Verhalten wird zu einem Zeitpunkt festgelegt und geprägt, da noch keine bewussten Erinnerungen existieren. Sigmund Freud war der Pionier, der erste Tiefenpsychologe, welcher sich am Ende des 19. und zu Beginn des 20. Jahrhunderts mit diesem Phänomen beschäftigt hat. Bei der Entwicklung eines menschlichen Kleinkindes unterschied Freud drei verschiedene Phasen. Die erste ist die orale Phase, in welcher das Saugverhalten eines Babys an der Brust sein zentrales Erleben darstellt. In der anschließenden analen Phase im zweiten Lebensjahr steht der Anus, stehen die Ausscheidung im Interesse eines Kindes, es ist dies die Zeit der Sauberkeitserziehung. Und im dritten Lebensjahr erfolgt dann die genitale Phase, in welcher sich das Kind lustvoll seinem eigenen Geschlecht zuwendet. Es ist dies die psychosexuelle Entwicklung eines Menschen – so Freud.

Einen ganz anderen Ansatz wählte der englische Psychoanalytiker John Bowlby in den 1950er bis -70er Jahren; er studierte das Verhalten eines Kleinkindes und verglich es mit demjenigen bei verschiedenen ursprünglichen Kulturen und bei Affen/Primaten. Dabei fand Bowlby heraus, dass die *Bindung* das zentrale Erleben eines Kleinkindes im ersten Lebensjahr darstellt, wobei Bindung meint, dass ein Kleinkind – in der zweiten Hälfte des ersten Lebensjahres – vor allem bei einer Person sein möchte, sich ihre Nähe wünscht und sich hier geborgen fühlt. Es ist dies die primäre Betreuerin, die Mutter. Und wenn das Kind sich bedroht fühlt, kann es nur schwer durch eine andere Betreuerperson getröstet werden.

Im zweiten Lebensjahr dann ist die Mutter das Sicherheitsfeld, die »Secure Base« von der aus die Welt erforscht und erobert wird. Und je sicherer sich ein Baby an die Mutter gebunden weiß, je ausgeprägter sein Gefühl von Geborgenheit in ihrer Nähe ist und sich damit ein Gefühl der Bindung an die Mutter ausbilden durfte, desto stärker ist seine Neugier und sein Selbstvertrauen: Es zieht dann immer größere Kreise rund um seine Mutter, d.h., es wagt mit einer immer größeren Distanz sich von seiner Mutter wegzubewegen – ohne Angst. Wichtig ist, dass es sie bei der Rückkehr genau dort vorfindet, wo es sie zuletzt gesehen hat, oder dass es immer in stimmlicher Verbindung mit ihr bleibt. Durch seine Beobachtungen hat Bowlby die gesamte Forschung über das Erleben und Verhalten von Kleinkindern, im Menschen und bei Tieren zentral beeinflusst.[2]

In meinem Buch *Angst und Geborgenheit* (1974) habe ich den gleichen Ansatz wie John Bowlby gewählt, indem ich die kleinkindliche Entwicklung einfach noch ein bisschen weiter in die Evolution zurück verfolgt habe und sie mit derjenigen von Vögeln und Säugetieren verglichen habe.[3] Dabei werden drei verschiedene Typen der frühen Mutter-Kind-Beziehung beschrieben:

- die Nestflüchter
- die Nesthocker
- die spezielle Mutter-Kind-Beziehung bei den Affen/Primaten

1.1 Die Nestflüchter

Bei den Vögeln als Nestflüchter hat die Mutter meist mehrere Junge, und gleich nach dem Schlüpfen können beispielsweise die Gänseküken ihrer Mutter (oder eben Konrad Lorenz) nachschwimmen. Bei den Säugetieren wird das Junge im Körper der Mutter ausgetragen, nach der Geburt leckt sie es ab, bis es sich, erstmal noch unsicher, auf die Beine erheben kann. Aber schon kurze Zeit später ist es fähig, wie beispielsweise bei den Büffeln oder Pferden, seiner Mutter überallhin nachzufolgen. Denn sein Leben hängt davon ab, dass die Mutter den Schutz der Herde nicht verliert. In dieser speziellen Situation ist ein Jungtier darauf angewiesen, stets stimmlich mit seiner Mutter in Kontakt zu bleiben. Mutter und Baby kennen einander sofort. Das Überleben eines Jungen ist direkt abhängig von dieser engen Beziehung, von seiner Bindung an die Mutter. Jungtiere bei den Vögeln und Säugern sind als Nestflüchter somit nach dem Schlüpfen bzw. nach der Geburt fähig, sich in der Art und Weise der erwachsenen Tiere fortzubewegen. Und damit sie den Kontakt zur Mutter niemals verlieren, brauchen sie als Mechanismus die *Trennungsangst:* Sobald sie die Mutter verlieren könnten, muss dieses gegenseitige stimmliche Suchen sofort einsetzen. Hätte ein Baby nicht diese Trennungsangst, wäre es vom Tod bedroht. Nur so kann der Kontakt zur Mutter und somit der Schutz der Herde aufrechterhalten werden.

1.2 Die Nesthocker

Ganz anders ist die Situation bei den Nesthockern: Hier schlüpfen die jungen Vögel noch ohne Federn aus dem Ei und werden von der Mutter in einem Nest versorgt, beispielsweise bei den Amseln. Genauso wird ein Jungtier bei den Säugern ohne sein wärmendes Fell geboren, zudem sind seine Sinnesorgane, die Augen, noch geschlossen, wie beispielsweise bei den Mäusen oder Katzen. Und die Jungtiere sind nicht wie bei den Nestflüchtern in dauerndem Kontakt mit der Mutter, sondern diese oder auch beide Eltern sind dauernd auf Nahrungssuche. Die Babys sind von der Mutter getrennt und liegen hilflos in einem Nest. Aber auch hier gibt es einen notwendigen Angstmechanismus, der das Überleben der Jungtiere garantiert: Beginnen sie nämlich nach ein paar Tagen, ihre Augen zu öffnen, und sind gleichzeitig fähig geworden, sich fortzubewegen, könnten sie ihr Nest verlassen. Hier nun setzt der Mechanismus der *Fremdenangst* ein; hätte das Jungtier nicht diesen Angstmechanismus, wäre es in großer Gefahr, in seinen Tod zu kriechen. Ein Junges muss unter allen Umständen so lange in der Nähe des Nestes bleiben, bis es sich genügend gut bewegen und orientieren kann, sodass es mit der zurückkehrenden Mutter jederzeit stimmlich in Verbindung treten kann.

1.3 Die spezielle Situation der Babys bei den Affen/Primaten

Nochmals ganz anders ausgebildet ist die Situation bei den höchstentwickelten Säugern, bei den Primaten: Hier ist die Mutter das Nest. Das Jungtier ist fähig, sich unmittelbar nach der Geburt im Fell der Mutter mit Händen und Füßen festzuhalten. Wo immer sich die Mutter hinbewegt, trägt sie ihr Junges mit sich auf dem Körper. Ein Affenbaby bleibt so im ununterbrochenen geborgenen Körperkontakt mit der Mutter, tagsüber wie nachts. Erst wenn es die Entwicklung zulässt, kann es nach ein paar Wochen ein erstes Mal und dann immer häufiger die Mutter verlassen, um seine Umwelt zu erkunden. Und auch bei den Affen gibt es einen Überlebensmechanismus in der Entwicklung des Jungen, denn Primaten leben meist auf Bäumen: Verliert das Junge einen Griff seiner Hand oder seines Fußes ist es sofort vom Tod bedroht! Es schreit jämmerlich und laut und die Mutter reagiert hier unmittelbar, indem sie ihr Baby wieder in den sicheren Körperkontakt zurückholt und es dabei unterstützt, den verlorenen Griff wieder zu erlangen.

Bei allen drei Typen der frühen Mutter-Kind-Beziehung geht es somit immer darum, die Nähe, die Beziehung und Bindung zur Mutter – oder bei den Nesthockern zum Nest – jederzeit aufrechtzuerhalten. Ist diese Bindung bedroht, muss eine Todesangst ein Junges in Alarmbereitschaft versetzen – sein Überleben ist direkt an diesen frühen Angstmechanismus gebunden.

1.4 Die spezielle Situation des Menschen

Das menschliche Kleinkind nun zeichnet sich dadurch aus, dass es alle diese Entwicklungen nacheinander durchläuft! Unmittelbar nach der

Geburt ist seine Situation wie diejenige des Affenkindes: Es fühlt sich direkt vom Tod bedroht, wenn es nicht im unmittelbaren Körperkontakt mit der Mutter sein darf. In *Angst und Geborgenheit* habe ich diese Angst etwas umständlich als *Körperkontakt-Verlustangst* beschrieben. Das primäre Bedürfnis eines menschlichen Wesens ist dasjenige nach dem unmittelbaren Körperkontakt mit seiner Betreuerperson. Und im Körperkontakt mit der ihm bekannten Mutter kann das Baby am leichtesten dieses Gefühl von Wärme, Geborgenheit und Sicherheit empfinden. Dies gilt unmittelbar nach der Geburt, und das Bedürfnis nach Körperkontakt steht im ganzen ersten Halbjahr im Vordergrund seines Erlebens.[4]

Allerdings müssen zwei spezielle Situationen beim menschlichen Kleinkind unbedingt erwähnt werden:

1. Die Felllosigkeit der Mutter, was bedeutet, dass sich das Kind nicht mehr am Fell der Mutter selber festhalten kann.[5] Aber wir Menschen haben unser Fell vor circa fünf bis sechs Millionen Jahren verloren, und zwar als wir den Regenwald verlassen und die offene Savanne und Steppe als neuen Lebensraum betreten haben.[6] Unter diesen klimatischen Bedingungen wäre das Fell nur hinderlich gewesen, anstelle haben wir zur Kühlung des Körpers Schweißdrüsen ausgebildet. Das Baby beim Menschen kann sich somit nicht mehr selber am Fell der Mutter festhalten, es muss von ihr getragen werden.[7]
2. Die spezielle Hilflosigkeit des neugeborenen Kindes der Menschen: Diese wiederum ist durch zwei Faktoren bestimmt: Der Mensch zeichnet sich gegenüber seinen nächsten Verwandten, den Menschenaffen durch eine überstarke Entwicklung seines Gehirnes aus – es ist dies die auffälligste menschliche Eigenheit. Jedoch durch seinen aufrechten Gang nach dem Verlassen des Regenwaldes ist sein Becken gegenüber dem der Menschenaffen sehr viel enger geworden. Die Kinder der Menschenaffen verbringen wie das menschliche Baby ca. neun Monate im Bauch ihrer Mutter. Käme ein Mensch wie die Menschenaffen-Babys zur Welt, würde sein Kopf bei der Geburt ein weibliches Becken »sprengen«, es ist schlicht unmöglich. Deswegen ist beim Menschen von der Natur her folgende Strategie entwickelt worden: Ein Mensch kommt mit einem noch ganz unreifen Hirn und einem entsprechend kleinen Kopf auf die Welt. Das starke Hirnwachstum findet erst nach der Geburt statt.[8] Wegen dieses verzögerten Hirnwachstums vor der Geburt wird ein

> menschliches Baby extrem hilflos geboren, es ist vollständig auf die Hilfe und Unterstützung seiner Betreuerpersonen angewiesen, um ein Gefühl von Sicherheit und Geborgenheit zu entwickeln.

Die weitere Entwicklung eines menschlichen Babys ist mit derjenigen der Nesthocker zu vergleichen: Das Baby beginnt im zweiten Halbjahr, sich krabbelnderweise fortzubewegen, potenziell könnte es sich von der Mutter entfernen. Deswegen entwickelt ein Baby eine »Bindung« an die Mutter, indem es sich von allen ihm fremden Menschen erstmal kritisch zu distanzieren sucht oder sie gar ablehnt. Genauso fühlt sich ein Baby unwohl in einer ihm fremden Umgebung; es ist die Zeit der *Fremdenangst*, die Mutter – oder eine primäre Betreuerperson – wird allen anderen Menschen gegenüber vorgezogen. Bolwby hat dies als das universelle Merkmal einer Bindung bezeichnet.

Als letztes durchläuft ein Menschenkind die Phase der Nestflüchter, wenn es sich im zweiten Lebensjahr auf die erwachsene Art und Weise fortzubewegen, wenn es laufen lernt. Es kann nun seine Mutter verlassen, um seine Umwelt zu erkunden. Dabei zieht es immer weitere Kreise um die Mutter, die Distanzen zu ihr werden immer größer, aber es muss jederzeit zur Mutter zurückkehren können. Und besonders ängstigend ist es für das Kind, wenn sich die Mutter nicht mehr dort aufhält, wo es sie zum letzten Mal erfahren hat: Sofort wird die Stimme eingesetzt, um die Mutter zu suchen. Mit anderen Worten: Für das Überleben des Kindes ist sein Angstmechanismus, die *Trennungsangst* von entscheidender Bedeutung. Oder positiver ausgedrückt: Die Mutter ist das Sicherheitsfeld, die *Secure Base*, von der aus die Welt erforscht und erobert wird.

Hier nun möchte ich eine erste Antwort geben auf die in der Einleitung gestellte Frage nach der Erfahrung der tiefen Todesängste in allen Menschen. Diese Todesängste reichen weit zurück in die Evolution – sie sind ein Mechanismus bei allen höheren Tieren, bei Vögeln und Säugern, bei welchen ein Jungtier durch die Eltern betreut wird, um die enge Beziehung und Bindung an die Mutter zu festigen. Nur durch diese Todesangst wird garantiert, dass ein Baby seine Mutter, seine primäre Betreuerperson nicht verliert! Sein Überleben ist direkt abhängig von der Stärke dieses Angstmechanismus. Wobei ich betonen möchte, dass beim menschlichen Baby die Fremden- und Trennungsangst entscheidend wichtig sind, jedoch seine tiefste und intensivste Todesangst erlebt es unmittelbar anschließend an die Geburt, wenn es nicht in unmittelbarer Nähe seiner

Mutter sein darf, in direktem Körperkontakt mit ihr. Denn wenn Primatenbabys den Körperkontakt verlieren, schreien sie heftig und laut, und die Mutter reagiert entsprechend sofort: Ein Affenbaby ist direkt und unmittelbar vom Tod bedroht. Dieses Bedürfnis ist genauso intensiv und tief bei den Menschen, obwohl sie vor vier bis sechs Millionen Jahren ihr Fell verloren haben. Vielleicht ist es hier beim menschlichen Baby sogar noch intensiver geworden wegen dieses Fellverlustes: Erstens weil es sich nicht mehr mit Händen und Füßen am Fell der Mutter festklammern kann. Zweitens ist es wegen des verzögerten Hirnwachstums ganz besonders hilflos nach der Geburt – in seiner ersten Lebenszeit – und damit besonders intensiv auf die Hilfe und Unterstützung seiner Mutter angewiesen.[9]

1.5 Ein Baby bei den Jägern und Sammlerinnen[10]

Als Jäger und Sammlerinnen wird die Daseinsweise der Menschen bis hin zur Sesshaftwerdung vor ca. 10.000 bis 12.000 Jahren, der sogenannten Neolithischen Revolution, bezeichnet. Heute ist diese Existenzweise bis auf kleinste Restgebiete der Menschheit ausgestorben. Dabei sind sich die Experten darin einig, dass die Lebensweise damals einfacher und leichter gewesen ist als beim Anbau der eigenen Nahrung, nach dem Sesshaftwerden in Dörfern. Und die Menschen damals kannten noch keine Führungsschicht – alle Menschen waren mehr oder weniger gleich, Frauen wurden noch nicht wie im späteren Patriarchat von ihren Männern unterdrückt.[11] Bei dieser Art der Lebensführung waren die Menschen darauf angewiesen, dauernd ihren Nahrungsquellen nachzufolgen – vielleicht mehrere Stunden am Tag.[12] In diesen Gesellschaften wären Mütter rettungslos überfordert gewesen, wenn sie auf ihren Wanderungen ihr Kleinkind dauernd auf dem eigenen Körper hätten tragen müssen.

Nun hat schon Konrad Lorenz herausgefunden, dass ein Kleinkind beim Menschen wie auch bei den Tieren eine hohe Anziehungskraft besitzt, es sieht besonders nett aus. Biologen haben dies als »Kindchenschema« beschrieben. Zudem sendet ein Neugeborenes einen wunderbaren Duft aus, was dieses Kindchenschema nochmals unterstützt. Konkret bedeutet dies, dass ein kleines Baby wie ein »Magnet« auf andere Frauen wirkt, bei den Primaten wie beim Menschen. Somit gibt es viele Frauen, die einer Mutter gerne ihr Baby abnehmen, um es tragen zu dürfen.

Vor dem Sesshaftwerden wäre eine Mutter allein mit ihrem Baby ohne diese Unterstützung von anderen Frauen restlos überfordert gewesen. Sarah Blaffer Hrdy hat sich eingehend mit dieser Problematik befasst und nennt diese zusätzliche Unterstützung von außen »Allomutter«. Und ein kleines Baby hat sich im Laufe der Evolution immer mehr zu einem »sozialen« Spezialisten entwickelt, indem es genau einzuschätzen lernte: Wie geht es dieser Person, der ich im Moment zur Pflege übergeben worden bin, wie fühlt sie sich diese Betreuerperson, wie bezogen und offen ist sie für mich? Blaffer Hrdy meint, dass hier die besonders hohe Sozialisationsfähigkeit der Menschen ihren Ursprung hat – zusammen mit dem höher entwickelten Gehirn. Denn es gibt unter den Primaten, unter den Menschenaffen keine Art, die ein so hohes und komplexes Sozialverhalten entwickelt hat wie der Mensch. Auch diese Entwicklung muss allmählich eingesetzt haben, als die Menschen vor fünf bis sechs Millionen Jahren anfingen, ihr Fell zu verlieren. In diesem Zusammenhang möchte ich die Forschung von Dean Falk erwähnen. Trotz der Hilfe von außen, den Allomüttern, war es für eine Mutter immer wieder mal notwendig, ihr Baby wegen der Verrichtung einer Arbeit abzulegen. Um es zu beruhigen, ist sie mit irgendwelchen Lauten mit ihm in Verbindung geblieben. Aus diesen »Urlauten« – so Falk – hat sich die menschliche Sprache entwickelt.

1.6 Das Baby in den ursprünglichen Kulturen – sein Leben in den Dörfern

10.000 bis 12.000 Jahre vor unserer Zeit sind die Menschen langsam und allmählich sesshaft geworden: Sie haben entdeckt, dass sie nicht länger ihren Nahrungsmitteln nachfolgen mussten, sondern sie konnten bestimmte Pflanzen wie beispielsweise Getreide in ihrer Nähe aussäen, um sie dann später zu ernten. Und mit der Sesshaftigkeit begannen die Menschen, Häuser zu bauen, ebenso Heiligtümer für ihre Gottheiten. Und die Toten wurden speziell begraben, was als Anfang der Religiosität verstanden werden kann.[13] So entstanden die ersten Siedlungen und später die Dörfer, in welchen ca. 50 bis 100 Menschen zusammenlebten, die sich natürlich alle gegenseitig kannten. Und was ich vorher bei den Jäger und Sammlerinnen dargestellt habe, nämlich dass jedes Baby eine hohe Ausstrahlungskraft besitzt, gilt natürlich auch ohne Einschränkungen für die

Zeit der Sesshaftigkeit der Menschen: Ein Baby wird konstant von ihm vertrauten Frauen herumgetragen – oder auch z. B. von einem jugendlichen Mädchen in einem Tragetuch auf den Körper gebunden, sodass dieses langsam in die Mutterrolle hineinwachsen kann. Allerdings wählen Mütter genau aus, wem sie ihr Baby zum Tragen übergeben.

Auch die Jäger und Sammlerinnen kannten schon primitive Tragehilfen für ihre Kleinsten, damit sie die Hände frei haben konnten für irgendwelche Arbeiten. Die Tragehilfen wurden natürlich sehr verfeinert durch das Leben in den Dörfern, vor allem als die Menschen anfingen, Stoffe zu weben; ein Baby kann dann auf dem Körper einer Betreuerperson festgebunden werden.

Noch ein Wort zur »Entwöhnung«: Meist wird ein Baby in den ursprünglichen Kulturen zwei bis drei Jahre lang gestillt. Rein hormonell ist eine Frau in dieser Zeit nur schwer empfängnisbereit, es ist dies eine »natürliche Empfängnisverhütung«. Dann aber möchte sie wieder frei werden für eine neue Schwangerschaft, für ihr nächstes Baby. Dabei isst das Kind schon lange die Speisen der Erwachsenen, vielleicht aber wird ihm jetzt die Brust als Trost verweigert. Und nachts darf es nicht länger neben der Mutter schlafen. Gleichzeitig wird ein Kleinkind nicht mehr herumgetragen, sondern es wird immer mehr dazu angehalten, selber zu gehen. Oder es darf seine Notdurft nicht mehr in der Hütte verrichten, sondern muss sich draußen erleichtern. Je nachdem wie nachsichtig einem Kleinkind alle Wünsche erfüllt worden sind und wie konsequent, ja vielleicht sogar hart von ihm in diesem dritten Lebensjahr Selbstständigkeit verlangt und durchgesetzt wird, können jetzt Schreiausbrüche (temper tantrums) auftreten, ja unter Umständen sogar heftige Schrei- und Tobsuchtsanfälle. Begleitet werden solch schmerzliche Entwicklungen eventuell auch von einer Neigung zu ganz spezifischen Krankheiten bei diesen unglücklichen Kindern.

Meist aber erfolgen die Trennungen von den Müttern nicht unter solch dramatischen Umständen, sondern Kleinkinder ab dem dritten Lebensjahr schließen sich einer Kinderspielgruppe an, die sich irgendwo im Dorf oder in seiner Nähe aufhält. Häufig wird so eine Gruppe von einem älteren Kind, einer Jugendlichen, einem Jugendlichen geleitet oder angeführt. Und natürlich haben schon Babys Kontakt mit anderen Kindern aufgenommen, seit sie sich bewegen können.

In diesem Alter wird die Mutter-Kind-Beziehung durch die Kind-Kind-Beziehung abgelöst (Peergroups). Immer mehr erfolgen die wichtigen Erlebnisweisen und Entwicklungen in diesen neuen sozialen Verbindungen. Und die Mütter sehen ihre Kleinen immer seltener – außer sie haben sich verletzt, haben Hunger, oder möchten in der Hütte in der Nähe ihrer Eltern schlafen. Eine solche Mutter ist »offen« für ein neues Kind.

Und schon hier möchte ich darauf hinweisen, welch ein großer Kontrast besteht zwischen diesen ursprünglichen Völkern und unserer heutigen Kultur. Hinzu kommt, dass bei den ursprünglichen Kulturen sich die Väter von Anfang an immer in der Nähe eines Kindes aufhalten – Väter wohnen im gleichen Dorf und ein Kleinkind kann jederzeit mit seinem Vater Kontakt aufnehmen, so wie mit allen Männern und Frauen in dieser dörflichen Gemeinschaft. Im Kontrast dazu lebt eine Mutter in den westlichen Industrienationen zusammen mit all ihren Kindern bis vielleicht zu deren 20. Lebensjahr oder eventuell sogar noch länger isoliert in einer Wohnung – wie in einem Gefängnis.

Wenn ich mit Eltern und deren Baby in meiner Praxis arbeite, weise ich die Mutter sofort auf diese Ausnahmesituation in unserer Kultur hin: Eine Mutter kann in den ursprünglichen Kulturen ihr Baby während des ganzen Tages von jemandem herumtragen lassen – unter Umständen muss sie sogar ihr Recht geltend machen, dass sie jetzt eine Zeit mit ihrem Kind verbringen möchte. Und ab dem dritten Lebensjahr sind ihre »Kleinen ausgeflogen« – sie verbringen den ganzen Tag in einer Kinderspielgruppe. Deswegen ermutige ich die Mütter bzw. die Eltern sofort, sich sobald wie möglich ein soziales Netz aufzubauen zu ihrer eigenen Entlastung. In Afrika heißt ein Sprichwort: »Um ein Kind großzuziehen, braucht es ein ganzes Dorf.« Wir in den Städten der Industrienationen mit der entsprechenden Isolation durch unsere Wohnungen sind in einer »Irrsinn-Situation« gefangen. Eigentlich müssten auch bei uns Familien mit kleinen Kindern zusammenleben und wohnen können, damit die Kinder jederzeit miteinander Kontakt aufnehmen, miteinander Erfahrungen sammeln können.

Zum Verständnis eines Babys oder Kleinkindes bei den verschiedenen ursprünglichen Kulturen dieser Welt – sei das in Südamerika, in Afrika oder in Asien – habe ich die gesamte Literatur über die frühe Eltern-Kind-Beziehung bei diesen Völkern durchgesehen. Und bei aller Verschiedenheit ist mir sofort ein gemeinsames Merkmal aufgefallen: *Ein Baby weint nie über eine länger Zeit!* Und wenn, reagieren die Betreuerpersonen sofort, entweder indem sie es mittels beruhigendem Körperkontakt zu trösten versuchen oder aber indem sie es der primären Betreuerperson, der Mutter, zurückbringen. Zwar weinen Babys auch in ursprünglichen Kulturen, aber auf ihre Lautäußerungen wird *sofort* reagiert. Vergleichbar ist diese Situation mit derjenigen bei Primaten: Hat ein Baby einen Griff der Hand oder des Fußes aus dem Fell der Mutter verloren, ist es unmittelbar vom Tod bedroht. Es scheint, als wenn die ursprünglichen Kulturen dieses »archaische Wissen« oder besser »archaische Empfinden« ganz selbstverständlich in sich tragen; als wenn diese ursprünglichen Menschen intuitiv erleben, dass ein weinendes oder gar schreiendes Baby vom Tod bedroht ist.

Für meine Forschungen in *Angst und Geborgenheit* habe ich drei Kulturen ausgewählt, in welchen die Babybehandlungstechnik sehr ausführlich und genau von den jeweiligen Autoren beschrieben worden sind: zwei Völker auf benachbarten Inseln im Südpazifik, in Mikronesien, und ein Bauerndorf in den Bergen von Mexiko. Und ich habe feststellen können, dass jede Kultur ganz bestimmte Eigenheiten und Besonderheiten der Behandlungstechniken zeigt, sodass ein Baby ganz spezifische erste emotionale Lernerfahrungen machen kann. Und mit diesen Prägungen können sich die später erwachsenen Menschen emotional vollkommen »einpassen« in ihre Kultur und das heißt, sie erleben sich als vollwertige, eigenständige und zufriedene Menschen in dieser Sozietät.

Diese Gesetzmäßigkeit darf auch umgekehrt werden: Verändern sich die Kultur und ihre sozialen oder ökonomischen Bedingungen, muss sich die Behandlung der Kleinkinder entsprechend verändern bzw. anpassen. Konkret bedeutet dies: Das Erleben und Verhalten in einer Kultur wird in diesem frühen Lebensabschnitt, im ersten Lebensjahr, grundgeprägt.[14] Nachdem ich diese Gesetzmäßigkeit bei den ursprünglichen Kulturen herausgearbeitet hatte, interessierte mich natürlich: Wie war die Kleinkinder-Behandlung in den ersten Hochkulturen, als die Menschen anfingen, dichter zusammenzuleben, als sie anfingen Häuser und Städte zu bauen?

1.7 Das Leben eines Babys in den Hochkulturen, in den Städten

Grundlage für das Entstehen der Hochkulturen und somit auch der Städte war in erster Linie eine künstliche Bewässerung der Felder, wodurch immer mehr Nahrung produziert werden konnte – Grundlage für die Entstehung einer Stadt. Das erste Städtezentrum blühte in Sumer auf, in Mesopotamien, im fruchtbaren Halbmond zwischen den Flüssen Euphrat und Tigris, im Süden des heutigen Iraks. Das Leben in diesen Städten wird das Thema im zweiten Kapitel sein. Zur Stadtentwicklung allgemein sei hier schon ein wichtiger Aspekt hervorgehoben: Verbunden mit dem Leben in den Städten wurden viel klarere Strukturen und Gesetze gebraucht, damit die Menschen so dicht zusammenleben konnten. Gleichzeitig entstand eine Schichtung und Spezialisierung in der Bevölkerung: Die Bauern waren verantwortlich für die Ernährung. Zudem entstand die Schicht der Krieger, der Priester und schließlich des »Adels«, der führenden Schicht des entsprechenden Volkes, mit dem König an der Spitze oder dem Pharao im späteren Ägypten. Die Menschen lebten damit *isoliert* in ihren Häusern – jede Familie mehr oder weniger für sich. Und daneben entstanden Prachtbauten, die Tempel mit ihren Priestern und Regierungspaläste für die Könige. Für die Koordinierung dieser immer dichteren Bevölkerung wurde schließlich ein immer dichteres Netz von Beamten notwendig. Und mit dem neuen Reichtum ist der Handel mächtig aufgeblüht; dafür notwendig war die Erfindung des Geldes und gleichzeitig die Erfindung der Schrift, um diesen Reichtum festzulegen und zu verankern. Mit dem neuen Reichtum werden die Kriege zu einem »treuen« Begleiter der Menschen.

Soeben habe ich die Gesetzmäßigkeit hergeleitet, dass die Kleinkinderbehandlung auf der einen Seite und die sozialen Strukturen eines Volkes auf der anderen Seite eng miteinander verbunden sind: Die beiden Systeme bedingen sich gegenseitig. Durch das veränderte Leben der Menschen in den Städten muss sich somit auch die Behandlung der Babys in den entsprechenden Kulturen verändern. Und tatsächlich kann festgestellt werden, dass in den Hochkulturen bzw. in den Städten Mutter und Baby voneinander getrennt werden – das Kind wird tagsüber nicht mehr länger von der Mutter herumgetragen. Nachts allerdings darf es immer noch bei ihr schlafen; mindestens während einer längeren Zeit erlebt es noch die beruhigende Wirkung des Körperkontaktes. Diese Trennung kann bei allen alten Kulturen festgestellt werden: im alten Mesopotamien, bei den Sumerern und Babyloniern, im alten Ägypten, bei den Griechen und Römern. Und ferner habe ich festgestellt: Je höher eine Kultur, desto ausgeprägter ist diese Trennung.[15] Und in der »Adelsschicht«, der früheren Elite eines Volkes, werden Mutter und Baby komplett voneinander getrennt: Das Baby wird einer Amme übergeben. In der ersten Hochkultur, in Sumer, und in allen folgenden Kulturen, finden wir – sobald die Schrift erfunden und allgemein verbreitet ist, überall Ammenverträge. Dies gilt selbstverständlich nur für die führende Elite – niemals für die allgemeine Bevölkerung. Ich verstehe diese Trennung von Mutter und Baby als notwendige emotionale Anpassung an das entfremdete Leben in den Städten, als emotionale Anpassung an das isolierte Leben der Familien in ihren Häusern bzw. als Anpassung der Elite an ihre speziellen sozialen und ökonomischen Gegebenheiten. Allerdings ist dies verbunden mit einer enormen Zunahme des Weinens eines jeden Babys als »Preis« für die höhere Entwicklung, für den »Fortschritt« in einer Gesellschaft, verbunden mit all ihren »angenehmen« Seiten, mit der höheren Technisierung einerseits und mit der kulturellen Entwicklung der verschiedensten Formen der Kunst andererseits.

Hier nun möchte ich wiederum einen Moment innehalten und nochmals auf die eingangs gestellte Frage der Todesängste zurückkommen. Ursprüngliche Kulturen reagieren alle sofort auf das Weinen eines Babys – darüber sind sich alle ethnologischen Berichte über die ganze Welt einig. Hochkulturen umgekehrt zeichnen sich durch eine Trennung von Mutter und Baby aus, das Baby wird an eine bestimmte Schlafstelle niedergelegt, was verbunden ist mit einer enormen Zunahme seines Weinens und Schreiens. Dies aber bedeutet, dass bei der Entwicklung der Städte die Todesängste der Babys – ausgedrückt in ihrem Weinen – um einen Quantensprung angestiegen sind, gesteigert ins Unermessliche, kaum vorstellbar. Und genau dies wird das Thema des nächsten Kapitels sein, nämlich das Weinen des Babys in der ersten Hochkultur dieser Welt, in Sumer und Babylon.

2 Das Baby in den alten Hochkulturen: Sumer und Babylon[16]

Die ersten Städte der Welt sind im alten Sumer, in Mesopotamien, im Süden des heutigen Irak entstanden – ca. 4.000 bis 5.000 Jahre vor unserer Zeit. Finden wir Hinweise auf ein Kinderweinen in dieser ersten Hochkultur, in welcher Babys nicht länger von ihrer Mutter herumgetragen, sondern an eine für sie bestimmte Schlafstelle oder einen Aufenthaltsort niedergelegt worden sind? Wie und wo kann nach Spuren von diesem Kinderweinen gesucht werden? Doch bevor ich die Frage beantworte, ein Wort dazu, wie ich auf meine »Spurensuche« gelenkt worden bin:

Bei der Beschäftigung mit der griechischen Mythologie bin ich auf den obersten Gott der alten Griechen, auf Zeus und seine Kleinkinder-Geschichte, gestoßen. Um es vorwegzunehmen: Zeus war als Baby ein irrer Schreihals. Und aus meiner praktischen Arbeit mit Eltern und ihren Babys weiß ich: Ein heftiges und anhaltendes, scheinbar grundloses Kinderweinen weist auf ein früheres Trauma, auf eine Verletzung hin. Was ist die Geschichte von Zeus, warum musste er so viel weinen und schreien?[17]

Dem alten Göttervater Kronos wurde prophezeit, dass er von einem seiner Kinder entmachtet werden würde. Um dies zu verhindern, hat Kronos alle Kinder seiner Frau Rhea gleich nach der Geburt aufgefressen. Nachdem sie fünf Kinder auf diese Weise verloren hatte, wehrte sich Rhea endlich bei der Geburt ihres jüngsten Kindes Zeus. Sie wickelt einen Stein in die Windel ein und übergibt diese ihrem Mann, der das Bündel sofort verschlingt. Sie selber wohnt mit ihrem Mann auf dem Olymp, einem heiligen Berg im Norden Griechenlands. Und um das lebende Baby vor ihrem Mann zu verstecken, bringt sie es auf die ferngelegene Insel Kreta, ganz im Süden.

In einer Höhle wird Zeus von Tier-Ammen großgezogen. Zum Schutz wird diese Höhle von Kriegern bewacht, welche mit den Speeren auf ihre Schilder schlagen müssen, damit Kronos das Weinen seines Babys im fernen Norden nicht hören kann. Was bedeutet diese Geschichte? Zeus wurde erstmal schon im Mutterleib bedroht, vom Vater gefressen zu werden. Deswegen trennt sich seine Mutter Rhea gleich nach der Geburt von ihm, um ihn auf der fernen Insel Kreta auszusetzen. Jedoch weint das Baby, bedingt durch die alte Todesdrohung während der ganzen Schwangerschaft und wegen der akuten Trennung von der Mutter so heftig, dass es nötig ist, Krieger einzusetzen, die dauernd einen Höllenlärm machen müssen, damit Kronos nicht das Weinen seines Sohnes auf dieser fernen Insel hören kann. Ein unvorstellbar großer Schmerz verbirgt sich hinter dieser Geburtsgeschichte. Hat Zeus sich deswegen später so bitter an den Frauen »gerächt«, dass er jede schöne Frau »vernaschte«, mit ihr ein oder ein paar Kinder zeugte, um sie dann zu verlassen? Und an seinem Lebensende entführt Zeus den wunderschönen Ganymed als Adler in den Himmel! Nach all seinen Abenteuern auf Erden ist er homosexuell geworden. Ist vielleicht in der Tiefe jeder männlichen Seele im alten Griechenland so ein kleiner Zeus verborgen?

Wenn wir die Kleinkinder-Schicksale der griechischen Götter und Göttinnen verfolgen, werden wir von einer Horrorgeschichte zur nächsten geführt. So bat beispielsweise die schöne Semele den bisher unbekannten Geliebten, ihr in vollem Glanz zu erscheinen – und als Zeus dies tat, wurde sie von seinem Glanz und Feuer in den Tod gerissen. Das Baby der schwangeren Semele wird daraufhin Zeus in seinen Oberschenkel eingenäht, um es zum Zeitpunkt der Geburt wieder herauszuschneiden: Die Geburt des Dionysos! Oder: Pallas Athene entsteigt dem Haupt des Zeus, welchem sein Schädel vom Gott der Schmiedekunst, von Hephaistos, entzweigeschlagen wird. Und Hephaistos selber hat folgendes Schicksal erlebt: Nachdem Hera, Zeus' Frau, vom Anblick ihres hässlichen entstellten Babys Hephaistos so entsetzt war, hat sie es vom Götterberg Olymp ins Meer geschleudert, wo es von der Meergöttin Thetis gefunden und von ihren Helferinnen aufgezogen wird. In einer anderen Geschichte gibt Hera dem später größten Helden von Griechenland, dem Herakles, die Brust – Herakles als Baby von Alkene und Zeus wurde von seiner Mutter ausgesetzt und von Hera zufälligerweise gefunden. Doch das kleine Baby Herakles saugt so heftig an dieser Brust, dass Hera es voller Wut in hohem Bogen wegwirft. Zu spät: Herakles ist bereits unsterblich geworden. Oder: Die Göttin der Liebe, Aphrodite, entsteht aus dem kastrierten Genital des Uranos in Verbindung mit dem Meer. Asklepios, der Gott der Heilkunst, wird aus dem Leib der toten Mutter gerissen und dem Kentauren

Chiron zur Aufzucht übergeben. Aussetzen von ungewollten Babys nach der Geburt war im mythologischen Griechenland an der Tagesordnung. Kleinkinder wurden auch zerstückelt, verkocht oder verbrannt. So hat beispielsweise die Mutter den größten griechischen Helden von Troja, Achilles, als Baby ins Feuer gehalten, um ihn unsterblich zu machen – nachdem die früheren Geschwister als Babys in Kaltwasserbädern umgekommen sind. Und Eltern haben im Wahn ihre Kinder auch gefressen, ein Motiv, das in den alten Mythen immer wieder auftaucht. Sie sind nicht ganz so liebevoll behandelt worden, die griechischen Babys von ihren Eltern![18] Schon damals als ich diese Kleinkinder-Geschichten der alten griechischen Götter entdeckte, habe ich mich gefragt: Was für ein reales kleinkindliches Schicksal ist dahinter verborgen? Durch diese irren Göttergeschichten im alten Griechenland wurde ich angeregt, mich speziell auch mit der Schöpfungsmythologie der *ersten* Hochkultur dieser Welt, mit den Sumerern, und ihren Nachfolgern, den Babyloniern, zu beschäftigen. Finden wir Hinweise in der Mythologie für die Trennung von Mutter und Baby, Hinweise für weinende Babys, Hinweise von entsprechend frühen Traumatisierungen und Verletzungen im alten Mesopotamien?

2.1 Die Trennung von Mutter und Baby in Sumer, der ersten Hochkultur

In Sumer, im Süden des heutigen Irak, wurden rund 5.000 Jahre vor unserer Zeit die ersten Städte der Welt gegründet – aufbauend auf einem komplizierten Bewässerungssystem. Damals entstanden kleine Reiche rund um eine Stadt, ein Stadtstaat. Verbunden mit diesen Reichsgründungen wurde die älteste Schrift, die Keilschrift, vor rund 7.000 Jahren erfunden. Damit sind etwa ab dem dritten Jahrtausend vor unserer Zeit die ersten Göttergeschichten der Welt, die Mythen der Sumerer, schriftlich festgehalten worden. In Sumer entstanden schließlich auch die ersten Prachtbauten der Welt, die Tempel und die Regierungsgebäude für den König. Typisch für Sumer sind ferner die hohen Stufentürme, die Zikkurats, auf dessen Spitze jeweils ein Tempel gebaut worden ist als Wohnstätte für einen obersten Gott. Dem Leser bekannt ist sicher der Turmbau zu Babel, der in der Bibel beschrieben wird. Vergleichbar sind diese Stufentürme mit den Pyramiden im alten Ägypten, welche allerdings als Grabkammern für die Könige geschaffen worden sind.

Am Ende des dritten Jahrtausends vor unserer Zeit erlischt dann die politische und kulturelle Kraft der Sumerer und wird im zweiten Jahrtausend durch die weiter nördlich lebenden Babylonier abgelöst, und schließlich entsteht im ersten Jahrtausend noch weiter nördlich das erste Großreich der Assyrer.

Einleitend zur Mythologie der alten Sumerer möchte ich erwähnen, dass ich mich elf Jahre lang mit ihren Geschichten befasst habe[19] und dass es nicht einfach ist, ihre Göttergeschichte zu verstehen, weil uns alle ihre Gottheiten gänzlich unbekannt sind. Aber es lohnt den Aufwand, sich auf ihre Geschichten einzulassen, weil sie eine Unmittelbarkeit und Direktheit ausstrahlen, welche erfrischend ist – und weiterhin weil wir plötzlich auch Elemente unserer eigenen Traumwelt entdecken. Die sumerische Mythologie kann so ein Schlüssel sein, um unsere Träume besser oder von einer neuen Perspektive her zu verstehen. In diesem Zusammenhang möchte ich daran erinnern, dass C. G. Jung einmal festgestellt hat: Unsere Träume sind unsere privaten Mythen – und die Mythen der alten Völker sind deren große Träume.

2.2 Atramchasis: Der Flutmythos[20]

Der Flutmythos ist uns aus der Bibel bestens bekannt, dort heißt der Held Noah – in Sumer heißt er Atramchasis, und die Geschichte über die Flut ist rund 1.000 Jahre älter als die entsprechende biblische Geschichte. Erwähnt sei ferner, dass Sumer sich in einem warmen, ja heißen Land befindet, hier wachsen Agrarprodukte nur dank eines ausgeklügelten Bewässerungssystems, durch das Wasser der Flüsse Euphrat und Tigris. Doch dieses Bewässerungssystem aufrecht zu erhalten, war äußerst arbeitsintensiv. Nun zur Geschichte:

Am Anfang wurde die Welt unter drei Gottheiten aufgeteilt. Dem Gott An wurde der Himmel übergeben und er zog sich dorthin zurück. Die Erde wurde Enlil übergeben, dem obersten Gott in Sumer, und Enki übernahm den Süßwasser-Ozean (den apzu) unter der Erde, Quelle aller Flüsse und der gesamten Fruchtbarkeit. Enki ist der Gott der Bewässerung und der Weisheit. In jener ersten Zeit gab es noch keine Menschen, und die Götter selbst mussten die gesamte Schwerstarbeit für die Bewässerung der Felder tragen. Doch nach vielen hundert Jahren wurde es ihnen zu viel; sie legten ihre Arbeit nieder und erklärten ihrem obersten Gott Enlil den Krieg. Sofort ruft Enlil – grüngelb vor Angst im Gesicht – den Gott Enki, den Gott der Weisheit, zu Rate.

Enki gibt zu bedenken, dass die Arbeit der Götter wirklich zu hart ist und deswegen schlägt er vor, die Menschen zu erschaffen, zusammen mit der Muttergöttin Nintu, damit sie die Arbeit der Götter übernehmen. Hierfür wird zuerst ein Gott geschlachtet und sein Blut mit dem Lehm gemischt, den die Muttergöttin herbeischafft: Enki und die Muttergöttin betreten mit diesem Gemisch das »Haus des Schicksals«, wobei die Muttergöttin dann die Monate zu zählen beginnt – aus der sumerischen Literatur bekannt als Darstellung einer Schwangerschaft. Im zehnten Monat wird der Schoß geöffnet und die Nabelschnur durchtrennt und die Götter küssen die Füße der Muttergöttin aus Dankbarkeit.

1.200 Jahre sind vergangen, und das Geschrei der Menschen wird so laut, dass der oberste Gott Enlil nicht mehr schlafen kann. Deshalb beschließt er, die Menschen mit einer Seuche zu vernichten. Doch Enki zeigt seinem Schützling, dem Atramchasis, wie er durch einen Trick diese Vernichtung umgehen kann. Und als die Menschen so überleben und wieder zahlreich werden, kann Enlil wegen ihrem Geschrei erneut nicht schlafen. Und er beschließt, die Menschen mit einer Hungersnot zu vernichten: Sechs Jahre wächst nichts mehr auf Erden, jede Fruchtbarkeit ist zusammengebrochen, ebenso wie jede soziale Ordnung. Doch auch diesmal zeigt Enki Atramchasis, wie die Menschheit diese Katastrophe überleben kann.

Nun ist Enlil so sehr erzürnt, dass er alle Götter durch einen Eid verpflichtet, dass sie den Menschen nicht länger helfen dürfen. Und er beschließt, sie beim dritten Mal durch eine Flut zu vernichten. Da auch Enki an den Eid gebunden ist, greift er zu folgender List: Er sendet Atramchasis einen Traum, und damit dieser ihn auch richtig versteht, spricht er seine Deutung gegen die Wand einer Schilfhütte: »Trenne dich von deinem Haus und baue ein Boot. Gib all deinen Besitz auf und rette dafür dein Leben.«

Wie das Schiff fertig gebaut ist, bringt Atramchasis mit seiner Familie alle Arten von Tieren an Bord. Doch ist er so unruhig, dass er in seiner Verzweiflung Galle erbricht. Und wie der Sturmgott in den Wolken zu brüllen beginnt, wird die Tür des Schiffes verschlossen und mit Pech abgedichtet; die Taue werden durchschnitten – und das Schiff ist frei. Die verschiedenen Sturmwinde brechen los und der Kriegswagen der Götter rast vorwärts. Der große Held Ninurta lässt Deiche überlaufen.[21] Der Unterwelt-Gott Nergal öffnet die Schleusen des Himmels, und die Erde zerbricht wie ein Tontopf. Die Flut bricht wie ein Krieg über die Menschen herein. Es herrscht völlige Dunkelheit – die Sonne ist verschwunden. Sogar die Götter ziehen sich aus Panik in den Himmel zurück.[22] Und die Muttergöttin, welche die Menschen zusammen mit Enlil geschaffen hat, bricht in Wehklagen aus: Wie nur habe ich der Vernichtung der Menschen in der Götterversammlung zustimmen können? Und sie kann ihr Elend nur mithilfe von Bier überdecken.

Sieben Tage und Nächte dauert die Flut – dann kehrt wieder Ruhe ein. Atramchasis öffnet sein Boot und erkennt, dass er auf einem hohen Berg gelandet ist. Er schickt zuerst eine Taube, dann eine Schwalbe aus, doch beide kehren zum Boot zurück. Erst der Rabe schließlich bleibt verschwunden. Jetzt weiß Atramchasis, dass die Flut vorüber ist, verlässt das Boot und bringt den Göttern ein Dankopfer dar. Angelockt durch den Duft des Brandopfers versammeln sich die Götter wie die Fliegen.

Als Enlil erfährt, dass die Menschen auch diese Katastrophe überlebt haben, wird er von einem großen Zorn auf Enki erfasst. Doch zeigt sich Enki kompromissbereit: Zukünftig soll die Zahl der Menschen beschränkt werden, damit ihr Geschrei nicht mehr so laut ist.

Erstens sollen manche Frauen unfruchtbar bleiben. Zweitens gibt es die Lamaschtu, welche das Baby vom Schoß der Mutter reißt, um es zu töten. Und drittens gibt es die Tempeldienerinnen, welche unberührbar sind und keine Kinder gebären. Und Enlil lässt sich so milde stimmen und schenkt Atramchasis und seiner Frau das ewige Leben. Das Epos endet mit einer Lobpreisung auf den großen Gott Enlil.

2.3 Zur Deutung des Flutmythos

Meine Gedanken, Fantasien und Gefühle zu diesem ältesten Flutmythos der Menschheit möchte ich zuerst auf das Geschrei der Menschen richten, welches Enlils Bedürfnis nach Schlaf stört. Aus der heutigen Erfahrung und therapeutischen Arbeit mit Babys wissen wir, dass durch ihr Weinen die alten Verletzungen der Eltern, deren eigenes Geburtstrauma und die Trennung von der Mutter wieder geweckt und damit ihr »inneres weinendes Kind« hervorgerufen wird. All die schrecklichen Gefühle von damals sind kaum aushaltbar. Deswegen müssen es die Eltern so schnell wie möglich wieder zum Schweigen bringen oder versuchen, sein Schreien zu überhören. Im Mythos wird dafür das Bild gebraucht, dass Enlil oder auch andere Götter wegen des Geschreis der Kinder nicht mehr schlafen können.

Eine zweite Vorbemerkung aus meiner Praxis: Stellen Sie sich vor, ein total friedfertiger Mensch kommt zu mir in Behandlung; er entschuldigt sich bei allen möglichen und unmöglichen Gelegenheiten für irgendein Verhalten. Aus Erfahrung nehme ich an, dass ein solch durch und durch liebevoller und friedfertiger Mensch möglicherweise einen Vulkan von aggressiven Gefühlen, von Wut und Zerstörungswillen in sich verborgen hält. Je liebenswürdiger er sich nach außen verhält, umso heftiger sind möglicherweise seine zurückgehaltenen, zerstörerischen Tendenzen, radikal abgespalten, für immer weg und zugemauert. Die innere Formel eines solchen Menschen könnte dann etwa lauten: Wenn ich meinen Ärger und meine Wut zum Ausdruck bringe, würde ich die ganze Welt in Schutt und Asche legen.[23] Mit Abspaltung meine ich, dass die entsprechenden Menschen in diese Richtung keine Gefühle mehr haben. All ihre zerstörerischen Wutgefühle sind im Innern des Körpers verborgen, in Form von Schmerz, in Form von Krankheit wie beispielsweise Krebs, von irgendeiner Sucht oder vielleicht von einem Verhalten, unter welchem sie andere Menschen leiden lassen.

Jetzt stelle man sich als Beispiel nicht Wut, sondern zurückgehaltene, abgespaltene Trauer vor. Die betreffenden Menschen kennen keine Gefühle von Trauer. Zum letzten Mal haben sie vielleicht als Kind oder gar nie geweint. Ihre innere Formel könnte dann etwa lauten: Wenn ich meine Trauer zulasse, dann setze ich die ganze Welt unter Wasser! Und je mehr die inneren Gefühle abgewehrt, verdrängt oder abgespalten sind, desto radikaler sind diese inneren Bilder und Fantasien. So gesehen ist die Flut nicht Regen oder Wasser von außen, sondern ein Bild der aufgestauten Tränen, einer unendlichen Verzweiflung im Innern. So betrachtet, kann der Sintflutmythos als Erzählung über die verborgenen Tränen im tiefsten Kern jeder Menschenseele gedeutet werden. Natürlich ist diese tiefe Verzweiflung auch mit entsprechend destruktiven Impulsen verbunden. Es ist eine Geschichte, so meine ich, durch welche die Menschen damals eine Erklärung suchten für ihre inneren nicht enden wollenden Tränen und ihre unbändigen Wut. Denn im Flutmythos wird erzählt, wie die Menschen geschaffen worden sind durch Enki und die Muttergöttin Nintu. Anschließend werden sie bedroht durch Krankheit, Hunger und ihre eigenen »tobenden« Tränen: die Flut – dargestellt durch den Gott

Enlil. Im Flutmythos wird erzählt, wie all dies *damals* geschehen ist, *nach* der Geburt, in der Zeit, als ihr Weinen, ihr Lärm unterdrückt worden ist – durch Enlil. Diese Zeit – so geht es aus der Geschichte beschwichtigend hervor – diese schreckliche Zeit der grenzenlosen Verzweiflung wird niemals wiederkehren. Durch den Flutmythos konnten die Menschen zur Ruhe finden – vergleichbar mit einem Alptraum, aus dem wir erwachen und feststellen, dass wir ja heil geblieben sind.

Nur am Rande sei vermerkt, dass die Flut-Geschichte zu den am weitesten verbreiteten Mythen der Welt gehört. Je nachdem wie ein Volk oder eine Kultur Trauergefühle zulässt oder verarbeitet, sind die Flutmythen entsprechend ganz verschieden ausgestaltet.[24]

2.4 Kinderlieder und medizinische Texte[25]

Sind das alles nur Fantasien eines Tiefenpsychologen oder finden wir Hinweise für Babytränen in den Texten der alten Sumerer und Babylonier? In diesem Zusammenhang sei auf eine Reihe von alten Kinderliedern hingewiesen, die ein weinendes Baby zur Ruhe oder ein schreiendes Kleinkind zum Schlafen bringen sollen.

Drei kurze Textstellen seien hier zitiert:[26] »Baby das im Haus der Finsternis wohnte, du bist doch jetzt herausgekommen, hast das Licht der Sonne erblickt, warum weinst du, warum schreist du? Warum hast du da drin nicht geweint?« Und gemeint ist damit natürlich der Mutterschoß. Oder: »Warum bist du aus dem Leib deiner Mutter weinend herausgekommen? Warum warst du im Leib deiner Mutter glücklich und zufrieden?« Ebenso werden Babys in diesen Kinderliedern beschrieben, die permanent schreckhaft sind, die immerzu weinen, zittern und dauernd in Panik geraten. Sie machen ihren Vater nervös, durch ihr Geschrei weint die Mutter, oder sie erschrecken die Ammen und bringen sie um den Schlaf. Aber sie bringen nicht nur ihre Eltern und Betreuer zur Verzweiflung, auch die Hausgötter können nicht mehr ruhig sein, ja sogar den großen Göttern im Himmel kommen die Tränen. Solche permanent weinenden Babys werden beschworen: »Schlaf doch endlich, schrei nicht länger. Warte bis deine Mutter kommt und dich wieder hochnimmt.« Oder es wird ihm nahegelegt: »Sei still wie ein Betrunkener, oder brich erschöpft zusammen wie ein Gazellenkind.« Oder: »Wie ein Toter dreh dich nicht um.«

In diesem Zusammenhang möchte ich auch auf medizinische Texte im alten Mesopotamien hinweisen: Neben dem Kräuterwissen sind auch Diagnosen zu finden, ob ein Mensch mit einer bestimmten Krankheit verhext oder durch einen Gott bestraft worden sei. In der Krankenbehandlung wird immer zuerst durch Weissagung herausgefunden, wo die tiefere Ursache einer Krankheit zu finden ist. In diesen alten Medizintexten gibt es ausführliche Darstellungen über die Krankheiten von Babys. Einige Beispiele seien hier erwähnt:[27]

> »Wenn ein Baby Fieber hat und einen heißen Kopf, zudem heftig weint; wenn alles, was es isst, nicht in seinem Magen bleibt, sondern es wieder erbricht, dann erscheinen seine Zähne; es geht durch eine schwierige Zeit von vierzehn bis zwanzig Tagen, dann wird es wieder genesen.«

Oder aber: »Wenn die Eingeweide eines Babys entzündet sind und es will nicht von der Brust trinken, die ihm angeboten wird, dann hat eine Hexe ihren Blick auf es geworfen.« Besonders auffällig ist das häufig erwähnte Weinen der Babys sowie die Nahrungsverweigerung, die unmittelbar nach der Geburt einsetzen kann. Heute würde ich aus meiner Erfahrung meinen, solche Babys wollen nicht leben. In anderen Fällen wird beschrieben, wie ein Baby immer wieder den Mund öffnet, die Nahrungsquelle sucht, die angebotene Nahrung aber verweigert oder alles erbricht, was es aufgenommen hat. Ebenso häufig wie auf das Weinen und die Nahrungsverweigerung wird auf seine Eingeweide hingewiesen, die als entzündet, aufgequollen oder nicht funktionsfähig beschrieben werden. Wir würden heute von den sogenannten Dreimonatskoliken sprechen. Ein weiterer Symptomkreis nennt das Zittern und die Angst der Babys, die sich nicht mehr beruhigen können. Schließlich werden auch Erstickungsgefahr und epileptische Anfälle und heftige Zornesausbrüche bei Kindern bis zum dritten oder vierten Lebensjahr erwähnt.

Aus meiner praktischen Arbeit mit Babys und ihren Familien weiß ich, Kinder können unter Umständen über eine längere Zeit weinen und schreien, ohne dass die Eltern dies verstehen oder gar das Baby beruhigen können – dies sind sogenannte Schreibabys. Oder die Kinder finden nur schwer eine Möglichkeit einzuschlafen, sie können sich nicht »fallenlassen«, oder sie schlafen nur ganz unruhig und erwachen immer wieder und haben vielleicht Schwierigkeiten, in den Schlaf zurückzufinden. Oder sie neigen dazu, krank zu sein, ihr Immunsystem ist geschwächt oder zusammengebrochen, alle möglichen Krankheiten und Symptome können somit in Erscheinung treten.[28] In den Kinderliedern oder in den medizinischen Texten werden meiner Meinung nach genau solche Babys und ihre frühen Symptome und Krankheiten beschrieben.

2.5 Trauerlieder

Daneben gibt es eine Vielzahl an »Trauerliedern«, aber viele sind bis heute noch gar nicht oder nur mangelhaft übersetzt.[29] Das erste Lied, welches ich im vollen Umfang wiedergeben will,[30] handelt von der obersten Göttin Inanna und ihrem Gatten oder Sohn/Geliebten Dumuzi, beide werden wir im letzten Mythos *Inannas Abstieg in die Unterwelt* noch sehr genau kennenlernen.

> Mein Herz spielt ein Trauerlied für ihn in der Wüste.
> Ich, die Herrin des Eanna, welche die Berge zerstört
> Und ich, Ninsun, seine Mutter
> Und ich, Gestinanna, seine Schwester.
> Mein Herz spielt ein Trauerlied für ihn in der Wüste,
> Wo der Knabe weinte,
> Wo Dumuzi sich aufhielt,[31]
> Im Arali, dem Hügel des Hirten.
> Mein Herz spielt ein Trauerlied für ihn in der Wüste,
> Wo der Knabe weilte,
> Der jetzt gefangen ist,
> Wo Dumuzi sich aufhielt,
> Der jetzt gefesselt ist.
> Dort, wo das Mutterschaf ihr Lamm aufgegeben,
> Dort, wo die Ziege ihr Kitz verlassen hat.
> Die Mutter, die geboren hat,
> Welch grausamen Schlag musste sie erleiden.
> Sie erreichte die Wüste, wo der Knabe sich aufhielt
> Sie schaute ihren erschlagenen Stier an.
> Sie blickte in sein Gesicht.
> Wie sie schauderte.
> Die Mutter kam ganz nahe, um ihren Sohn zu betrachten.
> »Bist du es«, sagt sie zu ihm.

»Du siehst so anders aus«
Alles war ihr zerstört.
»Wohin soll ich nun gehen«?

Ein weiteres Lied von einer klagenden Göttin handelt von Ninisinna, welches ich hier kurz zusammenfassen will: Ninisinna hat einen Gatten geheiratet und jetzt hat sie keinen Gatten mehr; sie hat einen Sohn geboren, nun hat sie keinen Sohn mehr. Sie eilt herum und sucht dabei verzweifelt nach ihrem Kind, das ihr weggenommen worden ist. Sie vergleicht ihren Sohn mit einem Eselsfohlen, das zusammen mit einem Lamm oder einem Kalb von einem wilden Tier entführt, gerissen oder weggetragen worden ist. Sie klagt, dass sie in ihrer eigenen Stadt misshandelt worden sei. Und sie vergleicht sich mit einem Mutterschaf oder einer Ziege, deren Lamm bzw. Kitz ihr weggenommen worden ist. Untröstlich und mit verwirrtem Herzen bittet sie, dass ihre Stadt und ihr Tempel nicht gänzlich zerstört wird.

Die wichtigsten Motive der Trauerlieder möchte ich wie folgt zusammenfassen: Immer ist es eine Muttergöttin, die nach ihrem Gatten oder Sohn sucht. Dabei ist ihr Kind verschwunden, verloren und durch einen Feind entführt oder gefangengenommen worden, meist ist es in die Wüste oder in die Unterwelt verschleppt und tot. Die Muttergöttin klagt über die Trennung von ihrem Gatten und Kind. Sie irrt ruhelos umher, sie ist traurig und verzweifelt, sie ist schlaflos und kann nicht mehr essen. In ihren Klagen zerkratzt sie sich das Gesicht oder schlägt mit den Fäusten auf ihren Körper oder rauft sich die Haare aus. Sie hört das Weinen des Kindes und findet es nicht. In ihrem sinnlosen Suchen wird die Göttin als einsam und entfremdet oder gar als Feind in ihrer eigenen Stadt beschrieben.[32]

In diesen Trauergesängen wird eindrücklich eine Mutter/Muttergöttin beschrieben, wie sie ihren Sohn, ihr Kind verloren hat, wie ihr Baby ihren Armen entrissen worden ist und sie es verzweifelt, aber vergeblich sucht. Endlos ist diese Suche. Sie hört sein Schreien, aber kann es nicht erreichen oder finden. Oder sie trauert um ihr Kind, welches in der Unterwelt, im Reich der Toten, d.h. in einer abgrundtiefen Hölle von Vereinsamung festsitzt. Und immer sind mit dieser Mutter und dem von ihr getrennten Kind entsprechende Tierbilder verbunden: Die Trennung von Mutterschaf und Lamm, von Ziege und Kitz, von Kuh und Kalb, oder von einer Eselin und ihrem Fohlen. Diese Tierkinder sind von der Mutter getrennt, sie wurden von ihr aufgegeben, sie sind verschwunden, verloren, entführt worden oder tot. Dabei sollten wir uns vor Augen halten, dass sich die Sumerer Herdentiere wie Schafe, Ziegen und Kühe hielten, für die Gewinnung von Milch und deren ersten Produkten, wie beispielsweise von Käse. Dafür mussten die Mütter und ihre Tierkinder voneinander getrennt werden; ein »Urbild«, um die Trennung der menschlichen Mütter von ihren Babys darzustellen. Und in den Trauerliedern ist die Verzweiflung von beiden dargestellt – von der Mutter wie von ihren Babys, in der ersten Hochkultur, in welcher eine Mutter von ihrem Baby getrennt worden ist!

2.6 Klagen über die Zerstörung einer Stadt

Eng mit diesen Trauerliedern »verwandt« sind die Klagelieder über die Zerstörung einer Stadt. In den Trauerliedern überwiegen die Motive einer verzweifelten Mutter, die ihr Kind sucht, aber auch Bilder der Zerstörung einer Stadt tauchen immer wieder auf. Und in der »Zerstörungsliteratur« werden immer wieder Motive von verlassenen Tierkindern oder verlassenen Babys besungen. Zerstörungsliteratur und Trauerlieder gehen fließend ineinander über.

Dazu sei erwähnt, dass es schon im fünften oder vierten Jahrtausend vor Christus erste Städte in Sumer gab. Aber erst im dritten Jahrtausend weiten sich diese zu eigentlichen Stadtzentren aus, zu kleinen Reichen um eine Stadt herum. Zwischen diesen miteinander rivalisierenden Städten kommt es zu Spannungen, zum Kampf um die Vorherrschaft, und der Krieg wird zu einem »treuen Begleiter« der frühen Zivilisation. Städte werden deswegen mit Mauern umschlossen und geschützt. Und natürlich ist es immer wieder vorgekommen, dass eine Stadt ihre Vorherrschaft verloren hat, weil fremde Truppen eingebrochen sind: Städte wurden zerstört – ein Trauma für die Bevölkerung, welche einem solchen Ereignis zum Opfer fiel.[33]

Erinnern will ich den Leser auch an die Zikkurats, die Stufentürme in Sumer. Auf ihrer obersten Plattform ist ein Tempel gebaut, und darin wohnt ein Gott oder eine Göttin. Jede Stadt hat so ihre ganz spezielle oberste Gottheit, welche dort verehrt wird. Und ebenfalls sei erwähnt, dass die Klagelieder überall in der sumerischen/babylonischen Literatur zu finden sind, Mark Cohen hat 1988 zwei wichtige Bände zu dieser Literatur veröffentlicht und angemerkt, dass sie im ersten Jahrtausend vor unserer Zeit zur beherrschenden Literaturgattung im mesopotamischen Raum geworden ist.[34]

Wenn wir uns in diese äußerst umfangreiche Literaturgattung vertiefen, merken wir bald, dass neben einer historischen Darstellung immer auch eine tieferliegende Ebene in diesen Texten verborgen liegt. Sie zeigt eine »Verwandtschaft« mit den Trauerliedern, wie ich sie soeben beschrieben habe. Um den Einstieg in diese komplexe Literaturgattung zu erleichtern, will ich hier die drei Beschreibungen über die Zerstörung von Sumer, von Ur und von Akkad gekürzt und in nur *einem* Klagelied zusammengefasst wiedergeben.[35]

Meist beginnen diese Klagelieder damit, wie die Göttinnen und die Götter ihre Heiligtümer, ihre Tempel verlassen – sie ziehen ihre Gunst von ihren Städten zurück, bevor die Bevölkerung der Zerstörung preisgegeben wird. Enlil bedroht die entsprechende Stadt mit bösartigen Winden, mit einem Sturm oder aber mit einer Flut. Und aus Angst können die Menschen in dieser bedrohten Stadt nicht mehr schlafen, es herrschen nur noch Tränen, Zorn, Verzweiflung und Angst, Zittern und Einsamkeit. Zudem legt sich ein tödliches Schweigen über sie und eine Dunkelheit, weil der Sonnengott sich zurückzieht. Und jede Fruchtbarkeit bricht zusammen, in den Kanälen fließt bitteres Wasser und auf den Feldern wächst nur noch Unkraut. Mütter verlassen ihre Kinder, die Väter ihre Frauen. Und Kinder werden nicht länger auf den Knien oder in den Armen von Ammen gehalten, ihnen werden keine Schlaflieder mehr gesungen. Alle Arten von Beziehungen brechen auseinander. Menschen bringen sich gegenseitig um, Eltern ihre Kinder. Und in diesem Chaos, in dieser Panik, werden immer wieder Muttertiere besungen, wie sie von ihren Jungen getrennt werden, das Mutterschaf vom Lamm, die Kuh vom Kalb, die Ziege vom Kitz und der Esel von seinem Fohlen: Jungtiere werden den Müttern entrissen oder sie kennen ihre eigenen Kinder nicht mehr, oder bringen sie gar um. Die Viehställe werden aufgegeben oder verlassen, oder gar zerstört. Und Reichtümer liegen herum ohne ihre Besitzer.

Häufig bittet eine Muttergöttin den obersten Gott Enlil um die Besänftigung seines Zorns, damit ihre Stadt vor der Vernichtung verschont werden soll. Doch die Antwort lautet hart: Das Wort, das Gesetz des obersten Gottes kann nicht geändert werden. Keine Königsherrschaft dauert unendlich. Der König muss seinen Palast, seine Stadt, für immer verlassen.

Und der König selbst wird beschrieben, wie er ängstlich und alleine in seinem Palast sitzt, wie er nur noch schwer atmen kann, und weiß, dass er seine Stadt für immer verlassen muss. Oder er versinkt in eine endlose Depression, weil seine Klagen und Bitten um die Rückkehr der Götter nicht erhört worden sind. In einem Verzweiflungsanfall zerstört er dann das Heiligtum des obersten Gottes Enlil bis auf die Grundmauer und entführt all seine Schätze. Eine lebenslange Rache der Götter kann so niemals ausbleiben.

Auf dem Höhepunkt dieser Klagelieder führt Enlil die Feinde aus den Bergen, welche wie eine Sturmflut über die Stadt herfallen. Speziell besungen wird, wie das große Tor der Stadt überrannt, wie Schloss und Riegel herausgerissen werden und die Feinde sich wie eine Flut in die Stadt ergießen. Alle Gassen sind voller Leichen, die Männer liegen in ihrem Blut wie damals bei der Geburt. Und wer nicht durch die Waffen umkommt, stirbt aus Hunger. Überall ertönen bittere Schreie. Die Vorratshäuser stehen in Flammen. Die Götterstatuen liegen in Stücke gehauen, die Tempel sind zerstört und man kann in ihr Inneres schauen, das nie je ein Menschenauge erblickt hat. Die Stadt versinkt in einem Chaos. Neben den Leichenbergen und den Trümmerhaufen wird sie bis auf die Grundmauern zerstört. Es herrscht nur noch Hunger, Angst und Depression. Die Stadt ist zerbrochen wie ein Tontopf. Und die Stadt weint um dich wie um eine Mutter, sie sucht dich wie ein verlassenes Kind.[36]

2.7 Gemeinsamkeit in der Flutgeschichte, in den Trauer- und Klageliedern – eine Deutung

Ich habe die Flut verstanden als ein Bild für die unendlich aufgestauten Tränen dieser ersten Hochkultur der Menschheit, in welcher Mutter und Baby voneinander getrennt worden sind. In Worten ausgedrückt: Wenn ich meine Tränen zulasse, setze ich die ganze Welt unter Wasser.

Ausgelöst wurde die Flut durch den grenzenlosen Zorn des obersten Gottes Enlil, welcher nachts wegen des Geschreis der Menschen – wegen des Babyweinens – nicht mehr schlafen kann. Er will die Menschen vernichten, zuerst mit einer Seuche, dann mit einer Hungersnot, und schließlich mit einer Flut. Und genauso grenzenlos ist dieser Zorn Enlils in den Klagen über die Zerstörung einer Stadt: Nachdem die Götter ihre Stadt verlassen haben, führt Enlil die Feinde aus den Bergen, um die Stadt zu zerstören. Ich verstehe die Stadt in diesem Zusammenhang als ein Bild für den Körper der Mutter, der Eltern, welche ihr Baby emotional während der Schwangerschaft oder aber in seiner ersten Lebenszeit verlassen haben.[37] Oder ich verstehe die Stadt auch als Bild für das Baby selbst, welches ohne emotionale Präsenz seiner Eltern der Zerstörung, dem Gefühl des Zerstört-Seins, preisgegeben ist.

Bei der Zerstörung werden erstmal Tore niedergerissen, und dann ergießen sich die Feinde wie eine Sturmflut in die Stadt, um deren Bevölkerung zu vernichten, welche in Chaos und Panik versinkt. Überall sind Leichenberge und die Stadt wird bis auf die Grundmauern zerstört. Schon im Flutmythos sind *alle* Menschen umgekommen, aber dies geschieht eigentlich nur »am Rande der Geschichte«, unser Hauptaugenmerk gilt hier dem einzig Überlebenden der Flut, wobei dem Fluthelden zum Schluss sogar das ewige Leben geschenkt wird. Bei den Klagegesängen hingegen ist die totale Zerstörung und Vernichtung das emotionale Zentrum der Dichtung. Die absolute Ohnmacht und Hilflosigkeit. Die Schreie, das Blut und die Leichenberge. Das Chaos und der Tod.

Die gemeinsamen Themen in den Trauerliedern und den Klagegesängen sind die immer wiederkehrenden Tierbilder: Die Trennung eines Muttertieres von einem Jungen. In den Klageliedern ist die Vernichtung einer Stadt das hauptsächliche Thema – in den Trauerliedern wird eine solche Zerstörung immer mal wieder angedeutet. In beiden Literaturgattungen, in den Trauer- wie in den Klageliedern gehen die Bilder fließend ineinander über. In ihrer Bildgestaltung können sie nicht eindeutig voneinander getrennt und unterschieden werden.

Jedoch werden in den *Trauerliedern* eher die gebrochenen Herzen der Muttergöttinnen, d. h. der damaligen Mütter beschrieben, ihre Einsamkeit und Verlassenheit, ihre grenzenlose Verzweiflung, weil sie von ihren Kindern getrennt worden sind. Sie suchen ihre Kinder, aber können sie nicht finden. Sie hören das Weinen ihres Babys, aber können es nicht erreichen. In den Trauerliedern wird die endlose, aber vergebliche Suche einer Mutter nach ihrem Kind beschrieben. Und die Mütter können nicht mehr essen oder schlafen, sie sind in eine grenzenlose Depression und Verzweiflung versunken. Durch die Trennung ist eine »Muttergöttin zum Feind geworden in der eigenen Stadt« – ein Bild der Entfremdung. Oder sie findet ihr Kind tot in der Wüste.

In den *Klageliedern* wird auf einer noch tieferen Stufe die Einsamkeit und Verzweiflung einer Stadt, das Erleben eines Babys beschrieben: Seine Suche nach der Göttin, nach der Mutter, die entschwunden ist und nicht mehr erreicht werden kann. Und nach einer endlosen Zeit in Depression und Einsamkeit zerstört der König diese Stadt – auch dies ein weiteres Bild für ein Baby –, das Heiligtum des obersten Gottes Enlil, in einem ohnmächtigen Anfall von Zorn. Eine lebenslange Rache der Götter ist ihm gewiss. All dies sind Bilder von Panik, von absoluter Hilflosigkeit und Ohnmacht und ein lebenslanges Gefühl von Zerstörtheit oder von Todsein, ein Gefühl von Nicht-Existenz im Innern der Seele als verheerende Folge der frühen Trennung – ausgedrückt in den starken Bildern der überall herumliegenden Toten, der Leichenberge und der bis auf die Grundmauern zerstörten Stadt. Dieses Zerstörtsein drückt die Hölle an Einsamkeit aus, ebenso möglich ist das Bild von Verdammtsein in der Unterwelt, im Reich der Toten – wir werden in *Inannas Abstieg in die Unterwelt* gleich mehr davon hören. All diese Bilder haben die Sumerer und Babylonier erfunden und gebraucht, um ihr inneres Gefühl des Verletztseins, des Zerstört- oder Totseins auszudrücken. Es sind ihre »großen Träume«. Oder nochmals in den Worten des Mythos ausgedrückt: »Die Stadt [das verlassene Baby] weint um dich wie eine Mutter, sie sucht dich [die Muttergöttin] wie ein verlassenes Kind.«[38]

Diese Klagen eines Babys möchte ich abschließend mit meinen eigenen Worten etwa folgendermaßen beschreiben:

> »Warum hast du mich verlassen, wann endlich kehrst du zu mir zurück? Wie lange noch muss ich in meinem Zustand der Entfremdung ausharren? Wird dieses Gefühl von Zerstört- ja Totsein ewig weiterdauern? Wann endlich darf ich wieder in deiner Nähe Geborgenheit erfahren, meine Mutter, oder muss ich ewig in diesem Zustand verharren?«

Und wiederum möchte ich eine Erfahrung aus meiner Praxis anfügen, wenn ich mit Familien und ihren Babys arbeite: Diese heftigen Kindertränen weisen häufig auf eine schwierige Geburt oder Schwangerschaft hin. Wissen wir etwas über die Geburt im alten Mesopotamien?

2.8 Geburtsbeschwörungen[39]

Im alten Mesopotamien finden wir eine ganze Reihe von Gebeten und Beschwörungen für eine leichte Geburt. So heißt es in einem Gebet einer Muttergöttin: »Der Weg ist frei, Schloss und Riegel sind losgebunden. Die Türen sind offen. Lieblingskind komm von alleine heraus«, was ein Gebet ist für eine Frau während der Geburt. Oder: »[D]as Band möge aufgeknüpft werden, welches den Schoß verschlossen hielt.«[40] Und nochmals eine andere Beschwörungsformel lautet: »Das junge Kalb möge wie eine Gazelle auf den Boden fallen«; oder »Möge das Baby herauskommen wie eine kleine Schlange, möge es sich nicht zurückziehen, sondern herauskommen wie jemand, der von einer Mauer herunterfällt«.[41] Und ein letztes Beispiel:

> »Mögen die Wasser ihren freien Lauf nehmen wie der Regen des Himmels, möge es übermäßig fließen wie das Wasser einer Dachrinne, möge es sich entladen wie ein Wolkenbruch, möge es sich ergießen wie ein Fluss in einen See. Und der Schoß zerbreche wie ein Topf. Und die Muttergöttin möge die Nabelschnur durchschneiden und so das Schicksal festlegen.«[42]

Wichtig bei einer Geburt ist natürlich, dass »Schloss und Riegel«, eine Darstellung des Muttermundes, »sich weit öffnen«, nur so kann das reichlich fließende Wasser durch das Tor frei abfließen – ein Bild für das Fruchtwasser. Und der Schoß zerbricht dann wie ein (Ton-)Topf, ein Bild für die vollendete Geburt. Und in diesen Gesängen oder Gebeten wird eine gebärende Frau auch mit einem »Schiff« verglichen, das »seine Segel entfaltet – während ihre Schreie den Himmel erreichen«. Und dieses Schiff trägt ein kostbares Gut, trägt Schmuckstücke an Bord: ihr Baby. Und wie bei der Städtezerstörung können die Bilder »umkippen« und das Schiff selber wird zur Darstellung eines Babys, welches »am Kai der Bedrängnis festgehalten wird«.[43] Hier werden die Todesängste eines Babys angedeutet.

Abschließend sei ein Gedicht zitiert, welches die Todeskämpfe einer Frau während der Geburt beschreibt:[44]

> »Warum bist du wie ein Schiff, das hilflos in der Mitte des Flusses herumtreibt?
> Warum sind deine Hoffnungen zerbrochen, die Schiffstaue durchschnitten?
> Warum ist dein Augenlicht verhüllt und du überquerst den Fluss der Stadt?«
> »Wie soll ich nicht hilflos sein, mein Seil nicht zerschnitten?
> Als ich die Frucht getragen habe, war ich glücklich.
> Ich war glücklich und glücklich war mein Gatte.
> Als die Wehen einsetzten, da verfinsterte sich mein Gesicht.
> Am Tag der Geburt wurden meine Augen trübe.
> Mit offenen Händen betete ich zu Belet-ili:

›Du bist die Mutter für die Gebärenden, errette mein Leben.‹
Aber Belet-ili verhüllte ihr Gesicht:
›Warum betest du zu mir?‹
Mein Gatte, der mich liebte, tat einen Schrei:
›Warum nimmst du mir meine Frau, an der ich mich erfreue …‹
In all diesen Tagen war ich mit meinem Gatten zusammen,
Ich lebte mit ihm, und er war mein Geliebter.
Dann aber zog der Tod in mein Schlafzimmer.
Er trieb mich weg von meinem Haus.
Er trennte mich von meinem Gatten.
Und ich richtete meinen Gang in das Land ohne Wiederkehr.«

2.9 Die Flut als Geburt

Nochmal will ich einen Moment innehalten und auf den Flutmythos zurückkommen. Hier bei der Geburtsbeschwörung heißt es: »Der Schoß zerbricht wie ein Topf.« Die Parallele am Ende der Flut heißt: »Die Erde zerbricht wie ein Tontopf.« Das Zerbrechen des Topfes oder Tontopfes ist im alten Sumer somit ein Bild für die abgeschlossene Geburt. Die Flut ein Bild für die Geburt? Dann wäre der einzige Überlebende, der diese Katastrophe heil überstanden hat, Atramchasis, dem am Ende der Geschichte das ewige Leben geschenkt wird, ein Bild für das neugeborene Baby. Diese Neugeborene kann noch »ewig« leben, bis sein Tod erfolgt. Und als Ergänzung zur Flut sei hier eine Textstelle aus der elften Tafel des Gilgamesch-Epos zitiert. Gilgamesch wird nach dem Tod seines mit ihm innigst verbundenen Freundes Enkidu von Todesängsten überschwemmt. Deswegen sucht er den einzig Überlebenden der Flut auf.[45] Und dieser erzählt dem Gilgamesch noch einmal sein damaliges Erleben:

> »In diesem tosenden Sturm zerbricht die Erde wie ein Topf, und die Muttergöttin Ischtar schreit wie eine Gebärende. Sechs Tage und sechs Nächte dauerte die Flut, schlägt das Meer um sich wie eine Kreißende wie eine Frau während ihrer Niederkunft.«[46]

Ich verstehe die Flut als ein Bild für die ungeweinten Tränen eines Babys, für das in jedem Menschen in Sumer verborgene Tränenmeer. Doch eine Schicht tiefer ist die Flut auch die Darstellung einer Geburt – Allan Dundes hat dies zuerst klar beschrieben: Die Flut steht als Symbol für das aus dem Himmel herausbrechende Wasser, für das Fruchtwasser bei einer Geburt.

Und hier sei noch einmal an die »Klagen über die Zerstörung einer Stadt« erinnert – in den Klagen wie in der Flut steht der unendliche Zorn des Gottes Enlil am Beginn: Hier bricht das Wasser nicht vom Himmel, sondern die Feinde brechen wie eine »Flut« in die Stadt ein, um sie zu zerstören. All diese Klagen können auf der tieferen Ebene als die Todesängste und die Panik eines Babys während seiner Geburt verstanden werden. Die Feinde ergießen sich durch das »große Tor« in die Stadt – dies ist ein Bild für das Baby, welches sich aus dem Schoß und den Eihüllen, den Stadtmauern, befreit. So verstanden, ist die zerstörte Stadt das Bild einer Gebärmutter nach der Geburt.

Deswegen auch zerstört der König nach einer unendlich langen Depression[47] den Tempel, das Heiligtum des obersten Gottes Enlil. Er zerstört den heiligen Berg, den »kur«, eine Darstellung des schwangeren Bauches einer Mutter. Und wenn eine Muttergöttin den obersten Gott Enlil bittet, ihre Stadt, ihren schwangeren Bauch vor der Zerstörung zu beschützen, so lautet die Antwort des obersten Gottes: »Mein Wort und Gesetz kann nicht geändert werden – keine Königsherrschaft dauert ewig – der König muss die Stadt verlassen.«[48] Was bedeutet: Kein Baby kann ewig im Schoß der Mutter verweilen, es muss geboren werden.

In diesem Zusammenhang möchte ich darauf hinweisen, dass ich in *Ursprung der Angst* zeigen kann, wie die ersten großen Heldenerzählungen der Mythologie der Sumerer und dann der Babylonier Bilder und Darstellungen für eine Geburt sind.[49]

Der Gynäkologe Frédérik Leboyer hat im 20. Jahrhundert den Weg bereitet für eine »sanfte Geburt«. Leboyer meint: Jedes neugeborene Baby ist ein Held.[50]

Und eine weitere Ergänzung: In meinem Buch *Ursprung der Angst* habe ich gezeigt, dass Mythen im alten mesopotamischen Raume häufig – wie im Flutmythos – mit einer »großen Katastrophe«, mit einer Geburt enden. Somit ist der Mythos als Ganzes eine Darstellung, was ein Baby im Bauch seiner Mutter während der *Schwangerschaft* erlebt, so wie die alten Völker sich das vorzustellen versuchten. Sie haben sich immer wieder Gedanken darüber gemacht, wie einerseits die Welt entstanden ist und andererseits wie das Baby im Bauch seiner Mutter entsteht. Dabei werden

Mikro- und Makrokosmos immer miteinander verglichen, die Schwangerschaft mit dem Beginn der Welt. Wird der Flutmythos noch einmal unter diesem Blickwinkel betrachtet, dann ist er ein Kampf der beiden Götter Enlil gegen Enki. Enlil will die Menschen vernichten, Enki hat sie erschaffen und hilft ihnen beim Überleben, der Gott der Weisheit und der List möchte die Menschen bewahren. In *Ursprung der Angst* zeige ich auf, wie der Gott Enlil in der Mythologie verstanden worden ist als »das Band, welches Himmel und Erde miteinander verbindet«, er ist der Gott, welcher dieses Band zwischen Erde und Himmel am Anfang der Geschichte durchtrennt hat: eine über die ganze Welt verbreitete Darstellung der Nabelschnur.[51]

Dagegen ist Enki der Gott des »apzu«, des Süßwasser-Ozeans unter der Erde: Quelle und Ursprung aller Flüsse, der gesamten Fruchtbarkeit. Und er ist auch der Schöpfer der Menschen. Wenn wir uns die Kämpfe dieser beiden obersten Götter Enlil gegen Enki vor Augen halten, so wird im Flutmythos die Urambivalenz der damaligen Menschen in ihren Götterbildern beschrieben. Es sind die beiden Tendenzen einer werdenden Mutter: ihre das Leben erschaffende Seite und ihre Kehrseite der Vernichtung, der Ablehnung des Kindes. Eine Urambivalenz, welcher ein Baby schon während der gesamten Schwangerschaft ausgeliefert ist – dargestellt im Schöpfungsmythos der alten Völker. Und wieder möchte ich aus meiner praktischen Erfahrung ergänzen: Wenn eine Mutter ein Baby empfängt, werden mit dem Beginn seiner Existenz in ihr (und genauso in den Vätern) sofort ihre eigenen alten Verletzungen, ihr eigenes Urtrauma geweckt, Ursache für ihre Ablehnung des werdenden Kindes. Jedes Baby damals wird durchtränkt von diesen beiden Seiten einer Mutter, dargestellt in den beiden Göttern Enlil und Enki.[52] Doch ist dies alles der *pränatale* Aspekt des Seelenlebens, welchen ich ausführlich beschrieben habe in meinem Buch *Früheste Erfahrungen – ein Schlüssel zum Leben* und ist nicht das Thema dieses Buches.

Doch sei hier angedeutet: Weil alle Menschen in diesen alten Hochkulturen seit der Geburt von ihren Müttern getrennt worden sind, haben sie unendlich viel weinen müssen. Und diese Tränen wurden später zum Selbstschutz verdrängt und abgespalten, für immer im Unterbewussten vergraben und zugemauert. Diese Ur-Verletzung tragen *alle* Menschen in sich. Und in den Müttern, in den Eltern, wird sie geweckt, sobald sie spüren, dass sie schwanger sind. Diese Ur-Verletzung der Trennung, dieses »innere verletzte Kind« entsteht sofort am Beginn jeder Schwangerschaft. Seit dem Beginn seiner Existenz ist ein sumerisch-babylonisches Baby dieser Urambivalenz seiner Eltern ausgeliefert, dargestellt in den alten Göttergeschichten. Es ist dies der »Preis«, den die alten Völker bezahlen müssen, diese unaushaltbaren Gefühle, diese chaotischen Ängste am Beginn der Zivilisation, am Beginn des Lebens in den Städten.

2.10 Die große Göttin Inanna

Neben den beiden männlichen Göttern Enlil und Enki ist Inanna die überragende Persönlichkeit in Sumer, eine große Schönheit. Sie ist die Göttin der Liebe, der Erotik und Sexualität – gleichzeitig aber auch die Göttin des Krieges. Als solche ist sie unendlich mächtig, ja sie strebt nach der Weltherrschaft. Ihre Zornausbrüche und ihre Rachsucht sind gefürchtet, sogar die großen Götter im Himmel zittern vor ihren Schreiausbrüchen.

Ihr Liebhaber heißt Dumuzi; der König in Sumer wird als seine Verkörperung vorgestellt. Mit einer Tempeldienerin als Vertreterin der Inanna feiert der König/Dumuzi jährlich die »heilige Hochzeit«, dies ist ein sexueller Ritus zur Erhaltung der Fruchtbarkeit des Landes und zur Stärkung der Macht des Königs.[53] Aber während Inanna praktisch in jeder Stadt in einem Heiligtum verehrt wird, sind Tempel für Dumuzi unbekannt. Nie käme jemand in einer Krise oder in einer Not auf die Idee, Dumuzi um Hilfe zu bitten. Ganz im Unterschied zu den großen Helden in Sumer – Ninurta, Marduk oder Gilgamesch – vollbringt Dumuzi nie irgendwelche großen Taten, er hütet ganz schlicht die Schafe und Ziegen im Stall seiner Inanna. Dumuzi heißt wörtlich übersetzt »das gute Kind« oder »der wahre Sohn«. Inanna und Dumuzi in Sumer sind somit eine Mutter und ihr Kind.[54]

2.11 Die Dämonin Lamaschtu[55]

Mit einer so strahlenden allmächtigen Göttergestalt wie der Inanna ist immer auch eine Schattenseite verbunden. Wir werden ihre depressive Seite gleich näher kennenlernen, im Kapitel »Inannas Abstieg in die Unterwelt«. Doch hat diese dunkle Seite von Inanna auch einen eigenen Namen, es ist dies die Dämonin Lamaschtu. Sie ist die gefährlichste unter all den Geistwesen, von welchen sich die Sumerer und später die Babylonier in ihrem Alltag bedroht fühlen. Das Aussehen der Lamaschtu ist schreckerregend und furchteinflößend. Sie brüllt wie eine Löwin, hat auch einen entsprechenden Kopf, außerdem Eselsohren und Hundezähne, blutbesudelte Hängebrüste. Sie ist ungestüm, wütend, bösartig und zerstörend. Sie lässt die Vegetation verdorren, und Tiere können sich ihretwegen nicht mehr fortpflanzen. Wie ein Feuersturm überfällt sie den Mann, den Greis, die Frau oder das Kind, bringt Schmerz, Leid, Krankheit und Tod. Und sie lebt von den Leiden und Qualen ihrer Opfer. Sie macht den Mann impotent und die Frau unfruchtbar. Sie raubt die Lebenskraft ihrer Opfer.

Besonders hat es Lamaschtu auf Babys abgesehen. Sie ist die Kindermörderin par excellence und verantwortlich für Frühgeburt, Totgeburt oder für den plötzlichen Kindstod. Sie berührt wenn möglich schon den Bauch der Schwangeren und erzeugt so eine Frühgeburt. Oder sie blockiert eine Frau bei der Geburt, sodass sie ihr Kind nicht gebären kann. Lamaschtu ist die Dämonin des Kindbettfiebers und der Inbegriff der bösen Amme. Sie lechzt danach, nach der Geburt Babys säugen zu dürfen. Sie entreißt einer Amme ihr Kind, nimmt es an die eigene Brust und säugt es mit giftiger Milch. Menschenfleisch und Blut sind ihre Nahrung. Sie ist die Manifestation des Bösen.[56]

Die Völker in Mesopotamien leben in einer von Dämonen bewohnten, in einer gefährlichen Welt. Es ist eine Welt voller Hexen und voll bedrohlichem Zauber. Hier liegt auch die Ursache, wenn Menschen krank werden, wenn sie in eine Krise geraten. Die Medizin dieser Völker ist entsprechend eine Mischung zwischen Kräuterwissen und Magie. Erkrankt ein Mensch, wird ein Zauberer oder der Beschwörungspriester beauftragt, eine Puppe, ein Abbild der Hexe herzustellen. Diese wird nun neben einer Leiche begraben oder mit Nadeln durchbohrt. Entsprechend soll die Hexe zugrunde gehen – die Krankheit verschwinden.

Die Angst vor Hexerei und Zauberei ist im alten Mesopotamien so sehr ausgeprägt, dass James Kinnier Wilson von der paranoiden Welt im alten Mesopotamien spricht. Und er meint, dass die Gefühle der dort lebenden Menschen von Verfolgt-Sein und ihre Halluzinationen so ausgeprägt sind, dass dies als ein Frühstadium der Schizophrenie bezeichnet werden darf.[57] Und wie ich meine, hat diese paranoide Welt, dieses Frühstadium von Schizophrenie, ihren Ursprung, ihre Quelle in der frühen Trennung von Mutter und Baby als Anpassung an das entfremdete Leben in den Städten.

Mit diesen Vorbemerkungen wollen wir nun den großen Mythos im alten Sumer kennenlernen.

2.12 Inannas Abstieg in die Unterwelt[58]

Inanna als die Königin über Himmel und Erde richtet ihr Augenmerk auf die Unterwelt und möchte die Herrschaft auch über diese erlangen. Deswegen gibt sie alle ihre Heiligtümer auf Erden auf und schmückt sich mit ihren sieben *me*, mit ihrer göttlichen Kraft und Macht. Aber Inanna weiß, dass ihr Vorhaben gefährlich ist, deswegen warnt sie ihre Dienerin Ninschubur und bittet sie:

> »Wenn drei Tage vergangen sind und ich nicht aus der Unterwelt zurückkehre, veranstalte für mich ein Trauerzeremoniell, zerkratze dein Gesicht und deinen Körper. Geh dann zum Tempel des obersten Gottes Enlil und bitte ihn um Hilfe, damit ich in der Unterwelt nicht sterben muss. Wenn Enlil sich weigert, gehe zum Mondgott Nanna, meinem Vater. Sollte auch er dir nicht helfen, bitte schließlich Enki um Unterstützung, er kennt die Nahrung und das Wasser des Lebens – sie werden mich am Leben erhalten.«

Und bevor Inanna Himmel und Erde verlässt, bittet sie Ninschubur noch einmal, genau zu befolgen, was sie ihr aufgetragen hat.

Als Inanna beim Palast der Unterwelt ankommt, klopft sie ganz ungeduldig und böse an die Tür. Doch der Türhüter will erst wissen, wer sie sei und warum sie Einlass begehre ins »Land ohne Wiederkehr«, ins Reich der Toten. Und Inanna antwortet, der Mann ihrer älteren Schwester Ereschkigal sei gestorben, und sie möchte dem Totenopfer beiwohnen.

Ohne zu öffnen, begibt sich der Türhüter zuerst zur Herrscherin der Unterwelt, zu Ereschkigal, der älteren Schwester der Inanna, und berichtet ihr genau, wer ins Reich der Toten Einlass begehrt. Als Ereschkigal dies hört, schlägt sie auf ihre Schenkel und beißt sich auf die Lippen. Und sie gibt dem Torhüter exakte Anweisungen, wie er ihre Schwester einlassen soll.

So wird jedes der sieben Tore einzeln geöffnet, und Inanna muss bei jedem Tor eines ihrer Kleidungsstücke, ein Stück ihrer göttlichen Macht (der »me«) abgeben. Sie protestiert zwar immer wieder, aber ihr wird versichert, die Gesetze der Unterwelt seien genau zu befolgen. So wird

Inanna ohne Kleidung und Macht vor ihre Schwester geführt. Und sie reißt Ereschkigal vom Thron und setzt sich selber darauf. Doch die sieben Richter der Unterwelt fällen das Urteil über Inanna. Und Ereschkigal schaut sie »mit dem Blick des Todes« an. Ihre Leiche wird an einen Pflock aufgehängt.

Als Inanna nach drei Tagen und Nächten nicht zurückkehrt, beginnt die treue Dienerin Ninschubur ihre Klageriten und sucht zuerst die Hilfe des Gottes Enlil, dann des Mondgottes Nanna auf. Beide lehnen zornig ab mit der Begründung, Inanna habe die göttlichen Kräfte der Unterwelt begehrt, die ihr nicht zustehen. Wer in die Unterwelt, ins Reich der Toten gehe, könne niemals wiederkehren. So wendet sich Ninschubur schließlich an Enki. Und der Gott der Weisheit und der List ist sogleich besorgt darüber, was Inanna zugestoßen sein könnte. Unter zwei Fingernägeln entfernt er etwas Schmutz, formt daraus zwei winzig kleine Wesen und übergibt den beiden die Nahrung und das Wasser des Lebens. Zudem unterweist er sie genau, wie sie sich in der Unterwelt zu verhalten haben.

So fliegen diese beiden kleinen Wesen wie Fliegen ungesehen durch die sieben Tore der Unterwelt und finden Ereschkigal, wie sie ohne Kleider in den Wehen liegt und sich dabei vor Schmerzen die Haare rauft. Und die Herrscherin der Unterwelt stöhnt: »Oh mein Herz«, und wie Enki es ihnen befohlen hat, stöhnen die beiden: »Oh, dein Herz.« Und sie stöhnt: »Oh meine Leber«, und die beiden darauf einfühlsam: »Oh deine Leber.« Ereschkigal ist so berührt dadurch, dass sie den beiden ein gutes Schicksal, das Wasser eines Flusses und die Gerste eines ganzes Feldes verspricht. Aber höflich lehnen sie ab – sie wünschten nur die Leiche, die an jenem Pflock dort drüben hängt. Und sie schütten die Nahrung und das Wasser des Lebens über die tote Inanna. Bevor sie aber die Unterwelt verlassen kann, wird sie von den sieben Richtern daran erinnert, sie müsse einen Ersatz finden, der sich an ihrer Stelle im Reich der Toten aufhalten werde.

Als Inanna lebend zur Erde zurückkehrt, wird sie zur Erfüllung ihrer Pflicht von kleinen Galla-Dämonen begleitet. Dabei nehmen diese Galla keine Nahrung und kein Wasser zu sich, sie können weder durch Opfergaben noch durch andere Geschenke bestochen werden. Sie kennen auch keine sexuelle Beziehung zu einer Frau, noch küssen sie süße Kinder – im Gegenteil, sie tragen die Kinder von den Knien ihres Vaters weg, sie stoßen die Frau aus dem Schoss ihres Mannes oder sie reißen das Baby von den Brüsten der Amme.

Inanna begegnet als erstem menschlichen Wesen auf dieser Welt ihrer Dienerin Ninschubur, die sich im Trauerkleid vor ihre Füße niederwirft. Und sofort wollen die Galla-Dämonen sie als Ersatz in die Unterwelt verschleppen. Doch Inanna verteidigt sie heftig, dies sei ihre treue Dienerin, die sie am Leben erhalten habe, und Ninschubur würde sie unter keinen Umständen hergeben. Ebenso entschlossen stellt sich Inanna schützend vor ihre beiden Söhne Sara und Lulal – auch sie werfen sich beide in Trauerkleidung vor die Füße der Mutter.[59] Doch schließlich trifft Inanna beim großen Apfelbaum auf ihren geliebten Dumuzi, der im Festgewand auf einem Thron sitzt. Inanna schaut ihn mit »dem Blick des Todes« an und übergibt ihn den Dämonen mit den Worten: »Bringt ihn fort.«

Dumuzi erblasst vor Schreck, Tränen laufen über seine Wangen, und er bittet den Sonnengott Utu, den Bruder der Inanna, ihn in eine Schlange zu verwandeln, damit er den Galla-Dämonen entfliehen könne. Utu nimmt seine Tränen wohlgefällig an und gibt ihm die Gestalt einer Schlange, sodass Dumuzi fliehen kann.

Am Ende des Mythos – nach einer langen Lücke im Text – haben die Galla-Dämonen ihn offensichtlich doch gefangen nehmen können. Und damit er nicht immer in der Unterwelt weilen muss, hat seine treue Schwester Gestinanna sich bereit erklärt, ersatzweise für ihn ins Reich der Toten abzusteigen. Und so bestimmt Inanna sein Schicksal: Dumuzi ist ihr Ersatz für die Unterwelt – jedoch wird er halbjährlich von seiner Schwester abgelöst. Der Mythos endet folgendermaßen: »Süß ist das Lob auf Ereschkigal.«

Das Ende des Mythos ist wie erwähnt nur unvollständig erhalten. In diesem Zusammenhang soll ein anderes Textfragment als Ergänzung zu Inannas Abstieg in die Unterwelt erwähnt werden: *Dumuzi und Gestinanna*.[60] Hier wird Inanna von den Galla-Dämonen gezwungen, selbst wieder in die Unterwelt abzusteigen, weil sie offenbar keinen Ersatz zur Verfügung stellen kann. In ihrer Panik liefert sie Dumuzi aus, dessen Gefangenschaft und Folterung anschließend beschrieben wird.[61]

Inanna ist das Urbild von Ambivalenz, von Zwiespältigkeit. Sie strebt nicht nur nach der Weltherrschaft, der Herrschaft über Himmel und Erde, sondern sie will ihren Geltungsbereich auch auf die Unterwelt, die Welt der Toten, ausdehnen. Die Machtansprüche dieser Göttin der Liebe und des Krieges sind grenzenlos. Aber indem sie in die Unterwelt absteigt, verliert sie alles: Ihrer dunklen Schwester Ereschkigal, Herrin der Unterwelt, muss sie all ihre Macht abgeben – ihr Tod ist unausweichlich und ihre leblose, tote Hülle wird an einem Pflock in der Unterwelt aufgehängt.

Und wiederum möchte ich hier von meiner praktischen psychotherapeutischen Erfahrung berichten, wenn ich Menschen auf der Körperebene in die Frühgeschichte ihrer Depression begleite, wenn schwerst traumatisierte Menschen in die größten Tiefen ihrer Seele absteigen. Inanna ist in ihrer Zwiespältigkeit, mit ihrem Machthunger auf der einen und ihrer tiefen Depression auf der anderen Seite, das Urbild einer bis aufs Äußerste traumatisierten Frau: Ihre Großartigkeit und eine alles überragende Ausstrahlung einerseits – andererseits die Lamaschtu als abgespaltener Anteil ihrer Persönlichkeit.

Nun habe ich in meiner langjährigen therapeutischen Arbeit die Erfahrung gemacht: Wenn Menschen sich verlieben, dann tauchen in diesen Liebesbeziehungen ihre ersten, archaischen Erlebnisweisen, ihre ersten emotionale Lernerfahrungen, ihre Urprägung, ihre Ur-Beziehungen mit der Mutter bzw. dem Vater wieder auf. Genau das gleiche Phänomen kann beobachtet werden, wenn wir Kinder bekommen. Sie wecken durch ihre Existenz unsere ersten archaischen emotionalen Erfahrungen. Und je tiefer wir uns auf unsere Partner einlassen oder je größer die Liebe und Bindung zu unserem Baby beziehungsweise zu unserem Kind ausgebildet ist, desto heftiger, ja archaischer, werden unsere allerfrühesten Erfahrungen wiedergeweckt. Und um diese Urbilder, diese ersten emotionalen Erlebnisweisen darzustellen, haben die Sumerer *Inannas Abstieg in die Unterwelt* »geträumt«, hier beschreiben sie ihre allerersten Kindheitserfahrungen.

Inanna kann sich nicht alleine befreien aus dieser Hölle von Einsamkeit und Depression, von Entfremdung, Leere oder von Sich-tot-Fühlen. Ihre Dienerin Ninschubur bittet den Gott Enki um Hilfe, der mit einer List zwei kleine Wesen erschafft, welche die Tore der Unterwelt unbemerkt durchdringen können – ausgestattet mit der Nahrung und dem Wasser des Lebens. Nur so ist es Inanna möglich, aus der Tiefe wieder aufzusteigen. Allerdings muss sie einen Ersatz anbieten – so die Gesetze der Unterwelt – sonst wird sie wieder in die Hölle der Einsamkeit und Entfremdung, ins Totenreich, zurückgerufen. Und in ihrer Verzweiflung liefert Inanna ihr Baby aus, ihren Dumuzi, den sie mit dem »Blick des Todes« anschaut. Es ist ein grausamer Mythos, welcher hier erzählt wird, welcher aber genau das wiedergibt, was wir Therapeuten immer wieder erfahren: Wenn die Eltern unfähig sind, ihre eigenen Traumatisierungen zu tragen, wenn sie von ihren eigenen heftigen, verletzten und allerersten Emotionen überschwemmt werden, dann wird das Trauma an die nächste

Generation, an die Kinder, weitergegeben. Die Depression der Inanna muss ihr Baby Dumuzi für sie tragen – die Depression, die Verzweiflung und die Hölle von Einsamkeit. So gesehen ist *Inannas Abstieg in die Unterwelt* ein ganz moderner Mythos, welcher zeigt, wie der »Irrsinn« von einer Generation an die nächste übergeben wird.

Aber wie dies geschieht, ist entscheidend. Eigentlich ist Dumuzi als Stellvertreter für immer gezwungen, in der Hölle, in der Unterwelt, zu bleiben. Er wird nur »erlöst« von dieser ewigen Verdammnis, indem seine Schwester Gestinanna bereit ist, halbjährlich für ihn dorthin abzusteigen. In ihrem »großen Mythos« – so meine ich – drücken die Sumerer aus, wie sie sich in ihrem Innersten fühlen: Alljährlich verharren sie in dieser Unterwelt, in diesem Gefühl von Entfremdung, von Leere oder gar von Sich-tot-Fühlen, weil sie als erste Hochkultur der Welt eine Mutter und ihr Baby voneinander getrennt haben – als emotionale Anpassung an das entfremdete Leben in den Städten. Diese Hölle von Trauer und Verzweiflung, von Einsamkeit und von Depression tragen sie alle in sich. Sie sind gezwungen, in einer völlig bedrohlichen, ja paranoiden Welt zu leben, am Rande einer Psychose. Es ist ein hoher emotionaler »Preis«, den diese erste Hochkultur der Welt bezahlen muss für ihr Aufblühen und alle ihre Erfindungen, für die Erfindung des Pfluges bis jener der künstlichen Bewässerung, für die Erfindung der Städte, verbunden mit all ihren Prachtbauten, und schließlich für die Erfindung der Schrift. All dieser wunderbare »Reichtum« und diese Schönheit sind dadurch »bezahlt« worden, dass diese Menschen am Rande einer möglichen Existenz leben müssen, emotional bis in ihre Grundfeste erschüttert. Voller Bilder von aufgestauten Babytränen, von einem im Innern sie bedrohenden Tränenmeer. Voller Beschwörungen, Lieder und Gesänge, um diese innere überwältigende Verzweiflung darzustellen – ihr inneres Gefühl des »Zerstörtseins«.[62]

3 Veränderungen in der Kleinkinderbehandlung seit dem Hochmittelalter und der Renaissance – seit dem Aufblühen des Handelskapitalismus in Europa

Ich habe die Quellen erschlossen für das Weinen eines Babys in der ersten Hochkultur, in welcher es von seiner Mutter getrennt worden ist: Es sind erschütternde Dokumente von ganz tiefen Todesängsten in diesem Kulturkreis der Sumerer und Babylonier im alten vorderen Orient.

Natürlich wäre es verlockend, diese Trennung der Mütter von ihren Babys genauso bei den alten Hochkulturen der Ägypter, der Griechen und Römer zu untersuchen – sowie auch bei den alten Kulturen Mittelamerikas, bei den Mayas, den Inkas und den Azteken, und ebenso im alten Indien, in China oder in Japan. Hier aber will ich mich beschränken auf die Geschichte der frühen Eltern-Kind-Beziehung in unserer eigenen Kultur, beim Aufblühen der Städtezentren im christlichen Abendland ab dem 11. Jahrhundert, zuerst in Italien, später in den Niederlanden und schließlich auch in Deutschland und in Böhmen. Es ist eine Zeit, die als Beginn des *Handelskapitalismus* bezeichnet wird: Dieses aufblühende Europa verbindet sich über immer komplexere Handelsverbindungen mit der ganzen Welt.

Wir erinnern uns: Wenn sich die sozialen oder ökonomischen Strukturen eines Volkes verändern, so müssen auch entsprechende Veränderungen in der Kleinkinder-Behandlung feststellbar sein als emotionale Anpassung der Erwachsenen an ihre Gesellschaft. Was hat sich verändert in der Behandlung der Kleinkinder bei der Entstehung des modernen Europas?

3.1 Kurze Vorgeschichte meiner Forschung

Zu Beginn der 1980er Jahre wurde die Schweiz durch Jugendunruhen erschüttert. Neben meiner psychotherapeutischen Arbeit versuchte ich die Vorstellungen und Befürchtungen dieser jungen Menschen zu verstehen: Sie waren davon überzeugt, dass wir durch unsere Art zu leben unseren

Planeten zerstören. Hinter ihrer Rebellion war eine tiefe Sorge um unsere Kultur und Gesellschaft verborgen. Sie waren erschüttert durch Weltuntergangsängste. Durch die staatlichen Institutionen wurden ihre Proteste schließlich zum Scheitern verurteilt.

Als es in unserer Stadt wieder ruhiger wurde, bin ich zufällig auf das Phänomen der Pest gestoßen, und dass damals sicher ein Drittel, in gewissen Regionen sogar bis zwei Drittel der Bevölkerung an dieser Epidemie gestorben sind. Die Menschen damals hatten sicher nicht nur Weltuntergangsängste, sondern sie müssen von ihren Weltuntergangsvisionen erdrückt worden sein. Und sofort habe ich die These aufgestellt: Wenn damals so viele Menschen gestorben sind, können die Ursachen unmöglich nur Pestbakterien, bzw. Ratten und Flöhe die Überträger sein: Die Pest muss Ausdruck einer Krise sein.

Als Basis für mein Krisen-Modell habe ich die Psycho-Neuro-Immunologie benutzt,[63] was bedeutet: Unser Seelenleben, unser Nervensystem und unser Immunsystem hängen ganz eng zusammen. Oder einfach ausgedrückt: Wenn es einem Menschen gut geht, ist er kaum anfällig für irgendwelche Krankheiten – und umgekehrt.

Nur kurz zur Erinnerung: Die Pest ist 1348 in Florenz ausgebrochen, hat schließlich ganz Italien heimgesucht und hat sich während der nächsten vier Jahre wie ein Flächenbrand über das ganze christliche Abendland ausgebreitet. Zehn bis 15 Jahre später ist sie ein zweites Mal ausgebrochen – Europa wurde während der nächsten 300 Jahre von ca. 30 Wellen dieser Seuche heimgesucht. 1666 ist die Pest für immer aus dem christlichen Abendland verschwunden. Nur ein kleines Detail zum Verlauf dieser Epidemie: Sie begann im Städtezentrum von Italien, welches damals ganz Europa mit seinem Bankensystem übergezogen hat. Italien war die führende Finanz- und Kulturmacht im christlichen Abendland, wurde jedoch durch den Pestausbruch so sehr erschüttert, dass dieses Land in den folgenden Jahrhunderten unter der Fremdherrschaft der Franzosen oder der Habsburger leben musste, bis es sich im 19. Jahrhundert zu einer eigenen Nation entwickeln konnte. Die »Weltherrschaft« verschob sich damals von Italien zu den Niederlanden, der neuen und stolzen Großmacht in Europa. Hier hat die Pest nur zehn, höchstens 20% der Bevölkerung gekostet, und dies obwohl die hygienischen Verhältnisse bedenklich waren, weil schon mehr als 50% der gesamten Bevölkerung damals in den Städten gelebt haben. Erklärlich ist dieses Phänomen nur mit einem stabilen Immunsystem der Bevölkerung der neuen Weltmacht.

3.2 Europa in einer Krise vom 14. bis 17. Jahrhundert

Das christliche Europa ist vom 14. bis zum 17. Jahrhundert in eine Krise geraten; über die Angst im Abendland hat Jean Delumeau eine ausführliche Monographie geschrieben. Oder Barbara Tuchmann versuchte im Spiegel der Krise damals unsere Krise heute zu verstehen.[64] Angedeutet seien hier nur zwei dieser Erschütterungen:

1. Das christliche Abendland befindet sich damals im Übergang von der alten Naturalwirtschaft, der Feudalherrschaft des Rittertums, zur neuen Geldwirtschaft mit dem neuen »Adel« der Kaufleute. Mit dem Aufblühen der Städte ist das Geld von einer immer zentraleren Bedeutung, verbunden ist dies mit der Akkumulation von Kapital, bzw. mit der Erfindung des Kredites, was als Handelskapitalismus bezeichnet wird. Verbunden mit diesem Wirtschaftssystem spielt die Zeit eine immer bedeutendere Rolle, von den Kirchtürmen läuten jetzt die Glocken die jeweiligen Stunden – die Hektik in Europa steigt an. Verbunden mit dieser neuen Wirtschaftsordnung ist auch ein entsprechendes Wachstum der Bevölkerung.
2. Angedeutet sei auch die geistig-religiöse Krise. Die geistigen Repräsentanten des christlichen Abendlandes damals sind der Papst, bzw. der Kaiser. Beide geraten in immer heftigere Konfliktsituationen, sodass der Kaiser den Papst absetzt oder jener den Kaiser aus der Kirche ausschließt. Oder es gibt zwei Päpste, einen in Rom und einen in Avignon, die sich gegenseitig bekämpfen. Sicher hat die Bevölkerung in der einen oder anderen Form erfahren, dass ihre geistigen Führer, tiefenpsychologisch Repräsentanten ihrer Eltern, auseinandergebrochen sind. Und durch diese Krisen sind die Menschen in Europa schließlich immer mehr verunsichert worden, sodass ihr Immunsystem geschwächt und schließlich zusammengebrochen ist. Sie waren offen für eine Krankheit, für eine Epidemie, für die Pest.[65]

3.3 Die Pest als Ausbruch einer Massenpsychose

Die Pest ist ein Massensterben von einem heute kaum mehr vorstellbaren Ausmaß, welches Europa ab 1348 für etwas mehr als 300 Jahre heimgesucht hat. Und wenn ich die Pest als Ausbruch einer Krise in der damaligen Zeit verstehe, so kann ich mir das nicht anders vorstellen als als Ausdruck einer Massenpsychose.[66]

Erstmal: Was ist das Wesen einer Psychose, einer Geisteskrankheit? Es gibt ja verschiedene Formen von Schizophrenie, sei es der Größen- oder Verfolgungswahn oder irgendwelche Sinnestäuschungen, die sogenannten Halluzinationen. Aber allen gemeinsam ist, dass die Menschen in diesen Zuständen den Bezug zur Realität verlieren. Zudem möchte ich daran erinnern, dass schon die alten Sumerer und Babylonier in einer Welt voller Dämonen, Geistwesen und Hexen gelebt haben, denen sie die Schuld für ihr persönliches Elend gegeben haben. James Kinnier Wilson hat ihre Bedrohungen eindrücklich geschildert, er spricht von einer präpsychotischen Welt dieser alten Hochkulturen. Im christlichen Europa jedoch wurden beispielsweise nicht nur Hexen als Puppen mit Nadeln erstochen wie in Sumer, sondern im 15. und 16. Jahrhundert sind hunderttausende Frauen tatsächlich auf dem Scheiterhaufen als Hexen verbrannt worden. Das christliche Abendland ist kollektiv in einem Wahnsystem »ertrunken«, in einer Massenpsychose versunken. Diese Hexenprozesse und ihre psychodynamischen Hintergründe werde ich noch erläutern.

3.4 Das Wesen einer Psychose

Was aber ist – neben dem Realitätsverlust – das Wesen einer Psychose, einer Schizophrenie? Darüber hat der amerikanische Psychoanalytiker Otto Kernberg sein ganzes Leben lang geforscht: Das Wesen einer Psychose ist die *Spaltung*. Und die Kindertherapeutin Melanie Klein, eine frühe Schülerin von Sigmund Freud, hat ganz klar das gespaltene Erleben beim Kleinkind beschrieben und dieses als die »gute« und als die »böse« Brust bezeichnet. Dabei meint Klein mit der guten Brust die liebevolle, fürsorgliche und das Kind beschützende Seite der jeweiligen Mutter – die böse Brust meint denjenigen Teil der Eltern, welcher ein Kind ablehnt oder ihm gegenüber feindlich gesinnt ist.[67] Bei allen Eltern sind immer beide Teilaspekte vorhanden. Und ein gesunder Mensch kann sehr wohl differenzieren, indem er sich selber wertschätzt und liebt – jedoch auch seine Schattenseite ist ihm bekannt, ohne dass er sich deswegen ablehnen oder verurteilen muss. Genauso kennt er bei seinen Bekannten, Freunden, bei seinem Partner, seinen Kindern und auch seinen Eltern ihre starken und wertvollen Seiten, genauso ihre schwierigen, evtl. sogar ihre nur schwer zu ertragenden Anteile. Für ein Kleinkind – so Melanie Klein – ist es schwierig, diese beiden Teilaspekte seiner Eltern zu integrieren: Es gehören beide Seiten zur Mama bzw. zum Papa.

Nun hat Otto Kernberg feststellen können, dass bei einer Psychose beide Teilaspekte gespalten werden, und zwar radikal in Liebes- oder Hassobjekte. Es gibt nur noch total gute oder total böse Menschen – ein Psychotiker fühlt sich zwischen Gott und dem Dämon, dem Teufel, auseinandergerissen. Oder nochmal entwicklungspsychologisch ausgedrückt: Wenn ein Kleinkind sich völlig verlassen und verzweifelt fühlt, dann wächst seine Ohnmacht und der damit verbundene Hass ins Unermessliche. Die Wut des später erwachsenen Menschen ist so groß, dass er befürchtet, die ganze Welt mit seinem Hass zu verseuchen. Deswegen braucht ein Psychotiker ein Hassobjekt, einen Sündenbock, auf welchen er seine ganze Wut und seine Rache richten kann. Und dieses möchte er entweder total kontrollieren oder, noch besser, vernichten. Liebes- und Hassobjekte müssen streng und radikal voneinander getrennt werden.[68] Ein extremes Beispiel aus der jüngeren Vergangenheit: die »arische Rasse« einerseits und auf der anderen Seite die sechs Millionen vernichteten Juden. Deutschland ist zur Zeit des Nationalsozialismus immer tiefer in eine Massenpsychose versunken.

Neben dieser frühen und radikalen Spaltung ist wie erwähnt das wichtigste Kennzeichen für eine Schizophrenie der Verlust der Realität. Vorstellungen und Glaubensinhalte von Psychotikern können nicht korrigiert werden, sie wissen nicht mehr, was real und was Einbildung ist. Alle Formen von Wahn gehören hierher, sei es Größen- oder Verfolgungswahn, oder die sogenannten Halluzinationen.

Wir erinnern uns: Schon die alten Sumerer und Babylonier haben in einer Welt voller Dämonen, Geistwesen und Hexen gelebt. Aber im christlichen Abendland des 15. und 16. Jahrhunderts wurden real hunderttausende Frauen als Hexen verbrannt: Ein eindeutiger Hinweis darauf, dass Europa in eine Psychose, in eine Massenpsychose versunken war. Bevor ich das Wesen dieser Hexenprozesse und ihre psychodynamischen Hintergründe erläutere, sei die Frage gestellt: Gibt es außer Hexenprozessen sonst noch Hinweise für psychotische Strukturen im Mittelalter?[69]

3.5 Spaltungen in Europa

In dieser Zeit der Krise vom 14. bis 17. Jahrhundert treten in Europa tatsächlich immer deutlicher Anzeichen von gespaltenem Erleben, von Spaltungen auf. In Wort und Bild werden Gräber geöffnet, um darin Leichen im verwesten und stinkenden Zustand zu finden. Würmer ringeln sich aus den Eingeweiden der halbverfaulten Körper. Das nackte Grauen wird in diesen Bildern dargestellt. Und ebenso wird im 15. Jahrhundert der Totentanz erfunden, bildliche Darstellungen, wie der Knochenmann mit seiner Sense wahllos Menschen in sein Reich zurückholt – arm oder reich, jung oder alt. Die Menschen damals sind von solchen Todesbildern und Weltuntergangsstimmungen erdrückt worden. Die Figur Gottes erscheint nicht länger als milde und gütig, sondern als harter und strafender Gott, der die Auferstandenen beim Jüngsten Gericht einteilt in Gute, die ins Paradies kommen werden, und in Schlechte, die zur ewigen Höllenqual verdammt sind. Die Menschen scheinen überzeugt gewesen zu sein, dass sie zur ewigen Verdammnis verurteilt sind. Als Verachtung der Welt (contemptus mundi) wird theologisch gesehen diese depressive Grundhaltung bezeichnet; es ist dies ein Hass auf den eigenen Körper und ein Hass auf jede Sinnesfreude. Alle Formen von Wünschen und Bedürfnissen müssen abgetötet werden, jedes Begehren im Keim erstickt. Es sind dies Menschen, die nur noch fürs Jenseits leben – dauernd vom Teufel verfolgt. Ein kurzes sexuelles Glück hier bringt ewige Verdammnis dort. Es sind Menschen, die sich nur noch als sündig, schlecht und verworfen erleben, die unter der Last ihrer Schuldhaftigkeit fast zerbrechen. Es ist die *depressive Welt der Askese*, der Entsagung der Welt. Christus ist für diese Menschen am Kreuz gestorben, dessen Körper immer mehr verstümmelt dargestellt wird, mit Fontänen von Blut, die aus seinem Körper spritzen, bis hin dass sich sein Körper in eine breiige Masse verwandelt – Spiegel der Schuldhaftigkeit und des Bewusstseins von Sünde in der damaligen Zeit, ein Bedürfnis nach Strafe.[70]

Neben dieser Welt der Askese und der Lebensangst ist die *Welt der Lebensfreude und des Genusses* genauso intensiv! Es ist die Gier nach Leben, nach Genuss bis zum Exzess. Neigt der asketische Mensch zur Selbstkontrolle, so will diese hedonistische Gegenwelt jede Steuerung aufgeben. Es ist die Welt der Zügellosigkeit, der gewaltigen Leidenschaften und der Gefühlsausbrüche. Macht und Ruhm um jeden Preis wird angestrebt, wenn möglich Allmacht. Das 15. Jahrhundert kann zu Recht als das Jahrhundert der Prostitution bezeichnet werden (Rossiaud). An einem Beispiel sei dies verdeutlicht: Durch ihre Kleider wird das sexuelle Leben der Mensch immer stärker betont. Bei den Männern wird das Zentrum der Aufmerksamkeit auf ihre männliche Potenz, auf die Braguette gerichtet: Die Geschlechtlichkeit wird durch einen Latz akzentuiert, welcher im Laufe des 15. Jahrhunderts kapselförmig vergrößert wird. Bei den Frauen wird das Dekolleté erfunden und gleichzeitig werden die Brüste hochgebunden und dadurch immer auffälliger zur Schau getragen. Und in diesem Zeitalter der Prostitution im 15. Jahrhundert stehen einem Mann die verschiedensten Möglichkeiten zur Verfügung: öffentliche, d. h. staatlich unterstützte, oder aber private Bordelle, zudem all die Dirnen auf der Straße. Aber am wichtigsten waren die Badehäuser, welche nicht so sehr der Hygiene dienten, sondern in welchen vielmehr die kulinarischen und sexuellen Vergnügungen befriedigt wurden. Zudem sei in der Literatur etwa an die erotische Welt des *Decamerone* von Boccaccio, oder an *Canterbury Tales* von Chaucer hingewiesen. Und schließlich sei dasselbe Phänomen in der Malerei erwähnt: Noch im 13. Jahrhundert sind alle Menschen von den Ärmeln bis zu den Knöcheln bekleidet, vom Kopf bis zu den Füßen von Kleidern bedeckt. Machen wir einen Sprung ins 16. und 17. Jahrhundert, so sind sie häufig entkleidet, d. h. nackt – man denke etwa an die Bilder eines Michelangelo oder eines Rubens, Ausdruck der Hypersexualität der damaligen Zeit.[71] Im *Garten der Lüste* (1504) des Niederländers Hieronymus Bosch tummeln sich tausende, ja abertausende Menschen, und dies auf einem Altarbild – Ausdruck der bis an die Grenzen übersteigerten Sinnlichkeit.[72]

In den vorhergehenden Abschnitten habe ich versucht zu zeigen, wie das christliche Abendland zur Zeit der Krise vom 14. bis 17. Jahrhundert immer mehr in zwei verschiedene Weltanschauungen oder Welt-Erleben auseinandergebrochen ist: in die Welt der Askese, der Verachtung der Welt, die Welt von Schuld und Sünde und auf der anderen Seite in eine immer intensivere Lebensfreude, in die Welt des Genusses um jeden Preis, in eine Tendenz zur *Hypersexualität* und *Hyperaggressivität*,[73] einen Hang zum Kontrollverlust. Festgestellt werden kann, dass zu den Zeiten der Pest, in dieser Krisenzeit, die beiden Welten unversöhnlich immer mehr auseinandergebrochen sind. Europa ist zu dieser Zeit gespalten. Und gespalten sind entsprechend auch Gott und Teufel. Im Alten Testament beispielsweise gibt es noch keinen Teufel und Gott ist auch hart und bestrafend. Im christlichen Abendland werden diese beiden Pole immer weiter auseinandergerissen und voneinander entfernt. Eine Idealisierung Gottes hier und die Dämonisierung des Teufels dort. Entsprechend verläuft die Spaltung zwischen Himmel und Hölle: Das immerwährende Paradies hier und die ewige Verdammnis dort. Und nochmal ist dasselbe Phänomen zu beobachten beim Bild der Frau: Die heilige Jungfrau und Mutter Gottes, Maria, ist nicht mehr fähig, sich eine Sünde vorzustellen, und auf der anderen Seite stehen die Hexen, die nur noch von Sex besessen sind und den Menschen schaden wollen, und die schließlich vernichtet werden müssen. Und je länger die Pest in Europa wütet, desto unversöhnlicher stehen sich diese beiden Weltauffassungen und -erlebnisweisen gegenüber. Es gibt keine Berührung oder Verbindung zwischen diesen beiden Welten. Europa, das christliche Abendland, ist radikal gespalten.

In dieser Krisenzeit vom 14. bis 17. Jahrhundert geschieht zudem eine wesentliche Veränderung: Die Grenzen zum Wahn, zum Realitätsverlust werden langsam und immer deutlicher überschritten. Um verständlich zu machen, was ich damit meine, muss ich zuerst von meinem persönlichen Glauben ausgehen: Es gibt keinen Teufel, es gibt nur das »Böse« in jedem Menschen – »geboren« aus den eigenen frühen Verletzungen. Somit gibt es auch keine Hölle, keine ewige Verdammnis für unsere Sünden nach dem Tod. Es gibt auch keine Hexen, sondern nur weise Frauen, die von den Männern damals immer mehr gefürchtet und dämonisiert worden sind.

Der Teufel jedoch wird im Laufe des Hoch- und des Spätmittelalters zu einer immer wichtigeren Erscheinung für die Menschen im christlichen Abendland. Speziell hinweisen möchte ich auf die Lebensgeschichte des Abtes Guibert de Nogent (1115), der sehr ausführlich sein Leben beschreibt, vor allem seine eigene und die Teufelspsychose seiner Mutter.[74] Und Norbert Elias kann in seinem Werk *Über den Prozeß der Zivilisation* zeigen, was beim Adel gilt, wird 200 bis 300 Jahre später als Norm der gesamten Bevölkerung erlebt, es gilt als höfliches Verhalten. Was Guibert beschreibt, ist somit ein paar Jahrhunderte später Alltagsrealität. Und das gesamte Mittelalter ist voller Teufelsdarstellungen, in Wort und Bild, sodass ich hier nicht näher darauf einzugehen brauche.[75]

Doch kurz sei erklärt, warum der Teufel damals zur Ursache und zum Träger alles Bösen geworden ist: Als Tiefenpsychologen haben wir die Erfahrung gemacht, dass die Ursache und Quelle von allem Bösen und Destruktiven im Menschen in den eigenen frühen Verletzungen und Traumatisierungen zu suchen ist, am Lebensanfang. Sind diese Verletzungen jedoch zu groß, die entsprechenden Gefühle und Erlebnisweisen für die betreffenden Menschen nicht aushaltbar, so gibt es eine »einfache Lösung«: Das Böse wird nach außen verlagert, es wird projiziert in einen »bösen Anderen«, ein Feindbild wird gemacht, das absolut kontrolliert oder noch besser vernichtet werden muss. Jede Art der Sündenbock-Suche gehört hierher: Schuld ist immer der andere, ich selber bin immer das Opfer. Und je heftiger die ersten Verletzungen, desto radikaler sind solche Spaltungen.

3.6 Luther und seine Teufelspsychosen[76]

Zeigen möchte ich das wahnhafte Teufelsbild an einer Person, an Martin Luther (1483–1546), dem großen Reformator. Er hat die damals korrupte christliche Kirche in seinen scharfen Analysen wachgerüttelt und damit die Spaltung des christlichen Abendlandes in eine reformierte und katholische Kirche eingeleitet. Weniger bekannt ist die Schattenseite dieses großen Mannes, seine Krankheiten und Depressionen, welche Luther selbst als »Anfechtungen« bezeichnet hat. Wegen dieser Anfechtungen, wegen dieser Glaubens- und Selbstzweifel wäre Luther zweimal fast gestorben. Sein Leben wird von seiner Angst vor der Sünde buchstäblich zerfressen, was in erster Linie eine Angst vor dem Teufel bedeutet, dem »Fürsten dieser Welt«. Alles Böse hat hier seine Ursache, vor allem auch Luthers enorme Traurigkeit und seine immer wiederkehrenden Zustände von Verzweiflung, von Angst und Wahn.

Luther hat natürlich sehr präzise erfahren, wie sehr er mit seinen Worten und mit seinen Werken die damalige Welt erschüttert hat. Und in seinen Anfechtungen fragt er sich immer wieder, ob er das Recht dazu habe, und er ist verzweifelt über seine eigene Sündhaftigkeit und dass er am Lebensende zur Höllenstrafe verdammt ist. Seine melancholischen Verstimmungen sind so groß, dass er manchmal sogar an der Existenz Gottes zu zweifeln beginnt. Und all dies ist bedingt durch den »Fürsten dieser Welt«. In seinen Depressionen kann Luther manchmal zwei Wochen lang nicht essen und schlafen, was er so erlebt, dass er vom Teufel nachts geweckt wird, der mit ihm diskutieren will.

Der Teufel wirft ihm dann vor, dass er als Sünder keine Aussicht auf Gnade habe, sondern nur auf die ewige Verdammnis. Und Luther redet mit seinem Diskussionspartner, er schreit ihn an, er solle ihn schlafen lassen. Oder er furzt ihn an, oder sagt ihm, er habe in die Hosen geschissen und der Teufel könne sich diese Hosen an den Hals hängen. Für Luther ist dieser Teufel zu einer absoluten Realität geworden – so wie für andere Menschen in der damaligen Zeit die Hexen. Luther hat damit eindeutig die Grenze zur Psychose überschritten. Und er hat von seinen Erlebnisweisen auf der Kanzel gepredigt oder in seinen Tischreden darüber berichtet. Niemand damals wäre auf die Idee gekommen, Luther deswegen als einen Psychotiker zu bezeichnen. Luthers Worte, sein Erleben und Verhalten gehörten damals zur »Normalität«. Nur am Rande sei vermerkt, dass Luther an seinem Lebensende immer mehr in seine Depression versinkt.

All dieses bedeutet, dass der Teufel im späten Mittelalter zu einer allgemeinen und realen Gestalt geworden ist, zu einem alltäglichen Wahn, er gehört zur Normalität der Menschen. So wie die Hexen damals immer intensiver zum Tode durch Verbrennen verurteilt worden sind: eine allgemeine Volksbelustigung!

3.7 Massenpsychotische Phänomene im Mittelalter

Mit den Hexenprozessen aber überschreiten wir die psychotische Struktur und das schizophrene Erleben von einzelnen Menschen zu einer kollektiven Erscheinung in der Bevölkerung, zu einem Massenphänomen. Bevor ich die Hintergründe aufzeige, sei die Frage gestellt, ob außer den Hexenprozessen noch andere massenpsychotische Phänomene festgestellt werden können. An erster Stelle sei hier an den großen Humanisten Erasmus von Rotterdam erinnert, der in seiner Schrift *Lob der Torheit* (1515)[77] den *Krieg* als erstes Anzeichen von Wahn verstanden hat: Im Auftrag eines Königs oder eines Führers darf legal getötet werden. Krieg ist immer ein Aggressionsventil, er ist der wichtigste Produzent von Feindbildern: Die eigene Gruppe, das eigene Volk ist immer gut, nur der bedrohende Nachbar ist böse und muss vernichtet werden. In jedem Krieg liegt eine Spaltung vor, ebenso eine Realitätsverkennung oder -leugnung. Im Zusammenhang mit den Kriegen im Mittelalter sei kurz auf deren Beginn hingewiesen: Im Aufblühen der Städte hier in Europa, im beginnenden Handelskapitalismus liegen die Anfänge der Kreuzzüge (zwischen dem 11. und 13. Jahrhundert): Das heilige Land muss aus den Händen der Mohammedaner befreit und die Christusmörder müssen endlich bestraft werden. Der Krieg nimmt im Laufe des Mittelalters an Brutalität laufend zu, vor allem im Übergang von den Ritter- zu den späteren Söldnerheeren. Im Spätmittelalter ist der Krieg im christlichen Abendland zudem zu einem chronischen Zustand geworden.

Als weiteres Phänomen sei auf die *Judenverfolgung*[78] der damaligen Zeit hingewiesen: nicht nur im Nationalsozialismus mussten sie den Judenstern tragen, schon damals müssen sie sich durch eine spezielle Kleidung mit einem gelben Fleck auszeichnen, der später durch den gelben Spitzhut ergänzt wird. Wie auch im 20. Jahrhundert werden damals spezielle Gesetze für die Juden erlassen, jede Verbindung zu Christen wurde ihnen verboten. Auch die Ghettobildung hat schon damals begonnen. Gegen Ende des 13. Jahrhunderts setzt dann die Judenverfolgung und – vernichtung ein. Die großen Judenpogrome aber beginnen erst *nach* dem Ausbruch der Pest. Juden werden getötet und verbrannt, quer durch ganz Europa. Ihnen wird vorgeworfen, sie wollten die Brunnen vergiften – ja sie beabsichtigten eine allgemeine internationale Verschwörung gegen die ganze Christenheit.

Ebenso seien die *Geißlerzüge*[79] kurz erwähnt, bei denen meist Männergruppen von Stadt zu Stadt ziehen, um sich mit Peitschen blutig zu schlagen. Die Pest wird in ihren Augen durch den Zorn Gottes verursacht, ihn wollen sie gütig stimmen und Buße tun.

Auch die *Tanzwut*[80] gehört zu den massenpsychotischen Phänomenen, da Menschen sich in einem motorischen Erregungszustand bis zur Ekstase steigern können. Die Tanzwut kann verbunden sein mit epilepsieähnlichen Anfällen, mit entsprechenden Zuckungen der Muskeln bis hin zu Tobsuchtsanfällen und zu selbstdestruktiven Handlungen.

Aber der wichtigste Hinweis auf ein kollektives kirchliches Psychose-System ist die *Inquisition*[81], die im 12. und 13. Jahrhundert beginnt. Hier sei nochmal an den *Prozeß der Zivilisation* von Norbert Elias erinnert, der nachweisen kann, wie ein höfisches Verhalten der Elite 200 bis 300 Jahre später zur Norm wird in der allgemeinen Bevölkerung. Die Inquisition setzt ein, weil die Kirche sich damals immer mehr von »Reformbewegungen bedroht« fühlt. Zur Verfolgung ihrer Leitfiguren wird zur Folter als Verhörmethode gegriffen, wodurch natürlich schlicht *alles* in die Angeklagten, in die Opfer hineingefragt, d.h. projiziert werden kann. Die Quelle all dieser Ketzer und Häretiker kann immer ganz eindeutig ermittelt werden: der Teufel. Dabei verehren ihn die Ketzer in Form eines schwarzen Katers oder einer schwarzen Kröte und küssen ihn als Zeichen ihrer Ehrfurcht auf das Hinterteil. Die Ketzer praktizieren eine wilde sexuelle Promiskuität, vor allem bei ihren Zusammenkünften auf dem Ketzersabbat, wo Ketzer und Teufel miteinander einen Pakt eingegangen sind bzw. wo sie sich vom Teufel die Gabe der Zauberei erwerben können. Die Kirche oder besser ihre Leitung ist durch diesen Realitätsverlust somit in ein schizophrenes Erleben und Verhalten umgebrochen, ein massenpsychotisches Phänomen. Denn auch die Ketzer müssen vernichtet werden und sind vernichtet worden.

3.8 Die Hexenprozesse[82]

Beim Vergleich mit der Inquisition der Kirche muss bei der Verfolgung der neuen Sündenböcke der Geschichte nur das Geschlecht gewechselt werden: Es sind nicht länger die bösen Ketzer, sondern die bösen Frauen, die Hexen, welche mit dem Teufel im Bunde stehen. 200 bis 300 Jahre nach dem Einsetzen der Inquisition nehmen die beschämendsten Gräueltaten im christlichen Europa ihren Anfang. Sie beginnen schon im 15. Jahrhundert, die großen Hexenprozesse jedoch entflammen erst ab der Mitte des 16. bis zur Mitte des 17. Jahrhunderts, was gleichzeitig das Ende der Pest markiert. Im Abendland wird damals praktisch jede Realitätskontrolle verloren.[83]

Natürlich sind die Frauen sexuell mit dem Teufel verbunden, auf einem Besen können sie durch die Lüfte zum Hexensabbat fliegen, wo der Teufel in Gestalt eines schwarzen Bockes verehrt wird. Beim Teufelspakt dort müssen die Hexen dem christlichen Glauben abschwören und erhalten dafür die Gabe der Zauberei. Begleitet wird ein solches Bündnis durch wüste sexuelle Orgien. Die Hexen sind verantwortlich für alles Böse dieser Welt. Die Hexerei ist zu einer Gegenreligion des Christentums geworden. Nach der Folter als Verhörmethode gibt es auch die Möglichkeit eines Beweises, ob die Angeklagte tatsächlich eine Hexe sei: Zu diesem Zweck werden ihr Hände und Füße zusammengebunden und sie wird ins Wasser geworfen; geht sie unter, ist sie schuldlos, bleibt die gefesselte Frau an der Wasseroberfläche, gilt das als Beweis dafür, dass sie eine Hexe ist.

Zu Beginn der Hexenprozesse werden eher alte, arme oder einsame Frauen, häufig schutzlose Witwen, hingerichtet. Immer häufiger werden dann junge und sexuell attraktive Frauen als Hexen verbrannt. Gegen Ende der Prozesse im 17. Jahrhundert sind es jedoch immer mehr hochstehende

Männer aus dem Adel, aus dem Staat oder der Kirche. Zustande gekommen ist dieses Phänomen, indem sich immer mehr Angeklagte zusammenschlossen und junge erfolgreiche Männer als den Teufel bezeichneten, welcher sie sexuell verführen will, ein wahrscheinlich den Frauen unbewusster Prozess. Wie viele Frauen vernichtet worden sind, darüber schwanken die Zahlen, zwischen 100.000 bis mehr als eine Million. Wie erwähnt, sind die Hexenprozesse damals eine allgemeine Volksbelustigung in jeder Stadt, wenn Scheiterhaufen für den Tod einer oder mehrerer Frauen in Flammen aufgehen.

3.9 Hintergründe der Hexenvernichtung – der *Hexenhammer*[84]

Vor den großen Hexenprozessen ist 1487 der *Hexenhammer* geschrieben worden. Autoren waren die beiden Dominikanermönche Jakob Sprenger und Heinrich Institoris. Ursprünglich in lateinischer Sprache verfasst, wird er sofort in alle Sprachen Europas übersetzt. Dazu als Erinnerung: 1450 ist der Buchdruck entwickelt worden, durch diese Innovation hat der *Hexenhammer* 29 Auflagen erlebt – ein Bestseller. Das Hetzwerk ruft zur Einleitung der Hexenprozesse auf, die 50 bis 80 Jahre später tatsächlich beginnen. Der *Hexenhammer* darf nicht nur vor dem Hintergrund der Sexualfeindlichkeit der Kirche verstanden werden, sondern genau durch ihre viele Jahrhunderte währende Erfahrung durch das Ritual der Beichte. Wobei sich zwischen einem »Beichtvater« und einem »Beichtkind« ein sehr persönliches Verhältnis entwickeln kann. Die Priester als »Seelenhirten«, als Vorläufer der späteren Psychotherapeuten, müssen sehr genau Bescheid gewusst haben über die geheimen Wünsche und Vorstellungen ihrer Gläubigen. So gesehen darf der *Hexenhammer* als erstes »tiefenpsychologisches Lehrbuch« des christlichen Abendlandes betrachtet werden.

Wie im Falle der der Inquisition wird im *Hexenhammer* eine geheime Weltverschwörung diagnostiziert, der Satan will die Christenheit vernichten. Dabei bedient er sich jetzt nicht mehr der Ketzer, sondern der Frauen als Hexen. Opfer sind die Männer. Die Liste der Anklagen gegen die Hexen ist lang, jedes Übel und jeder Schaden der damaligen Zeit wird ihnen zur Last gelegt, sie sind verantwortlich für alles Böse auf dieser Welt. Die Hexen sind blindwütig in ihren Rachetendenzen, sie sinnen nur auf Töten und Zerstören. Sie sind zudem von einer unersättlichen sexuellen Gier erfüllt, besessen von ihrer Triebhaftigkeit, und genau diese ist das Mittel, mit dem der Teufel die Frauen an sich bindet bzw. sich ihrer bedient.

Erkennbar ist das Phänomen der Hexerei durch den Liebeswahn oder die *Liebraserei:* Wenn der betreffende Mann ein schönes und ehrbares Weib zu Hause hat, sich jedoch trotzdem zu seiner Geliebten hingezogen fühlt. Dabei sind Urteilskraft und Vernunft völlig ausgeschaltet und der betreffende Mann kann weder durch Schläge noch durch Worte oder Taten von seiner Geliebten abgelenkt werden. So muss der in Raserei entflammte Mann manchmal über weite Strecken zu seiner Geliebten eilen, am Tag wie in der Nacht. Die Kehrseite: Zwischen ehelich verbundenen Menschen kann die Liebe erkalten, kann Hass entstehen, sodass der Mann seine ehelichen Pflichten nicht mehr erfüllen und keine Nachkommen mehr zeugen kann.

Genau dies ist auch das »Liebesideal« im höfischen Roman des 12. und 13. Jahrhunderts, in den Abenteuern der Ritter, wie es beispielsweise bei *Tristan und Isolde, Parzival* oder bei *Lancelot* besungen wird. Nachdem die Ehe vollzogen ist, zeugen diese Ritter zwar noch ein Kind, doch schon bald verspüren sie den unbändigen Drang, ihre Frauen wieder zu verlassen für ein nächstes Abenteuer oder für die Fortsetzung des Krieges. Und die ferne Geliebte wird umso mehr idealisiert, je unerreichbarer sie ist. Dieselbe Spaltung in Frau und Geliebte wird somit schon ein paar Jahrhunderte früher in den Ritterromanen geschildert. Neu im *Hexenhammer* sind die Hintergründe der geheimen Ängste der Männer aus dieser Zeit: Es sind die Ängste vor Impotenz und Kastration – das Kernstück, das zentrale Anliegen der beiden Dominikaner.

Woher stammt sie, diese Frauenfeindlichkeit, -entwertung und -verachtung, wie sie im *Hexenhammer* beschrieben wird? Als erste Annäherung möchte ich darauf hinweisen, dass im gleichen Zeitraum eine Hypersexualität, verbunden mit einer Hyperaggressivität festgestellt werden kann, es ist der Höhepunkt der Prostitution.[85] Frauenverachtung und Hypersexualität sind die beiden Seiten der gleichen Medaille, Ausdruck einer tiefen Spaltung im Erleben und in den Gefühlen der damaligen Zeit. Die Hexen sind ganz offensichtlich eine Projektion der geheimen Ängste der Männer vor ihren Frauen. Und der *Hexenhammer* ist eine Aufforderung, Frauen als Hexen zu vernichten. Auf der anderen Seite ist das immer stärker idealisierte Bild der Muttergottes, der Jungfrau Maria – zwei weit auseinanderklaffende Bilder, eine Spaltung.

Was sind die Quellen dieser geheimen Ängste der Männer vor ihren Frauen, die Quellen ihrer Frauenfeindlichkeit? Als eine erste Annäherung sei nochmal auf den *Prozess der Zivilisation* hingewiesen, wie ihn Norbert Elias beschrieben hat.[86] In den in Europa neu entstandenen Städten müssen die Menschen in einer immer größeren Dichte zusammenleben, ihre gegenseitige Abhängigkeit wächst, verbunden ist dies notwendigerweise mit einer immer stärker werdenden Impulskontrolle, einer Kontrolle der Gefühle und des Verhaltens, einer Kontrolle über die Lust und den Körper, über die Frau und alles Naturhafte. Ganz in der Tiefe jedoch haben all diese hier beschriebenen Phänomene ihre Quellen in der *Verlassenheit eines Babys*, wie ich sie bald beschreiben werde, wie sie uns in den Bildern der Maria mit ihrem Jesuskind entgegentreten. Und die daraus entstandene emotionale Leere will ein Mann nie mehr erleben und versucht, sie mit Sex auszufüllen – Hypersexualität aus Mangel an wirklich gefühlter Nähe und Geborgenheit.

Nochmal an einem Fremdbeispiel erläutert: Wenn heute circa 2 bis 2,5 % der Bevölkerung in den Industrienationen Selbstmord ausüben, so ist das nur die Spitze eines Eisberges, welche auf einen rund 30 % verborgenen depressiven Anteil der Bevölkerung[87] hinweist. Auf Spätmittelalter und den Beginn der Neuzeit übertragen: Die Frauenfeindlichkeit und Hexenvernichtungen auf der einen Seite und die Hypersexualität als Spaltung im Erleben und Verhalten der Männer sind nur die Spitze des Eisberges, welche auf den im Untergrund tobenden *Geschlechterkampf* hinweist.

3.10 Das Ende der Psychose – der Normierungsprozess[88]

Wie ist Europa aus diesem Irrsinn ausgestiegen, aus dieser Psychose erwacht? Ist es die Vernunft, der Beginn der Aufklärung im 17. Jahrhundert? Dazu sei nur am Rande erwähnt, dass die wichtigsten Vertreter der Wissenschaft durchwegs an Hexen geglaubt haben.[89] Es ist somit nicht die Vernunft, sondern es sind vielmehr die Frauen selbst, welche immer mehr die »Führung« in den Hexenprozessen übernommen haben. Zu Beginn der Prozesse werden alte alleinstehende Frauen, dann auch sexuell attraktive Frauen auf dem Scheiterhaufen verbrannt. Zum Schluss aber haben sich Frauen zu Gruppen zusammengeschlossen und erfolgreiche junge Männer aus Kirche, Staat und Wirtschaft angeklagt: Diese seien der Teufel, welche sie verführt habe.[90] Und konsequenterweise müssen jene verbrannt werden. Dadurch haben die Männer kalte Füße bekommen. Und es sind diese kalten Füße, nicht der Verstand, welche zum Ende der Hexenprozesse geführt haben.

Nach dem Höhepunkt der Hypersexualität und Hyperaggressivität im 15. und 16. Jahrhundert wird Europa im 17. Jahrhundert von einer Welle der Repression, der Triebunterdrückung, heimgesucht. Badehäuser und Bordelle werden geschlossen, die Prostitution wird immer mehr eingeschränkt und reglementiert. Etwas Ähnliches gilt für die Aggression: Gewaltverbrechen nehmen ab und schließlich gibt auch die Justiz die Folter als Verhörmethode auf. Erreicht wird diese Normierung und Anpassung über Reglementierungen, Gesetze und Verbote. Und erzwungen wird sie durch die Internierung, die Einschließung aller von der Norm abweichenden Menschen im 17. Jahrhundert. Betroffen sind in erster Linie die Armen, die Bettler, die Arbeitslosen und Müßiggänger, aber auch die Geisteskranken und Verbrecher. In Frankreich sind es die Hospitäler, in Deutschland die Zuchthäuser und in England die Workhouses, in die diese Menschen gebracht werden.

Durch die Einsperrung aller Menschen, welche von der Norm abweichen, kann die vollständige Normierung und Anpassung erreicht, ja abgeschlossen werden. Entstanden sind die neuen Werte von Gehorsam, Disziplin und Unterwerfung. Die neue Ethik besteht aus Wohlanständigkeit, Fleiß, Ernsthaftigkeit und Bescheidenheit, Ordnungssinn, Klugheit, Vernunft, Selbstkontrolle, Nüchternheit und Sparsamkeit – maßvolles Verhalten unter allen Umständen. Das Ergebnis dieses Prozesses der Repression ist der gläubige, intolerante Mensch, der seine Leidenschaften beherrscht und zur Anpassung geboren ist. Jede Abweichung von der Norm wird als Verbrechen gegen Gott verstanden. Und in dieser Zeit der Normierung und Konformität wird die neue Philosophie der Arbeit entwickelt. Diese neue *Arbeitsethik* braucht die Wirtschaftsform des Handelskapitalismus. Die Affekte sind gezügelt, die Selbstbeherrschung des Menschen ist erreicht. Die Arbeit ist zur obersten aller Normen geworden. Die Anpassung des Menschen an die neue Wirtschaft ist vollzogen.

Als Ausgleich für diese Anpassung und Normierung entstehen allmählich die neuen Genussmittel, welche auf den Märkten erhältlich sind. Das Tabakrauchen kam zur Zeit der Pest auf, zuerst als Pfeife rauchen, erst gegen Ende des 19. Jahrhunderts, im Industriekapitalismus, wird die Pfeife durch die Zigarette abgelöst. Tee und Kaffee erscheinen als Suchtmittel, und vor allem der Zucker darf nicht vergessen werden.[91] Die Menschen sind angepasst an die neue Wirtschaft – alles was von der Norm abweicht, ist interniert. Und ebenso ist die Pest vorbei, sowie der Wahn im westlichen Abendland verschwunden ist. Der Wahn ist gezähmt und versteckt hinter den dicken Mauern der Hospitäler. Damit ist er aus den Köpfen der Menschheit getilgt, wo er nach Jean Delumeau[92] geradezu zu einer Zwangsvorstellung geworden war. Der Wahnsinn ist ausgegrenzt aus der Gesellschaft und eingesperrt im Hospital. Der Wahnsinn ist drin, der Mensch draußen ist »normal geworden«.

Hexen und ähnliche Dämonen führen nur noch ein Schattendasein in den Alpträumen der Kinder, aber in den Asylen erscheinen die großen Formen der Geisteskrankheit – der Wahnsinn wird zum Gegenstand der Wissenschaft. Und diese Asyle entwickeln sich zu großen psychiatrischen Krankenhäusern, bzw. sie sind der Ursprung der späteren Gefängnisse (Foucault[93]).

So ist der Wahnsinn im westlichen Abendland begrenzt worden, bzw. hinter den Mauern der Asyle verschwunden, und zwar durch eine immer größere Anpassungsleistung. Arbeit und Pflichtbewusstsein sind zu obersten Werten geworden. Die »Irren« sind eingeschlossen, Europa ist zur Normalität zurückgekehrt. Ordnung und Friedhofsruhe herrscht im Abendland – Ausdruck einer perfekten Spaltung: Denn der Irrsinn tobt nun im Innern jedes Menschen, abgespalten von jedem bewussten Erleben, dick eingemauert ins Unbewusste. Wir sind normal – irre sind immer nur die anderen.

3.11 Zur Geschichte der frühen Mutter-Kind-Beziehung in der christlich-abendländischen Kultur

Nun möchte ich einen Moment innehalten und nochmals zu den Sumerern zurückkehren: Schon im alten Mesopotamien haben die Menschen in einer gefährlichen Umgebung voller Dämonen und Hexen gelebt, sie fühlten sich dauernd bedroht, sodass von ihrer präpsychotischen Welt gesprochen werden darf. Europa in der Krise vom 14. bis zum 17. Jahrhundert ist offenbar akut in eine Psychose gefallen, aus der das christliche Abendland erst allmählich im Laufe des 17. Jahrhunderts wieder aufgetaucht ist, im soeben beschriebenen Normierungsprozess. Von der Tiefenpsychologie her ist bekannt, dass der Ursprung einer Psychose in der frühesten Mutter- oder besser Eltern-Kind-Beziehung zu suchen ist.

Im ersten Kapitel habe ich darauf hingewiesen, dass eine enge Beziehung besteht zwischen der Kleinkinder-Behandlung einerseits und den sozialen Strukturen bzw. dem Wirtschaftssystem andererseits. Denn im ersten Lebensjahr wird das Gefühlsleben eines Kindes grundsätzlich geprägt, hier werden die Kinder emotional auf ihre spätere Kultur vorbereitet, sodass sie sich als vollwertige Mitglieder ihrer Gesellschaft mit dem dazugehörigen Wirtschaftssystem empfinden können. Nun haben wir gehört, dass alle ursprünglichen Kulturen ihre Kinder dauernd auf dem Körper herumtragen, sodass sie nie weinen müssen – hingegen haben alle Hochkulturen Mutter und Baby voneinander getrennt, als Anpassung an das entfremdete Leben in den Städten, das isolierte Wohnen in den Häusern. Sumer ist die erste Kultur, welche die Schrift erfunden und in zahllosen Dokumenten vom Weinen ihrer Babys berichtet hat – entstanden auf dem Hintergrund dieses mangelnden Körperkontaktes zwischen einer Mutter und ihrem Kind, dieses Mangels an Geborgenheit und Sicherheit.

Die Frage lautet somit: Was hat sich in der Kleinkinder-Behandlung geändert beim Aufblühen unserer Städte und der dazugehörigen Veränderung im Übergang vom Feudalismus zur Wirtschaftsform des Handelskapitalismus vom 11. bis zum 14. Jahrhundert, dem Beginn der damaligen Krise, in welcher das christliche Abendland allmählich in eine Psychose gefallen ist?

3.12 Die Angst vor dem nächtlichen Erdrücken eines Babys

Im 12. und 13. Jahrhundert werden die Mütter von den Priestern, den »Pädagogen« der damaligen Zeit, immer eindringlicher in den Predigten von der Kanzel ermahnt, ihr Baby *nachts* nicht mehr zu sich ins Bett zu nehmen. Die Begründung lautet ganz einfach, die Mutter könnte sich im Schlaf auf ihr Kind legen und es dabei erdrücken. Das Ersticken durch das nächtliche *Drauflegen* einer Mutter auf ihr Baby ist die große Beunruhigung in der Kleinkinder-Behandlung im Laufe des Hochmittelalters.[94]

Tagsüber haben sich die Babys seit Jahrtausenden an die körperliche Trennung von ihren Müttern gewöhnen müssen und sind an einer vorbestimmten Schlafstelle niedergelegt worden. Neu werden sie nun auch nachts von ihren Müttern getrennt und verlieren dadurch den letzten Rest an beruhigendem Körperkontakt mit der Mutter! Denn in der damaligen Zeit schlafen alle Menschen nackt in einem Bett, die Eltern, ihre

Kinder, aber auch ihre Gäste. Bis zu diesen Predigten des Hochmittelalters über das nächtliche Erdrücken darf ein Baby wenigstens nachts noch in der beruhigenden Nähe seiner Mutter schlafen.

Nachts also werden die Babys im Laufe des 12. und 13. Jahrhunderts von ihren Müttern getrennt und in eine *Wiege* verbannt. Die nächtliche Trennung von der Mutter – und hier ist ein Baby besonders sensibel – bedeutet für das Kind mit Sicherheit eine enorme Zunahme seiner inneren Unruhe. Eine Wiege aber hat bekanntlich Kufen, und so können die Mütter ihren nächtlich weinenden Babys durch eine Bewegung wieder helfen, in den Schlaf zurückzufinden. Denn das Wiegen hat eine beruhigende Wirkung für das Kleinkind. Zudem wird es in lange *Wickelbänder* eingebunden, vom Hals über die Arme bis zu den Füßen. Durch Experimente wurde entdeckt, dass so gewickelte Kinder länger schlafen und weniger schreien, ihr Herz schlägt langsamer – kurz: Sie sind allgemein ruhiger und entspannter. Wahrscheinlich ist der Effekt dieses Eingewickeltseins für ein Baby ein ähnliches Erleben wie im Mutterleib.[95] Den Babys in der damaligen Zeit werden somit zwei Möglichkeiten angeboten, um ihr nächtliches Weinen zu dämpfen: Die Wickelbänder und das nächtliche Bewegen oder Schaukeln in ihrer Wiege.

Doch dann machte die Wiege einen Bedeutungswandel durch, denn nun werden die Babys nicht nur nachts in ihre Wiegen gelegt, sondern sie verbringen auch den Tag darin: Viele Holzschnitte über das Familienleben in der damaligen Zeit bezeugen diese Situation. Damit aber muss eine Mutter ihr Kleinkind nicht länger in die Arme nehmen, in Körperkontakt, um sein Weinen zu beruhigen, denn die Wiege kann auch tagsüber mit dem Fuß bewegt werden. So ist sie einmal ein Ersatz für den mangelnden Körperkontakt in der Nacht, aber auch tagsüber wird sie zum Ausgleich oder Ersatz für fehlende Zärtlichkeit und Geborgenheit. Die Wiege ist damit ein weiterer wesentlicher Schritt in Richtung der Trennung und Entfremdung von der Mutter.

Eine ähnliche Entfremdung und Trennung finden wir auch beim Stillen: Ursprünglich hatten die Kleider einer Mutter zwei Still-Schlitze und zum Stillen an der Brust konnte sie ihr Baby ganz bequem an ihren Körper halten. Durch die Erotisierung der Kleidung wird das Dekolleté erfunden und die Brüste werden entsprechend hochgebunden. Zum Stillen nimmt die Mutter ihre Brust aus dem Dekolleté heraus und beugt sich über das Kind. Bei dieser Art ist somit die Körperhaltung der Mutter eine ganz andere, das Kind ist nicht länger in ruhigem und entspanntem Körperkontakt mit der Mutter wie früher. Auch beim Stillen sind somit der Körper von Mutter und Baby deutlich voneinander getrennt – ein weiterer Schritt in Richtung Entfremdung.

Es gibt aber noch eine weitere Veränderung in Richtung Trennung und Entfremdung zwischen Mutter und Baby, die sich in Italien vollzogen hat. Schon im letzten Kapitel habe ich darauf hingewiesen, dass das Ammenwesen als unmittelbare und radikale Trennung von Mutter und Baby bei allen führenden Schichten der alten Hochkulturen festzustellen ist. So auch beim Adel, bei den Rittern zu Beginn unserer Kultur. Und in Italien wird dies zu einer Modeerscheinung: Das Kleinkind wird bei den Kaufleuten und beim oberen Bürgertum nach der Geburt von der Mutter getrennt und einer *Balia*, einer säugenden Amme übergeben, was eine radikale Trennung der Mutter von ihrem Baby bedeutet. Das Kind bleibt dann meist zwei Jahre bei seiner Balia, bis es wieder in die Familie zurückkommt.[96] Welche Dramen sich damals in Italien abgespielt haben, können wir uns heute kaum mehr vorstellen.[97]

All diese Schritte von der nächtlichen Verbannung der Kinder in die Wiege, der entfremdeten Körperhaltung einer Mutter zu ihrem Kind beim Stillen bis hin zum Ammenwesen in der italienischen Mittel- und Oberschicht bedeuten eine immer konsequentere Trennung und Entfremdung des Kindes von der Mutter. Das kindliche Weinen damals ist enorm angestiegen, verbunden mit einer entsprechenden Panik. Es ist dies ein bedeutsamer Schritt in Richtung Vereinsamung des Kleinkindes und damit auch der erwachsenen Menschen – und dies als Anpassung an das Aufblühen unserer Kultur, an die neue Wirtschaftsform der Städte mit dem beginnenden Handelskapitalismus.

3.13 Dokumente von kleinkindlichem Schreien in Europa[98]

Als erstes und ältestes Zeugnis möchte ich an die Lebensgeschichte eines Abtes im 12. Jahrhundert hinweisen: Guibert de Nogent (1055–1125) hat 1115 sein Leben sehr ausführlich aufgezeichnet, inklusive seiner Geburt und seiner Kleinkinderzeit.[99] Beeindruckend dabei ist, wie Guibert seine eigene und die Psychose seiner Mutter beschreibt. Diese Mutter sieht in klaren Visionen, wie ihr Mann in der Hölle brennt, um für seine sexuellen Sünden zu büßen, er hat mit einer fremden Frau ein Kind gezeugt. Nun nimmt die Mutter ein Waisenkind – neben ihrem eigenen

Kind Guibert – auf, um ihren Mann von den Sünden zu entlasten und aus der Hölle zu erlösen. Je mehr dieses Kind nachts schreit, desto mehr glaubt die Mutter gegen den Wahnsinn und gegen den Teufel kämpfen zu müssen. Was im Hof gelebt wird, gilt 200 bis 300 Jahre später als Norm in der breiten Bevölkerung (Elias).

Tatsächlich wird zur Zeit der Krise in Europa ab dem 13./14. Jahrhundert das weinende Kind zu einem wichtigen Thema in der Literatur. Mit dem Begriff *Teufelskind* oder *Wechselbalg* (erstmal beschrieben im 11. Jahrhundert) wird ein missgebildetes Kind beschrieben: Die richtigen, eigenen Kinder wurden vom Teufel gestohlen und an ihrer Stelle legt er einen Wechselbalg in die Wiege.

Dieses Teufelskind macht im Laufe der Zeit einen Bedeutungswandel durch, es ist nicht länger nur ein missgestaltetes, sondern auch vor allem ein schreiendes Kind, das von der Mutter nicht mehr beruhigt werden kann. Im *Hexenhammer* wird so ein Wechselkind folgendermaßen charakterisiert: »Solche Kinder heulen auch immer gar erbärmlich, und wenn auch vier oder fünf Mütter nicht ausreichten zum Säugen, so nehmen sie doch niemals zu, sind aber ungewöhnlich schwer.«[100] Bei Luther taucht das Thema des Wechselbalges, mit welchem der Teufel die Menschen plagt, immer wieder auf. Die Art und Weise, wie es entsteht, beschreibt er folgendermaßen:[101] Der Teufel reißt also Mägde/Jungfrauen ins Wasser, um sie zu schwängern – auch dies wiederum eine typisch psychotische Verdrehung! Denn die Realität ist ja sicher eine ganz andere gewesen: Mägde, die schwanger geworden sind, haben in ihrer Verzweiflung nicht mehr gewusst, was sie tun sollten. In selbstmörderischer Absicht haben sie sich dann ins Wasser gestürzt. Nicht der Teufel ist der Vater des Kindes, sondern irgendein Geliebter, der die werdende Mutter verlassen hat. Solche Wechselkinder sind nach Luther gefräßig und nicht zu sättigen. Sie sind »so garstig im Scheißen, Fressen und Schreien, denn sonst andere zehn Kinder, so dass die Eltern vor solchen Unfläthern keine Ruhe haben und die Mütter also ausgesogen werden, dass sie nicht mehr stillen können«.[102]

Was bedeuten diese Dokumente über das vor allem nachts schreiende Kind? Offensichtlich ist es ein Phänomen, das die Menschen damals beschäftigt hat und wofür ein Deutungsmuster gefunden werden musste. Es gibt zwei mögliche Erklärungen für ein solchermaßen weinendes Kind: Entweder ist es vom Teufel besessen oder aber das richtige, eigene Kind ist vom Teufel gestohlen worden, und anstelle dessen hat er einen schreienden Wechselbalg in die Wiege gelegt. Ein dauernd schreiendes Kind kann nicht das eigene, es muss des Teufels sein. Eine unheimliche Deutung, bedrohlich für das Kind! Unheilschwanger liegen Mordimpulse in der Luft. Und Luther empfiehlt auch kurz und bündig, solch ein Wechselbalg sei zu ertränken.[103]

Und Kindermord ist tatsächlich ein wichtiges Thema in der damaligen Zeit. Zum ersten Mal erscheint der bethlehemitische Kindermord in der Malerei im 9./10. Jahrhundert und erreicht im 14. und 15. Jahrhundert eine Blüte. Mütter versuchen auf diesen Darstellungen verzweifelt ihre Kinder zu schützen. Soldaten greifen gierig nach ihnen, um sie mit dem Schwert der Länge nach aufzuschlitzen oder zu durchbohren. Tränen, Schreie der Verzweiflung, wutverzerrte Gesichter. Und überall türmen sich Berge von Kinderleichen auf.

Beim bethlehemitischen Kindermord sind es die Mütter, die ihre Kinder vor den Soldaten zu schützen suchen. Im Hexenglauben aber sind es die Frauen, die kleine Kinder töten. Hexen sind nicht nur unendlich sexbegierig und voll unstillbarem Rachedurst gegenüber den Männern, sondern halten auf ihren nächtlichen Ritten auf dem Besen auch Ausschau nach kleinen Kindern. Hexen sind Kinderräuber, und sie töten diese Kinder, um sie zu fressen. Hexen sind Kannibalen, sie sind unendlich begierig auf junges Fleisch, wenn möglich neugeboren, sicher ungetauft, eigene oder fremde Kinder. Hexen haben ihre Kinder »zum Fressen gern«.[104]

Die zunehmende Vereinsamung des Kleinkindes, ausgedrückt im nächtlichen Schreien, und die steigende Aggressivität der Mütter ihren Kleinkindern gegenüber gehören zusammen, es sind die beiden Seiten derselben Medaille. Sie sind Ausdruck der zusätzlichen Trennung von Mutter und Kind am Beginn unserer Zivilisation, Ausdruck einer weiteren Entfremdung der beiden als Anpassung an die Höherentwicklung unserer Kultur.

Mit diesem Wissen wollen wir nochmals zurückkehren zur großen Beunruhigung in der Kleinkinder-Behandlung des Hochmittelalters, zum nächtlichen Erdrücken des Kindes durch die Mutter. Was bedeutet dieses Phänomen, was geht in der Psyche dieser Mütter vor? Tiefenpsychologisch gesehen kann dieses Erdrücken des Kindes nicht anders verstanden werden als die höchstwahrscheinlich unbewusste Tötungsabsicht der Mütter ihren Kindern gegenüber. Die Kinder, welche sie tagsüber liebevoll pflegen, bringen sie des Nachts unter Umständen um. Die Wiege könnte so als Rettung des Kindes vor dem Erdrücktwerden durch die eigene Mutter verstanden werden.[105]

Woher stammen die nächtlichen Mordimpulse der Mütter ihren Kindern gegenüber? Alle Babys sind seit dem Beginn unserer Kultur – wie bei allen alten Hochkulturen – tagsüber von ihren Müttern getrennt worden. In allen Menschen der damaligen Zeit ist damit schon ein Kern von Einsamkeit und Panik, ein Kern von Vereinsamung und Verzweiflung eingeprägt worden. Nun werden Mutter und Kind im 12./13. Jahrhundert noch zusätzlich des Nachts getrennt, so befohlen von den Priestern in ihren Predigten. Beginnen Babys nachts zu weinen, so wird die *eigene kleinkindliche Verletzung* der Mutter, die Wunde ihrer frühesten Ohnmacht und Vereinsamung, wieder aufgerissen. Je mehr ihr Kind neben ihr schreit, desto stärker wird ihre eigene Hilflosigkeit, Ohnmacht und Panik wieder geweckt und dringt unweigerlich in ihr Bewusstsein ein. Das Umbringen des Babys, der nächtlich abgespaltene Mordimpuls, wäre somit zu verstehen als der Versuch, die eigene Verletzung, das »schreiende Baby« in ihr zum Schweigen zu bringen. So verstanden wäre der Mordimpuls in der Tiefe der Seele der Mütter eine Selbstmordhandlung: Psychisch labile oder besonders sensible Mütter, so können wir vermuten, haben ihr Kind nachts durch Erdrücken zum Schweigen gebracht, um selber nicht psychotisch zu werden.

Doch diese enormen Ängste – so haben wir Therapeuten erfahren – kommen erst später im Leben zum Vorschein, dann nämlich, wenn wir uns verlieben. Dann tauchen bei allen Menschen ihre archaischen Urängste wieder auf – so wie wir am Lebensanfang durch unsere Mutter bzw. unseren Vater geprägt worden sind. Jezt aber richten wir diese Urängste auf den Partner oder die Partnerin!

Für viele Männer ist diese Situation unaushaltbar, und sie neigen dazu, die Sexualität aus einer Beziehung auszuklammern und auf andere Frauen, auf ihre Geliebte abzuspalten. Hier liegt der Ursprung der Hypersexualität im 15./16. Jahrhundert, wie ich sie beschrieben habe: Die Männer verlassen ihre Frauen, ziehen sich aus ihren Familien zurück und der einzige konstante Wert in ihrem Leben ist ihre Arbeit, welcher sie sich ohne Einschränkung zuwenden können. Hier liegt die Geburtsstunde unseres Arbeitsethos, unseres inneren Antriebs zur Leistung.

Und die Frauen und Mütter? Sie werden sich von ihren Männern verlassen gefühlt haben, alleingelassen mit ihrem Baby, mit ihren Kindern. Nun gibt es zwei Lösungsmöglichkeiten, wie eine Frau mit dieser Konfliktsituation umgehen, wie sie auf diese Verlassenheit und Einsamkeit reagieren kann. Entweder sie richtet ihre ungelebte Liebe auf das Kind und erwartet umgekehrt von ihm all die Gefühle und Nähe, die sie eigentlich von ihrem Mann bekommen müsste. Das Kind wird so zum Partnerersatz, es wird von der Liebe der Mutter im wörtlichen Sinne »erdrückt«. Oder aber die Frau lehnt ihr Kind bewusst oder unbewusst ab – das Kind als Produkt der enttäuschten Liebe. Umgekehrt fühlt sie sich an ihren Mann gebunden durch das Kind und könnte sich nur dann frei fühlen, wenn es nicht mehr leben würde. Je einsamer und ohnmächtiger eine Mutter sich fühlt, desto mehr kann sich ihre Ablehnung des Kindes bis zum Mordimpuls steigern. Die Tötung des Kindes wäre somit als eine verzweifelte Suche nach Autonomie zu verstehen. Werden die beiden Lösungsmöglichkeiten im Zusammenhang mit der Verlassenheitssituation der Mutter gesehen – die übergroße Liebe, das Kind als Partnerersatz und dessen unbewusste Ablehnung –, so ergibt sich eine ambivalente Einstellung der Mutter zu ihrem Kind.

3.14 Maria und Jesus[106]

Hat dieser »kleine Trennungsschritt«, die nächtliche Trennung des Kindes von der Mutter, die europäische Zivilisation wirklich in einer so entscheidenden Weise in Richtung Vereinsamung geprägt? Finden wir Anzeichen dieser Ambivalenz, dieser zwiespältigen Einstellung der Mütter ihren Kindern gegenüber? Und wenn die frühe Mutter-Kind-Beziehung von einer so zentralen Bedeutung ist, wie ich das bisher dargestellt habe, dann müssten darüber doch noch andere Quellen zu finden sein. Diese Quellen gibt es tatsächlich: Maria und ihr Jesuskind sind während 400 Jahren, vom 13. bis zum 16. Jahrhundert, Thema Nummer eins in der Malerei des christlichen Abendlandes. Wenn wir bedenken, dass eine Darstellung zu Beginn der europäischen Tafelmalerei nicht anders als religiös erfasst werden kann, so sind die Mutter und ihr Kind zum alles beherrschenden Problem der damaligen Zeit geworden! Die Menschen müssen besessen gewesen sein von der Mutter-Kind-Problematik.

Diese Marienbilder will ich im folgenden Kapitel tiefenpsychologisch anschauen und sie verstehen wie Träume oder Tag-Fantasien. Alle Gesetzmäßigkeiten über Stilrichtungen oder andere Erkenntnisse der Kunstgeschichte lasse ich außer Acht, ebenso theologische Überlegungen. Was mich in erster Linie interessiert, ist die Nähe bzw. die Distanz zwischen dem Körper der Mutter und dem ihres Kindes. Dabei leitet mich Folgendes: Aus der Forschung[107] wissen wir, dass nicht nur das Baby im Laufe des ersten Lebensjahres auf seine Mutter, sondern dass umgekehrt auch die Mutter auf ihr Baby geprägt wird. Die sensible Phase für diese Art Prägung bei jeder Mutter findet in den allerersten Stunden und Tagen nach der Geburt statt. Wird sie in dieser Zeit vom Baby getrennt, bleibt eine affektive Störung bei ihr zurück. Als Folge davon hält die Mutter das Kind beispielsweise bei der Ernährung mit der Flasche von ihrem Körper entfernt, eine Trennung zwischen den Körpern der beiden ist somit deutlich sichtbar. Umgekehrt hält eine nach der Geburt nicht von ihrem Kind getrennte Mutter ihr Baby eng und bequem auf ihrem Körper. Diese affektive Störung ist nicht nur in den ersten Tagen nach der Geburt vorhanden, sondern sie bleibt während des ganzen ersten Lebensjahres des Kindes bestehen. Im Zentrum meiner Aufmerksamkeit steht somit der Abstand des Körpers der Mutter zu ihrem Kind – und dies als Ausdruck einer affektiven Störung in der Beziehung zum Kind.

3.15 Zur tiefenpsychologischen Deutung der Marienbilder

Nur kurz möchte ich schildern, wie ich zu dieser Betrachtungsweise der Marienbilder gekommen bin: Während meiner Arbeit zur Pest habe ich in Florenz die Uffizien besucht, die wohl bedeutendste Gemäldegalerie in Italien. Schon im ersten Saal, der den Beginn der italienischen Tafelmalerei im 13. und 14. Jahrhundert zeigt, hängen drei vier bis sechs Meter große Marienbilder. Ich fühlte mich wie erschlagen von diesen Riesenmüttern. Meine Faszination steigerte sich noch, als ich schließlich erlebte, wie in den nächsten Räumen, sicher bis ins 15. Jahrhundert hinein, praktisch in jedem zweiten oder dritten Bild Maria mit ihrem Kind im Zentrum stand. Intuitiv habe ich geahnt: Das hat eine Bedeutung. Hinter diesen Bildern liegt ein Geheimnis verborgen, das es zu enthüllen gilt, ein Schlüssel zum Verständnis unserer Kultur. Erst später habe ich erfahren, dass Maria das häufigste Sujet in der abendländischen Tafelmalerei darstellt. Genau dieses Phänomen bildet das Zentrum meines psychosozio-historischen Deutungsansatzes: Je mehr ein Thema immer wieder auftaucht, und das bedeutet, von den Auftraggebern der damaligen Zeit gefordert wird, desto stärker sind genau diese Themen Ausdruck von kollektiven inneren Bildern, Ausdruck des Zeitgeistes, Ausdruck der damaligen Mentalität, verbunden mit all den dazugehörigen Nöten, Ängsten, Hoffnungen und Sehnsüchten, seien sie bewusst oder unbewusst. Mit diesem Deutungsansatz will ich darlegen, dass ich Bilder nicht so sehr auf dem Hintergrund der persönlichen Geschichte des einzelnen Malers verstehe, sondern eben als Spiegel der kollektiven »Zeitseele«, der damaligen Mentalität, deswegen der etwas komplizierte Begriff psycho-sozio-historisch. Dabei vermute ich: Je häufiger Bilder immer wieder von den Auftraggebern gefordert werden, d.h., je häufiger sie in Erscheinung treten, desto stärker weisen sie auf eine der damaligen Zeit bewusste oder noch wahrscheinlicher unbewusste Konfliktsituation hin. Ich will das an ein paar Beispielen erläutern.

Christus am Kreuz: Nach Mutter und Kind ist Christus am Kreuz Thema Nummer zwei in der christlich-europäischen Malerei. Bei diesen Christusfiguren fällt auf, wie unendlich depressiv und leidend beispielsweise der Christus in den Darstellungen eines Cimabue im 13. Jahrhundert ist. Im Laufe der Zeit wird der Körper Jesus' in den Bildern von oben bis unten verstümmelt, zerstückelt, von Peitschenhieben zerrissen, ist nur noch eine blutende Masse; als Beispiel sei etwa an Matthias Grünewald im Übergang vom 15. zum 16. Jahrhundert erinnert. Christus ist für uns, wegen unserer Sünden, gestorben – so lautet der christliche Glaube. Sein leidender und blutender Körper ist Ausdruck der Heftigkeit der damaligen Schuldgefühle.

Das Martyrium von Heiligen: Ebenso wie Christus wird auch immer wieder die Leidensgeschichte der verschiedensten Heiligen genauestens abgebildet. So ist beispielsweise die heilige Agathe und das Verstümmeln beziehungsweise das Abschneiden ihrer Brüste ein beliebtes Sujet. Erwähnt sei auch der heilige Sebastian, der von römischen Soldaten – so die Legende – als lebende Zielscheibe benutzt worden ist. Er taucht als Pestheiliger, von Pfeilen durchsiebt, mit einer großen Konstanz vom 15. Jahrhundert an immer wieder auf. Erinnert sei auch noch an das Thema des bethlehemitischen Kindermordes. All diese Verstümmelungen verstehe ich als Ausdruck der Grausamkeiten und der Verrohung der Menschen in der damaligen Zeit.

Erotisierung: Neben der Hyperaggression sei noch mal die Erotisierung, die parallel verlaufende Tendenz zur Hypersexualität, erwähnt. Während die Menschen auf Bildern des 11. bis 14. Jahrhunderts alle noch völlig bekleidet sind, beginnen in der Malerei des 15. und 16. Jahrhunderts die Hüllen zu fallen. Zunehmend werden Menschen nackt dargestellt. Ein eindringliches Beispiel ist Hieronymus Bosch mit dem *Garten der Lüste*. Tausende, ja Abertausende nackter Menschen tummeln sich auf diesem ursprünglich als Altarbild entstandenen Werk (1500) – Ausdruck der übersteigerten Sinnlichkeit und Erotik. Außerdem möchte ich beispielsweise die Bilder von Michelangelo in Italien oder von Rubens in den Niederlanden erwähnen. Und ich möchte auf ein beliebtes Thema jener Zeit hinweisen, auf Judith mit dem abgeschnittenen Kopf des Holofernes. Es ist das Thema eines alternden Mannes, der, trunken von der Schönheit einer jungen Frau, seinen Kopf verliert. Er läuft Gefahr, enthauptet, d.h. kastriert zu werden. Sie muss groß gewesen sein, die erotische Spannung der Menschen in der damaligen Zeit, und ebenso groß scheinen ihre Ängste davor gewesen zu sein.

Soweit mir die kunsthistorische Literatur bekannt ist, kommt mein Deutungsansatz demjenigen von Erwin Panofsky oder seinem Schüler Edgar Wind[108] am nächsten. Mit der Kenntnis der schriftlichen Quellen der damaligen Zeit versuchen diese beiden Kunsthistoriker die eigentliche Bedeutung eines Bildes einzukreisen, das Werk aus dem Zeitgeist heraus zu erfassen. Als Ergänzung möchte ich die *tiefenpsychologische Dimension*, das *kollektive Unbewusste* jener Zeit, noch stärker in den Vordergrund rücken.

Ein letzter und wichtiger Punkt ist das Zeitproblem. Die meisten Bilder, die ich vorstelle, entstammen dem *15.*, teilweise auch dem *16.* Jahrhundert. Die Pest aber ist 1348 ausgebrochen, und von einem psychoanalytischen Verständnis her müssten die Bilder somit *vor* jener Zeit entstanden sein. Zur Lösung dieses Problems will ich eine wichtige Gesetzmäßigkeit der Malerei am Beispiel des heiligen Sebastian, des Pestheiligen, herleiten: Sein Körper ist von Pfeilen durchsiebt – und genau dies ist der Schmerz, wie ihn von Pest befallene Menschen beschrieben haben. Aber in der Malerei wird Sebastian erst nach 1450 zur beherrschenden Heiligenfigur, zu einer Zeit also, da die Pest schon fast wieder am Abklingen ist. Sebastian als Symbolfigur der Pest tritt somit 100 Jahre verspätet auf. Dasselbe gilt für das Bild des Todes: Als Knochenmann mit Sense tritt er erst in den Totentänzen des 15. Jahrhunderts voll in Erscheinung, während beispielsweise Gedichte und Erzählungen über den Tod aus sehr viel früherer Zeit bekannt sind. Das Fegefeuer wird schon im 12./13. Jahrhundert beschrieben, seine bildnerische Darstellung aber erfolgt erst im 15./16. Jahrhundert. All diese Beispiele zeigen, dass die

Malerei immer eine geraume Zeit braucht, um ein bestimmtes Symbol, ein *inneres Bild* zu entwerfen, um das auszudrücken, was die Menschen der damaligen Zeit beschäftigt hat. Was mit Worten beschrieben wird, taucht in der Welt der Bilder erst 100 oder sogar 200 bis 300 Jahre später auf. Auf die Marienbilder angewendet, bedeutet dies: Was hier dargestellt wird, hat die Menschen sicher 100 oder sogar schon mehrere hundert Jahre früher beschäftigt.

Nun aber zurück zu den Bildern von Maria und Jesus: Die meisten sind mehr oder weniger unauffällig, sie sind uns allen bestens bekannt. Das kleine Jesuskind sitzt Maria auf dem Schoß, meist auf ihrer linken Seite – vom Betrachter her gesehen rechts. Vor allem zu Beginn der italienischen Tafelmalerei im 13. und 14. Jahrhundert ist dieser Jesus wie ein kleiner Erwachsener dargestellt. Mit seiner rechten Hand segnet er den Zuschauer, in der linken Hand hält er eine Schriftrolle. Jesus sitzt wie ein kleiner König auf dem Thron (siehe Abb. 1).

Die Marienbilder sind nicht in Italien »erfunden« worden. Ihre Vorbilder waren die Ikonen des byzantinischen Reiches. Vergleichen wir eine ganz frühe Darstellung aus dem 6. Jahrhundert (Abb. 2) mit dem Bild von Giotto (Abb. 1), fällt folgender Unterschied auf: Ursprünglich ist das Kind in ganz bequemem Körperkontakt mit der Mutter, es ist mit seinem Rücken geborgen an ihren Bauch gelehnt. In Italien dagegen ist das Jesuskind deutlich vom Körper der Mutter getrennt, es sitzt auf ihrem linken Bein. Machen wir nun einen Sprung von mehr als 100 Jahren in die Niederlande und schauen eine Madonna von Jan van Eyck an (Abb. 3). Was ich soeben beschrieben habe, wird jetzt noch deutlicher. Das Kind ist hier so weit nach vorn auf ihr rechtes Knie gerückt, dass es fast hinunterfällt. Die Geste von Maria kann ich nicht anders verstehen, als dass sie sich ihr Kind vom Leibe hält. Die Distanzierung ist hier schon deutlich ausgeprägt.

Die meisten Marienbilder sind, wie erwähnt, mehr oder weniger unauffällig. Von großem Interesse dagegen sind wie überall die *Randphänomene*, denn hier treten immer die eigentlichen Probleme ans Tageslicht. Einem solchen Randphänomen will ich mich nun zuwenden, in welchen eine Trennung, d. h. Entfremdung zwischen Mutter und Kind, maximal augenfällig wird. Kunsthistorisch gesehen handelt es sich um *Geburts- oder Weihnachtsbilder*. Das zentrale Thema ist Maria, die ihr Neugeborenes anbetet, welches immer von der Mutter getrennt *auf dem Boden* liegt. Im Hintergrund sind Ochs und Esel erkennbar. Entdeckt habe ich dieses Phänomen am Portinari-Altar des niederländischen Malers Hugo van der Goes (Abb. 4). Maria und Jesus im Zentrum werden von einer ganzen Schar Menschen umgeben, von Joseph, den drei Hirten und schließlich von verschiedenen Engeln. Das Grauenhafte dieses Bildes aber ist das nackt auf dem Boden liegende Jesuskind, von dem ein Licht ausgeht, welches es fast leichenhaft erstarren lässt. Noch schrecklicher ist seine Körperhaltung, die ich nicht anders als »verkrüppelt« bezeichnen kann (Abb. 5). Als ich dieses sechs Meter breite Altarbild zum ersten Mal in den Uffizien gesehen habe, bin ich vor Kälte und Schreck wie angewurzelt stehengeblieben.

Vom selben Maler sei noch ein anderes Bild erwähnt, die *Anbetung der Hirten* (Abb. 6 und 7). Dieses Jesuskind in der Krippe drückt nur noch das nackte Grauen aus. Speziell gebannt war ich durch den leeren Ausdruck seiner Augen. Intuitiv habe ich angenommen, dieser Maler habe hier sein eigenes kindliches Selbst gemalt, Hugo van der Goes muss psychotisch gewesen sein, so mein Eindruck. Erst später habe ich erfahren, dass er tatsächlich an seinem Lebensende schizophren geworden ist.

Aber nicht nur Hugo van der Goes hat solche *»Krüppel«* gemalt, sondern auch sein Landsmann Robert Campin (Abb. 8 und 9). Bei diesem Bild möchte ich auf den fast rechtwinklig nach hinten abgewinkelten Kopf des Jesuskindes hinweisen. Die Nackenmuskulatur ist diejenige Muskulatur, welche ein Baby zuerst zu beherrschen lernt, um seinen Kopf aufrecht zu halten. In der Körperarbeit mit Patienten ist die Nackenregion eine der heikelsten und verletzlichsten Stellen in der gesamten Muskulatur. Vom Standpunkt eines Körpertherapeuten ist diese – fast scheint es abgeknickte – Kopfhaltung eines Babys eine qualvolle Stellung, schmerzhaft beim bloßen Anschauen.

Das nächste Beispiel stammt vom deutschen Maler Hans Holbein d.J. (Abb. 10 und 11). Wie ein kleiner Wurm liegt das Jesuskind zwischen seinen Eltern. Eine unheimliche Atmosphäre. Nur noch Panik und Schrecken strahlt von diesem kindlichen Körper aus.

Bisher habe ich die Beispiele aus den Niederlanden und aus Deutschland besprochen. Die *»Bodenkinder«*, wie ich sie benannt habe, sind in Italien entwickelt worden, und hier sind sie auch am häufigsten anzutreffen. In Italien gehört es fast zur »Pflicht« jedes Malers, mindestens einmal in seinem Leben ein Geburtsbild zu malen. Eindrücklich bei diesen italienischen Bodenkindern ist der Ausdruck ihrer Trostlosigkeit und Verlassenheit, hier dargestellt von Filippo Lippi (Abb. 12 und 13). Das Kind hat seinen Kopf völlig von der Mutter abgewandt, es erwartet nichts mehr von ihr. Einen Finger hat es im Mund, eine häufig dargestellte Geste der Selbstberuhigung. Mit der anderen Hand hält es seinen Ellenbogen, eine Hand, die ursprünglich wohl zur Mutter ausgestreckt war, die deren Aufmerksamkeit und Nähe wollte – eine Hand, die aber unterdessen »weiß«, da ist nichts zu holen, die Mutter lässt sich in ihrer Anbetung nicht stören. Dieses Bild von Filippo Lippi ist typisch für viele der italienischen Bodenkinder. Fast alle diese Kinder sind resigniert und enttäuscht, häufig von der Mutter abgewandt, den ganzen Körper haben sie zur Seite gedreht, die Hand im Mund, einen passiven und abwesenden Blick im Gesicht. Ihr Ausdruck scheint zu bedeuten: Von dieser Mutter ist nichts mehr zu erwarten. Trostlose Bilder haben sie hergestellt, die italienischen Maler.[109]

Ganz anders ist die Darstellung des Babys bei Botticelli (Abb. 14)! Auch dieses liegt nackt vor der anbetenden Mutter. Aber im Unterschied zu Filippo Lippi scheint dieses Kind mit Händen und Füßen nach seiner Mutter zu »rufen«, mit der letzten Faser seines Körpers scheint es die Aufmerksamkeit der Mutter auf sich zu lenken. Auch hier jedoch ist sie wieder angedeutet, die Resignation und Verzweiflung: Eine Hand ist beim Mund. Wichtig aber bei Botticelli ist der Kontrast zwischen Distanz (Abb. 14) und Nähe (Abb. 15). Bisher habe ich nämlich einseitig die Trennung und Entfremdung zwischen Maria und ihrem Jesuskind dargestellt. Eigentlich müsste ich bei fast jedem Maler auch ein Bild von großer Nähe und Zärtlichkeit daneben stellen. Oder anders ausgedrückt: Bei fast jedem Maler finden wir beide Extreme, Bilder von Distanz und Bilder von Nähe, wie hier an einem einzelnen Beispiel, an Botticelli, gezeigt. Doch damit sind wir mitten drin in der ambivalenten Einstellung der Mütter ihren Kindern gegenüber.

Randphänomene sind, wie gesagt, immer von hohem Interesse: Trennung und Entfremdung hier und als Gegenextrem eine erotisch-sexuelle Nähe dort. Aber bevor ich diese erotischen Bilder näher betrachte, sei betont, dass es auch eine *gute Nähe* gibt, in der sich das Kind nicht bedroht, sondern im Gegenteil ruhig und geborgen fühlt, siehe auch das soeben erwähnte Werk von Botticelli (Abb. 15). Eindrücklich ist diese Art von Nähe auch von Ambrogio Lorenzetti festgehalten worden (Abb. 16). Diese Mutter hält ihr Kind in einer Art und Weise, dass sich ihr Baby wirklich ruhig und geborgen in ihren Armen fühlen kann. Zärtlich hält es mit beiden Händen die Brust fest, gleichzeitig aber ist es durch den Betrachter abgelenkt, den das Kind aus den Augenwinkeln anschaut. Dies ist eine der Lieblingsbeschäftigungen der Kleinkinder in diesem Alter, nämlich mit der Brust im Mund entweder die Mutter oder aber die Umgebung, die Umwelt, zu erforschen.

Eine ähnliche Stille und Ruhe strahlt auch das Bild von Barent von Orley aus (Abb. 17). Hier liegt das Kind völlig entspannt im Schoß der Mutter, angelehnt an ihren Körper. Die Mutter verführt zwar das Kind mit einer Birne – wie Eva den Adam mit dem Apfel, ein beliebtes und immer wiederkehrendes Motiv in der Malerei –, aber das Kind lässt sich nicht stören und spielt vergnügt mit einer Kette. Als letztes Beispiel habe ich das Bild von Andrea Mantegna gewählt (Abb. 18), und zwar deswegen, weil das Kind in einer friedlichen und sehr liebevollen Art seine Arme um den Hals seiner Mutter geschlungen hat. Dabei ist sein Kopf gegen den der Mutter gelehnt. Sie ist keinesfalls bedrängend. Zärtlich hält sie ihr Kind am Körper, während ihre andere Hand schwach den Fuß des Kindes berührt, auch dies eine liebevolle Geste.

3.16 Die erotische Übernähe zwischen Maria und Jesus

Nähe ist jedoch nicht immer von einer solchen Ruhe, Zufriedenheit und Geborgenheit begleitet. Vergleichen wir das Jesuskind bei Mantegna mit demjenigen von Andrea della Robbia (Abb. 19), so liegen Welten dazwischen. Zwar sind beide Kinder nackt und zeigen ihr Geschlecht. Aber das Jesuskind bei Mantegna steht in einer kindlichen Weise auf seinen Füßen. Sehen wir uns dagegen die Stellung des kindlichen Beckens bei Andrea della Robbia an. Das ist kein Kind, sondern ein kleiner Geliebter! (Vgl. auch Abb. 20 bis 23.) Ich möchte den Leser auch auf die Lage der mütterlichen Hand am Hinterteil des Kindes aufmerksam machen, zudem ist ihr Blick ganz auf sein Geschlecht gerichtet. Die Atmosphäre dieses Bildes ist nicht mehr sinnlich-erotisch, sondern direkt und eindeutig sexuell. Dazu gehört auch der sinnlich in den Mund geschobene Finger des kleinen Knaben. Bei Jan Gossaert (Abb. 20) ist die Verführung der Mutter noch deutlicher dargestellt. Sicher hat sie ihren Busen entblößt, weil sie ihr Kind gestillt hat. Aber die im Bild festgehaltene Stellung von Mutter und Kind hat nichts mit Stillen zu tun, hier drückt die Mutter nur noch sinnlich ihre Brust gegen den Bauch des Kindes. Und der Junge hält stolz den Apfel, womit ihn Maria, die »neue Eva«, verführt hat. Ein perfektes Paar. Übrigens sind die Niederländer Meister in der Darstellung von solch sinnlich-sexuellen Stillszenen. Bei Jan van Hemessen (Abb. 21) öffnet Maria die Schenkel des Kindes, damit sein Geschlecht noch deutlicher in Erscheinung tritt. Der Knabe liebkost zudem mit seiner Hand das Kinn der Mutter, eine eindeutige Geste. In der Malerei oder auch in der Literatur wird früher nicht direkt beschrieben, wie zwei Menschen miteinander eine sexuelle Beziehung pflegen. Aber die Hand am Kinn ist ein klarer Ausdruck von höchster Erotik.[110] Kinder, die ihre Mütter zärtlich liebkosen und dabei am Kinn berühren, können in der italienischen Malerei in vielen Variationen gefunden werden.

Aber es wird nicht nur gestreichelt und liebkost, sondern auch geküsst, und zwar von Mund zu Mund, sei das in den Niederlanden (Quentin Massys, Abb. 22) oder in Deutschland/Böhmen (Meister von Hohenfurth, Abb. 23). Speziell aufmerksam machen möchte ich auf den halb geöffneten Mund des Kindes bei Massys, zudem auf die Stellung der Augen sowohl bei der Mutter wie beim Kind, ein perfekter Schlafzimmerblick. Der durchsichtige Schleier in der Hand der Mutter erhöht noch die sexuelle Spannung. Massys hat übrigens wiederholt dargestellt, wie Mutter und Kind flirten. Das Motiv der Mutter, die ihr Kind auf den Mund küsst, wird später von seinem Landsmann Barent von Orley wieder aufgenommen. Beim Meister von Hohenfurth (Abb. 23) wird nicht einfach nur geküsst. Hier liegt das Baby im Bett der Mutter. Die Stellung der beiden ist eindeutig sexuell. Mit dem Blick »frisst« die Mutter zudem ihren Sohn fast auf. Die Augen aller Menschen auf dem Bild sind auf dieses Liebespaar gerichtet. Nur Joseph ist ganz ins Badewasser vertieft, er sieht und will nicht sehen, was hinter seinem Rücken geschieht.

Alles übertrieben? Der Kunsthistoriker Leo Steinberg hat in seinem Buch *The Sexuality of Christ in Renaissance Art and in Modern Oblivion* eindeutiges Bildmaterial veröffentlicht: Darin wird das Jesuskind in beliebigen Stellungen und Posen gezeigt, wie es sich selbst an seinen Penis fasst, wie die Mutter direkt danach greift, wie in späteren Zeiten solche Posen diskret mit Schleier und Kleidern retuschiert und zugedeckt worden sind. Das Kind zieht zudem selber das sein Geschlecht bedeckende Tuch weg, um sich zu zeigen, bis es schließlich im 16. Jahrhundert sein Geschlechtsteil prahlerisch zur Schau stellt, häufig als Mittelpunkt des Bildes. Könige, die das Kind anbeten, schauen mit prüfendem Blick zwischen seine Schenkel, und Maria öffnet sie, um den Penis des Kindes besser zu präsentieren. Eindrücklich sind auch die Nacktheit von Christus am Kreuz und die großen erigierten Phalli beim gemarterten und gegeißelten Christus, beim Schmerzensmann. Ein umwerfendes Bildmaterial, welches Steinberg gesammelt hat. Die Hüllen beginnen übrigens ab 1260 langsam und allmählich zu fallen, sodass schon in der Mitte des 14. Jahrhunderts die ersten ganz nackten Jesuskinder auftauchen, während alle übrigen Menschen noch mehr als ein Jahrhundert »züchtig« bekleidet bleiben. Es sei nicht verständlich, warum wir während 500 Jahren die Sexualität dieses Jesuskindes übersehen konnten, so Steinberg.[111] Er deutet übrigens die Sexualität und Nacktheit von Jesus ebenso einleuchtend wie einseitig: Das Geschlecht ist Symbol dafür, dass der Sohn Gottes wirklich Mensch geworden ist. Und er ist Mensch geworden nicht als impotenter Mann, sondern begabt mit einer starken Sexualität, die er als keuscher Mann zu zügeln weiß, ein Zeichen seiner wirklich asketischen Haltung.

Das Jesuskind wird also seit dem 13./14. Jahrhundert nackt dargestellt. Maria bleibt dagegen immer bekleidet! Wird auch die Mutter von den Malern ausgezogen, darf sie nicht weiter Maria heißen. Das Thema heißt jetzt: Venus, die Liebesgöttin, und ihr Sohn Amor. Amor wird meist dargestellt als kleines Kind mit Engelsflügeln. Im Beispiel von Tizian (Abb. 24) hat er seinen Köcher und Bogen abgelegt, mit welchem er die Menschen zur Liebe entflammt, um sich liebevoll und zärtlich ausschließlich seiner Mutter zuzuwenden. Was Venus und Amor wirklich treiben, hat Bronzino in seiner *Allegorie der Liebe* dann eindeutig festgehalten (Abb. 25). Entsprechend wütend, hilflos und ohnmächtig ist der Vater am oberen Bildrand. Links im Bild rauft sich eine Gestalt vor Eifersucht die Haare. Die Verführung des Sohnes durch die Mutter ist perfekt, es ist der Triumph der Venus, der Mutter, über ihren Sohn!

Wenn ich die Marienbilder schon verlassen habe, sei noch ein weltberühmtes Gemälde erwähnt: Giorgiones *Gewitter* (Abb. 26). Es stellt die erste nackte Mutter dar, entstanden 1506. Settis[112] hat anhand von reichem Bildmaterial nachgewiesen, dass die Personen auf dem Bild Adam und Eva sein müssen, Eva, die ihr Baby Kain stillt. Das Gewitter deutet er als Vertreibung aus dem Paradies, die beiden abgebrochenen Säulen als die Vorahnung der Menschen vom Tod. Diese Deutung von Settis möchte ich ergänzen. Wie wir wissen, ist das Hauptthema in der damaligen Zeit Maria und ihr Jesuskind. Notwendige Kulisse im Hintergrund, vor allem bei den Geburtsbildern, bildet meist ein Stall aus Holz. Fast noch beliebter ist ein zerfallenes Mauerwerk, meist mit zwei Rundbogen oder mit zwei Säulen versehen: Beide Kulissen sind auf Giorgiones Bild vorhanden. Auch hier handelt es sich somit um einen »Überrest« von Maria und Jesus. Werden die Deutungen von Settis und von mir zusammengenommen, so ergibt sich folgende Synthese: Die stillende Mutter ist einmal Eva, ein andermal Maria, das Baby ist entsprechend Kain oder Jesus. Und die Erwartung der Mutter an ihren Sohn? Er muss gleichzeitig zum Mörder und zum Erlöser werden. So gesehen ist Giorgiones *Gewitter* der Inbegriff der zwiespältigen Einstellung einer Mutter zu ihrem Kind.

Und die Säulen? Schauen wir die beiden Abbildungen 27 und 28 etwas genauer an. Einleitend sei eine kleine Ergänzung aus dem Alten Testament erwähnt. Salomon mit seinen tausend Frauen hat vor seinem Heiligtum, dem Tempel, zwei kostbare und hohe Säulen errichten lassen, mit Namen Jachin und Boas. Wörtlich aus dem Hebräischen übersetzt heißt Jachin: »Er ist aufgerichtet« und Boas: »In ihm ist Kraft«. Die sexuelle Bedeutung ist nicht zu übersehen, und das hat Salomon ja auch gebraucht bei seinen tausend Frauen. Schauen wir uns jetzt die *Madonna Pesaro* von Tizian näher an (Abb. 27), Vater und Sohn sind hier abgebildet. Im Hintergrund der beiden stehen die beiden Säulen, die verborgene phallische Vorstellung der Mutter. So also sieht der psychische Hintergrund von Maria aus, die nicht mal fähig ist, sich eine Sünde vorzustellen! Dabei ist die Säule hinter dem Jesusbaby klar ersichtlich dicker und plastischer als diejenige hinter Joseph. Wer hier das eigentliche Liebespaar darstellt, ist eindeutig. Vergleichen wir dieses mit dem Liebespaar von Correggio (Abb. 28). Man beachte, mit welcher Liebe und Sorgfalt der Penis des Jesuskindes gemalt worden ist, er bildet praktisch das Zentrum des Bildes. Entsprechend mächtig, fast unendlich groß, ist die Säule direkt hinter diesem Baby. Im Hintergrund arbeitet Joseph, die unscheinbar kleine und gedrungene Vatergestalt. Die Säule über ihm ist entsprechend entfernt und zerbrochen! So zerbrochen fühlt sich der Vater, kastriert, im Schatten des Liebespaares Mutter und Sohn – so interpretiert Correggio die Heilige Familie. Werfen wir jetzt noch mal einen Blick zurück auf die beiden Säulen im Zentrum von Giorgiones *Gewitter:* Sowohl die große wie die kleine Säule sind abgebrochen. Durch die übergroße Sinnlichkeit und Bedürftigkeit der Mutter fühlen sich somit beide kastriert, Vater und Sohn.

In der *Vision des heiligen Hieronymus* von Parmigianino zeigt Johannes der Täufer mit einem fast unheimlich anmutenden Zeigefinger auf das eigentliche Traumpaar der damaligen Zeit (Abb. 29). Hier betritt Ödipus die Bühne – Ödipus, wie er leibt und lebt. Beachtenswert ist die ohnmächtig auf dem Boden liegende nackte Vatergestalt, nur seine Geschlechtsregion ist bedeckt von einem feuerroten Tuch. Wenn der Heilige so von seiner Mutter verführt worden ist als Kind, wird vielleicht verständlich, warum er ein Leben lang um seine Keuschheit gerungen hat.

Mit dem letzten Bild sind wir tief ins 16. Jahrhundert hineingeraten. Die Verführung des Sohnes durch die Mutter ist hier perfekt dargestellt. Gibt es Vorläufer dieser sexuellen Verführung, und wie sind sie inszeniert? Im 15. Jahrhundert wird die Mutter Maria häufig als die »neue Eva« abgebildet, die ihr Kind mit dem Apfel verführt. Verführt wird auch mit anderen Früchten, mit Birnen, Trauben oder Kirschen. Neben diesen Früchten taucht vor allem im Italien des 14. Jahrhunderts immer wieder das Motiv eines Vogels auf, den das Kind in seiner Hand festhält (Abb. 30 von Bernardo Daddi). Das Jesuskind kann in anderen Darstellungen das Vögelchen auch mit beiden Händen an den Flügeln halten, es ängstlich in seiner Hand verbergen oder triumphierend in die Höhe halten; dargestellt wird auch, wie das Kind mit diesem Vogel spielt, beispielsweise den Finger in seinen Schnabel hält, oder aber der Vogel hängt halb tot in seiner Hand (vgl. auch Abb. 38). Was bedeutet dieser Vogel? Wie gelangt er in die Hand des Kindes? Bernardo Daddi gibt auch darauf eine Antwort (Abb. 31): Es ist die Mutter, die ihn dem Kind anbietet. Und Vogel heißt auf italienisch *uccello*, was zugleich ein Synonym ist für das männliche Geschlecht. Das deutsche Wort »vögeln« brauche ich nicht näher zu erklären. Oder auf dem Bild *Der Garten der Lüste* von Hieronymus Bosch, auf dem sich unendlich viele Menschen nackt herumtummeln, ist der Himmel mit Vögeln angefüllt. Die Symbolik ist eindeutig und klar.

Der Vogel ist somit Ausdruck der sexuellen Verführung des Kindes durch die Mutter. Und dieser Vogel macht Angst, sehen wir uns Abbildung 33 an, eines der verrückten Kinderbilder, die in Italien gemalt worden sind, von einem unbekannten Künstler, dem Meister der »Sant Agostino Maestà«. Dieses Kind ist zu Tode erschrocken, es gibt wohl kein anderes kindliches Entsetzen, das in einer so großartigen Weise festgehalten worden ist. Aber wenn wir uns die Agostino Maestà als ganzes Bild ansehen (Abb. 32), dann ist das Kind gar nicht über den von der Mutter angebotenen Vogel erschrocken, sondern sein Blick fällt auf den abgeschnittenen Kopf, den eine Heilige auf einem Tablett präsentiert. Dahinter werden noch die abgeschnittenen Brüste einer Frau auf einem Teller hereingetragen. In der Darstellung der Judith kennen wir die Bedeutung des abgeschnittenen Kopfes von Holofernes als Kastrationsdrohung beim Empfinden sexuellen Genusses. »Kastriert« werden also beide, dem Mann wie der Frau werden die Sexualorgane abgeschnitten, wenn sie es wagen sollten, Lust zu empfinden. Das also ist es, worüber der Kleine so maßlos erschrocken ist!

Schauen wir uns die nächsten beiden Bilder an, es sind rührende Stillszenen aus der Schule des Leonardo da Vinci (Abb. 34 und 35). Aber diese Szenen sind ein bisschen zu sinnlich, um niedlich zu sein. Maria bietet hier die Brust an; auf anderen Bildern »verführt« Maria das Kind eher mit dem Apfel. Brust und Apfel sind häufig austauschbar. In Italien entstehen in dieser Zeit eine ganze Reihe solcher und ähnlich sinnlicher Stillbilder, Boltraffio, Giampetrino und Andrea Solario sind die wichtigsten Namen. Diese Maler sind meist Schüler von Leonardo. Freud hat mit *Eine Kindheitserinnerung des Leonardo da Vinci* eine wichtige Arbeit über diesen Maler geschrieben.[113] Er ist ein uneheliches Kind. Schon im Jahr der Geburt hat sein Vater die Familie verlassen, um eine vornehme Frau zu heiraten. Der kleine Knabe Leonardo wächst mit der Mutter alleine auf. Über seine Kindheit berichtet er später: »Es kommt mir als eine ganz frühe Erinnerung in den Sinn, als ich noch in der Wiege lag, ist ein Geier zu mir herabgekommen, hat mir den Mund mit seinem Schwanz geöffnet und viele Male mit diesem seinem Schwanz gegen meine Lippen gestoßen.«

Freud deutet diese Kindheitserinnerung so, dass die einsame Mutter ihren kleinen Sohn als Partnerersatz missbrauchte. Was zunächst nach einer homosexuellen Verführung klingt, war in Wirklichkeit seine ihn beim Stillen missbrauchende Mutter – eine Mutter, die beim Sohn Trost sucht, nachdem sie von ihrem Mann verlassen worden ist. Die stillende Mutter wird in Fantasie und Erinnerung des Leonardo, so Freud, zu einem Geier, der ihm den Schwanz in den Mund steckt, ihn mit der Brust »vergewaltigt«. Als Folge dieser traumatischen Kindheitssituation ist Leonardo homosexuell geworden, er konnte ein Leben lang keine Beziehung zu einer Frau eingehen.[114] Und seine ihn bewundernden (mit ihm homosexuell verbundenen?) Schüler malten immer wieder sinnliche Stillbilder (wie Abb. 34 und 35). Die Wahrscheinlichkeit ist hoch, dass all diese Meister ein ähnliches oder vergleichbares Kinderschicksal und entsprechende Verletzungen erlebt haben wie Leonardo: Eine Frau, die sich von ihrem Mann verlassen fühlt, wird depressiv. Eine solchermaßen sexuell und emotional frustrierte Mutter ist gefährdet, die ganze Liebe ihrem Kind zu schenken. Der Sohn ist dann ihr heimlicher Liebhaber, seine Erotik und Sexualität wird dadurch frühzeitig geweckt. Dies ist ein wichtiger, wenn nicht sogar der wichtigste Ursprung der Hypersexualität der damaligen Zeit – oder aber der Umkehr davon: der »Flucht« in die Homosexualität.

3.17 Die depressiven Mütter

Wie erleben solche Kinder ihre Mütter? Aus der Erfahrung mit Patienten der heutigen Zeit wissen wir, dass Kinder alles erspüren und erahnen. Je jünger sie sind, desto schonungsloser offen ist das Unbewusste der Mutter für sie. Kleinkinder »wissen alles« über ihre Eltern, sie spüren deren sexuelle Unerfülltheit. Sie wissen um die geheimen depressiven Verstimmungen ihrer Mütter. Eindrücklich ist auch dies in Bildern festgehalten worden. Auffällig ist der oft traurig-depressive Ausdruck in den Augen der Maria. Häufig senkt sie auch ihren Kopf in Richtung des Kindes, sie überträgt ihre Depressivität auf das Baby. Entsprechend ist der Kopf des Jesuskindes nach hinten abgewinkelt (Abb. 20, 36 bis 41). Und dies ist Kennzeichen von allen depressiven, verlassenen und von ihren Männern enttäuschten Müttern, die sich ihre Kinder, vor allem die Knaben, als ihre heimlichen Liebhaber nehmen. Beim Meister von Hohenfurth (Abb. 23) ist der Kopf des Kindes fast, beim Böhmischen Meister (Abb. 40) sogar exakt um 90 Grad abgewinkelt. Dies sind grauenhafte Bilder, Bilder von Müttern, die ihre Kinder mit ihrer Depressivität und ihrer sexuellen Unerfülltheit erdrücken, ja erschlagen.

Aber das Kind wird auch direkt bedroht von seiner Mutter. Ausdruck davon ist der direkte Blick von Auge zu Auge, so bei Ambrogio Lorenzetti (Abb. 36) oder auch bei dem Niederländer Dieric Bouts (Abb. 37). Dieses Motiv taucht in der Malerei immer wieder auf. Auch dazu eine Ergänzung aus der heutigen Zeit: Es ist eine Lieblingsbeschäftigung des Kindes, in die Augen der Mutter zu schauen, und dies sofort nach der Geburt wie auch während des ganzen ersten Lebensjahres. Aber immer besteht eine Distanz von mindestens 20 bis 30 Zentimetern zwischen beiden Augenpaaren. Hält eine Mutter ihr Kind dagegen ganz geborgen an ihrem Körper, Kopf an Kopf geschmiegt, so hält sie es instinktiv immer so, dass das Baby in dieser innigen Berührung nie sie selbst, sondern immer die Umgebung anschaut. Kontakt von Auge zu Auge aus einer geringen Distanz ist Ausdruck einer maximalen Bedrohung. Mütter, wie sie von Lorenzetti oder Bouts dargestellt worden sind, machen ihre Kinder direkt psychotisch.

Und die Reaktion des Kindes? Immer ist es der verführte Verführer, unablässig muss es die Mutter erotisch-sexuell erheitern. Da wird am Kinn berührt, geküsst, umarmt, die Wange gestreichelt. Andererseits wird das Kind von der Frustration, Unerfülltheit und Depressivität der eigenen Mutter erdrückt, eindringlich dargestellt von Petronilla Meister (Abb. 38) oder Piero di Cosimo (Abb. 39). Auffällig bei beiden Bildern ist der depressive Ausdruck im Blick des Kindes; beide Mütter lassen ihren Kopf schwer auf demjenigen des Kindes ruhen, und der Überrest eines Vogels hängt traurig und leblos in der Hand des Knaben (Abb. 38). Ganz anders bei Mantegna (Abb. 18), wo der Kleine seinen Kopf an die Mutter lehnt. Schließlich kann das Kind, das von der Lüsternheit der Mutter erschlagen wird, nur noch abwehrend seine Hand gegen ihren Kopf halten oder ihn wegschieben, wie beim Böhmischen Meister (Abb. 40). Aber das wohl erschütterndste Dokument stammt vom Pompana Meister (Abb. 41). Auch dieses Kind streckt beide Hände abwehrend gegen die Mutter aus. Viel eindringlicher als diese Geste aber ist der Ausdruck in seinen Augen: nur noch Leere, Schreck und Panik. Der Betrachter achte auf die kindlichen »Sartre-Augen«, die auseinandergehen! Und gleichzeitig sehen wir die traurig-depressiven Augen der Mutter, die mit ihrem Blick ihr Kind in sich ertrinken lässt. Kann die Symbiose einer Mutter mit ihrem Kind großartiger dargestellt werden?

Wieder habe ich nur von der Mutter-Kind-Beziehung gesprochen und den Vater beiseite gelassen. Aber das ist kein Zufall – Joseph fehlt auf den meisten Bildern! Ist er vorhanden, wird er ganz in sich eingesunken dargestellt (Abb. 14), oder er schläft, wie bei Giotto (Abb. 42). Er kann auch irgendeine fast sinnlose Tätigkeit verrichten (Abb. 23), oder er arbeitet als kleine unscheinbare Gestalt im Dunkeln, im Hintergrund (Abb. 28).[115] Es herrscht wirklich eine ödipale Allmacht in all diesen Bildern. Da ist die Mutter völlig fixiert auf ihren Sohn – sie braucht keinen Mann mehr!

Unter all den Tausenden von Marienbildern, die ich durchgesehen habe, fand ich nur eine Darstellung der Heiligen Familie von Raffael, wo Joseph als Vater wirklich in Erscheinung tritt und eine warme Beziehung zu seinem Sohn hat (Abb. 43). Das Jesuskind strebt hier aktiv zum Vater hin, Joseph und Jesus schauen sich sogar gegenseitig an. Die kleinen Hände des Kindes ruhen in der großen des Vaters, und die Mutter ist nicht auf ihr Kind fixiert, sondern schaut ihren Mann liebevoll an. Ein einziges Bild unter Tausenden!

Weil die Väter fehlen, müssen die Söhne sie ersetzen. Schon erwähnt habe ich das Phänomen, dass Kinder, je jünger sie sind, desto genauer die unerfüllten Wünsche ihrer Mütter kennen. Deswegen gibt es die vielen liebevollen und zärtlichen Gesten der Kinder auf den Marienbildern. Aber sie sind auch ängstlich, sie machen sich Sorgen um ihre Mütter, um ihre Depressivität und Verlorenheit. Damit aber werden die Babys zu »Müttern«, sie sind es, die ihre Mütter bewachen, sich um ihre Verlassenheit sorgen müssen. Hier sind die Rollen vertauscht zwischen Mutter und Kind, in der Fachsprache wird das als Parentifikation bezeichnet. Eindringlich ist das dargestellt bei Gerard David (Abb. 44) und in der Schule von Botticelli (Abb. 45). Es sind dies Kinder, die nie Kinder sein dürfen, weil sie immer auf ihre Eltern, auf ihre Mütter aufpassen müssen – der letzte Akt im Drama der Mutter-Kind-Beziehung.

3.18 Die Bedeutung der Marienbilder

Ich bin in diesem Kapitel davon ausgegangen, dass mit der Höherentwicklung unserer Kultur und Zivilisation – als notwendige Anpassung – eine Entfremdung zwischen Mutter und Kind stattgefunden hat. Das Baby hat des Nachts den letzten Rest an beruhigender Wirkung des Körperkontaktes mit der Mutter verloren und wird in die Wiege verbannt. Eine Nebenepisode? Sie ist zum *beherrschenden Thema* in der Malerei vom 13. bis zum 16. Jahrhundert geworden, verstreut über das ganze westliche Abendland, besonders aber in den Städtezentren von Italien, Deutschland und den Niederlanden, Ländern also, in welchen die neue Wirtschaftsform des Handelskapitalismus entwickelt worden ist – sicher kein Zufall. Die *Bodenkinder*, die ab dem 14. Jahrhundert in der italienischen Malerei auftauchen und von dort über ganz Europa ihre Ausbreitung finden, verstehe ich als Zeichen dieser *Trennung und Entfremdung* zwischen Mutter und Kind. Der hilflos am Boden liegende Wurm, leichenhaft, »verkrüppelt«, jedenfalls total verlassen – und trotzdem angebeteter Mittelpunkt –, ist Ausdruck dieser inneren Vereinsamung der Menschen in ihrer Kleinkinderzeit, Ausdruck des vor allem nächtlichen Schreiens.

Aber das Kind liegt nicht nur hilflos, sondern auch nackt auf dem Boden, und nackt ist es auch in den Armen der Mutter. Hier wird geschäkert, geflirtet, liebkost und umarmt, geküsst und »gevögelt«. Maria ist zur großen Verführerin geworden, sie ist die neue Eva, die nun nicht mehr ihren Mann, sondern ihren Sohn verführt. Je unschuldiger sich die Menschen Maria vorstellen, desto mehr hält sie sich erotisch und sexuell schadlos an ihrem Sohn. Die *Nacktheit der Jesuskinder* verstehe ich als Ausdruck der sexuellen Unerfülltheit der Frauen, Ausdruck ihrer Verlassenheit und Depressivität. Und je vereinsamter das Kind auf dem Boden dargestellt wird, desto mehr wird es auf der anderen Seite sinnlich, erotisch, sexuell von der Mutter missbraucht. Es ist dies die klassische Spaltung der Frauen. Auf der einen Seite treten die Mordimpulse der Mütter zutage, wenn sie ihre Kinder vor allem nachts schreien hören, auf der anderen Seite steigen ihre Erotik und Sexualität den Söhnen gegenüber entsprechend an.

Die *Ambivalenz* der Mütter ihren Kindern gegenüber und wie sie von den damaligen Malern erlebt und in den Marienbildern zur Darstellung gebracht worden ist, dies aufzuzeigen war hier mein Anliegen. Diese gespaltene Einstellung der Mutter zu ihrem Kind möchte ich zusammenfassend mit einem Bild des Schweizer Malers, Giovanni Segantini, aufzeigen. Auf der rechten Hälfte seines Bildes *Die bösen Mütter*, entstanden 1894 (Abb. 46), sehe ich die großartige Darstellung einer sexuell verführenden Mutter, wie sie ihre Brüste höchst erotisch entblößt (Abb. 48). Und ihr kleines Kind besteht nur aus einem Kopf, welcher die Funktion hat, die unerfüllten erotisch-sexuellen Bedürfnisse seiner Mutter zu befriedigen. Auf der linken Bildhälfte, mehr im Hintergrund, erkennen wir eine Mutter, die soeben geboren hat. Wie die sinnlich verführende Mutter ist auch sie an ihren Haaren in einem Baum aufgehängt. Unter ihrem Rock erscheint eine Nabelschnur, welche in einem Babykopf endet (Abb. 47). Sind die Risse auf dem Eis die Ärmchen des Kindes, mit welchen es sich aufzustützen versucht? Oder sind es vielleicht Sprünge im Schnee, und der Kopf des Kindes bricht sich einen Weg durch diese Eiswüste? Ich sehe in diesem Bildausschnitt das in Kälte erstarrte Baby, Symbol der kleinkindlichen Panik und seiner Verlassenheit durch die Mutter nach der Geburt. Und hinter dieser »eiskalten« Mutter folgt eine unendliche Reihe weiterer Mütter, die ineinander verschmelzen und schließlich zu Stein, Fels und Eis werden (Abb. 46 Mitte).[116] Für mein Gefühl ist damit ins Bild gebannt, wie die Seele eines Kleinkindes, das immer wieder von der Mutter verlassen wird, langsam zu Fels und Eis erstarrt. Und im Vordergrund befindet sich die alles dominierende und verführende Mutter. Hier bei Segantini ist die zwiespältige Einstellung einer Mutter ihrem Kind gegenüber in einer grandiosen Weise in einem einzigen Bild dargestellt.

Ich habe aufgezeigt, wie die Männer aus ihrer hypersexuellen Bedürftigkeit heraus ihre Frauen als Hexen verbrannt haben. Habe ich damit die Schuld verlagert? Sind die Frauen schuld an allem Übel, weil sie ihre Kinder so gespalten, so zwiespältig erleben? Ist ein neuer Sündenbock geschaffen? Keineswegs! Vielmehr haben die Frauen sich von ihren Kindern trennen *müssen*. Die Priester haben es ihnen vorgeschrieben. Und auch die Priester sind nicht schuld; zuerst waren sie Sprachrohr der Kultur und Zivilisation, später waren es die Ärzte, und morgen werden es vielleicht die Psychotherapeuten sein. Es ist ein Prozess der Entfremdung, der wie ein Zwang zum System gehört. So gesehen sind auch die Männer nicht schuld, dass sie ihre Frauen als Hexen verbrannt haben, sondern auch sie waren Opfers ihrer Ängste.

Um es abschließend klarzustellen: Ich habe in diesem Kapitel nie Maria als Person, als reale Mutter von Jesus gemeint. Sondern das alles beherrschende Thema jener Zeit konnte aufgrund der dominierenden christlichen Kultur nicht anders abgehandelt werden als in der Darstellung der Maria mit ihrem Kind. Maria ist Ausdruck der kollektiven Mütterlichkeit, gesehen und interpretiert nach den *inneren Bildern der Maler*. Aber ebenso wie der *Hexenhammer* nicht einfach die Psychose der Priester widerspiegelt, sondern über ihr Wissen als Beichtväter die Ängste der damaligen Menschen bloßlegt, so sind auch diese Marienbilder nicht einfach Produkte der »kranken« Fantasien der Maler, sondern sie sind Ausdruck der Mentalität im Mittelalter und in der Renaissance: Sie zeigen einen tiefen Wahrheitsgehalt der Beziehung der damaligen Mütter zu ihren Kleinkindern auf.

3.19 Das verlassene Kind im höfischen Roman

Nur kurz sei angedeutet, dass schon ähnliche Themen wie in den Marienbildern einige Jahrhunderte früher in den Liebes- oder Ritterromanen des 12. und 13. Jahrhunderts aufgetaucht sind. Ich habe hierfür drei Beispiele ausgewählt: *Tristan*, *Parzival* und *Lancelot*.

Tristan von Gottfried von Strassburg:[117] Dies ist das große Epos einer verbotenen Liebe zwischen Tristan und Isolde, verboten deshalb, weil Isolde mit Marke verheiratet ist. Marke ist der Onkel von Tristan, der ihn als Waisenkind an seinem Hof aufgenommen hat. Er ist somit ein vielgeliebter »Vater« von Tristan. Eine total ausweglose Dreieckssituation.

Was für eine Kleinkinderzeit erlebt dieser Held Tristan? Riwalin, sein Vater, wird in einer Schlacht lebensgefährlich verwundet. Seine Frau Blancheflur rettet sein Leben, indem sie mit ihm schläft und dabei mit Tristan schwanger wird. Im nächsten Krieg stirbt Riwalin, und dies noch vor der Geburt seines Sohnes. Durch diese Nachricht wird seine Frau von so tödlichem Kummer erfüllt, dass sie nicht mehr weinen kann, ihr Herz bleibt versteinert – Ausdruck der höchstmöglichen Depression und Verzweiflung. In diesem Schock gebiert sie ihren Sohn, eine Geburt, die vier Tage lang andauert, und stirbt kurze Zeit danach.

Das Kind kommt dann als Vollwaise zu Pflegeeltern, die ihm den Namen Tristan geben, weil es in Traurigkeit (tristesse) empfangen und in Traurigkeit geboren wurde und all sein Leben und Tod von Traurigkeit bestimmt sein werden. Im Namen des Tristan liegt somit sein ganzes verzweifeltes Kleinkinder-Schicksal verborgen. Diese nie erlösbare, nie zu stillende Trauer ist Ursprung für all die traurige und leidvolle Liebe und Sehnsucht des schönen Tristan zu seiner ebenso schönen Isolde, der Frau Markes. Diese Liebe ist nicht lebbar, weil Tristan gleichzeitig in einer tiefen inneren Verbindung zu seinem Onkel Marke, seinem idealen Vater, steht. Es ist somit die Geschichte einer Liebe, die aus einer immerwährenden schmerzhaften Trennung und einer ebenso heftigen und unerfüllbaren Sehnsucht der beiden Liebenden besteht. Eine Liebe, die bis an die Grenze des menschlich Ertragbaren reicht, eine Sehnsucht, an der Tristan und Isolde letztlich verglühen.

Parzival von Wolfram von Eschenbach:[118] Gachmuret, der Vater von Parzival, ist der große Sucher nach Kriegs- und Liebesabenteuern. Endlich ausgetobt, kehrt er in seine Heimat zurück und heiratet die Königin Herzeloyde. Er zeugt mit ihr ein Kind und zieht kurze Zeit später wieder in den Krieg, wo er erschlagen wird. Wie Tristan lernt auch Parzival seinen Vater nie persönlich kennen – das Motiv des vom Vater verlassenen Sohnes zieht sich wie ein roter Faden durch alle Ritterromane.

Die Botschaft vom Tod ihres Mannes trifft die hochschwangere Herzeloyde so hart, dass sie bis an die Grenzen des Wahns gelangt und mit dem Tod zu ringen beginnt. Sie kann sich aber schließlich selber trösten, indem sie den Lebenskeim ihres vielgeliebten Mannes in sich spürt, und diesem Kind will sie »Gattin (!) und Mutter«[119] zugleich sein. Die

Geburt von Parzival ist so schwer, dass die Mutter daran beinahe stirbt. Von ihrem unendlichen Schmerz aber kann sie sich erholen, indem sie zwischen seine Beine schaut, dort sein Geschlecht entdeckt und ihr Kind zu herzen und liebkosen beginnt, weil es wie ein rechter Mann gebaut ist. Und sie küsst es immer wieder, denn es scheint ihr, als hätte sie Gachmuret in ihren Armen. »Ihre Augen regneten Tränen auf das Knäblein, denn sie war eine rechte Frau [...] Sie war glücklich über die Geburt des Sohnes, doch ihre Freude ertrank im Strom ihres Leides.«

Herzeloyde verzichtet in ihrem Leben auf alle irdische Macht und allen Reichtum, um sich zusammen mit ihrem Sohn in die völlige Einsamkeit des Waldes zurückzuziehen. Sie macht sich Sorgen, dass ihr Sohn das gleiche Schicksal erleiden könnte wie sein Vater, deshalb darf Parzival nie etwas von Rittern hören. Vor der Kulisse dieser Waldeinsamkeit zeichnet Wolfram das Bild einer überfürsorglichen Mutter in einer geradezu großartigen Weise: Der kleine Parzival entdeckt den Pfeilbogen, um nach Vögeln zu schießen. Seine große Trauer besteht allerdings darin, dass tote Vögel anschließend nicht mehr singen. Er weint und rauft sich deswegen aus Verzweiflung die Haare. Wie die Königin Herzeloyde dies vernimmt, lässt sie – um ihrem Sohn jeden Kummer zu ersparen – alle Vögel töten. Es ist dies die Schilderung einer überbehütenden Mutter, die in ihrer ganzen Depressivität auf den Mann fixiert bleibt, der sie verlassen hat, und dabei ihre Liebe ausschließlich auf ihren Sohn überträgt. Als Parzival seiner Mutter der toten Vögel wegen Vorwürfe macht, küsst sie ihn zur Beschwichtigung auf den Mund.

Aber eines Tages kommt das Unglück. Parzival entdeckt im Wald einen Ritter und glaubt, das wäre Gott. Es gibt für ihn nur noch den Wunsch, Ritter zu werden. Und die Mutter in ihrem Kummer weiß sich keinen anderen Rat, als dem jugendlichen Sohn ein Narrenkleid zu nähen und ihm dies als seine »Ritterrüstung« zu schenken. Als Wahnsinniger verkleidet,[120] so hofft sie, wird Parzival von anderen Menschen nur verlacht und geschlagen und muss so zu seiner Mutter zurückkehren. In seiner Naivität versteht der Sohn das nicht, zieht das Narrenkleid an und verlässt seine Mutter. Nach dieser Trennung stirbt sie – an *Herzeleid*.

Wolfram von Eschenbach hat in dieser Geburts- und Jugendgeschichte in einer großartigen Dynamik genau das umrissen, was ich anhand der 200 bis 400 Jahre später entstandenen Marienbilder aufgezeigt habe. Auf der einen Seite wird das Kind Parzival verlassen, hier von seinem Vater Gachmuret, und auf der anderen Seite wird es durch die Liebe, Nähe und Überfürsorglichkeit der Mutter erdrückt, die ihren Sohn für immer an sich binden will. Wie für Tristan ist auch für Parzival dieses Kleinkinder-Schicksal zwischen Verlassenheit und Übernähe die Grundlage seines Charakters und seines Schicksals. Parzival ist ein Tor, der sein Leben dafür einsetzen muss, das Narrenkleid der Mutter wirklich abzustreifen. Er heiratet Condwiramurs, die er, nach der Zeugung eines Kindes mit ihr, aus einem inneren Zwang heraus sofort wieder verlassen muss, um seine Mutter zu suchen.

Im zweiten Teil des Romans wird die Heldenfigur von Wolfram von Eschenbach in zwei Teilaspekte aufgeteilt. Hauptheld ist jetzt Gawein, ein Ritter aus der Tafelrunde des Königs Artus, der sich von einem Liebesabenteuer ins nächste stürzt. Zwanghaft muss Gawein jeder Frau dienen. Dies ist das höfische Ideal der Minne, d. h. der Liebe. Parzival selbst verkümmert zur Schattenexistenz, zum ewig Suchenden nach dem Geheimnis des Grals.[121] Er beginnt schließlich auch an der Existenz Gottes zu zweifeln und grübelt über die Sinnlosigkeit des Lebens nach. Wie von einer eisernen Klammer wird seine Brust von Einsamkeit umschlossen. Dies ist die perfekte Darstellung der Schattenseite des im Vordergrund sich in immer wildere Liebesabenteuer verstrickenden Gawein – die perfekte Spaltung.

Erst als sich im Roman die beiden Teilaspekte bekämpfen, erst als Parzival und Gawein sich wiederfinden, ist diese Spaltung aufgehoben, erst jetzt darf der Roman zu Ende gehen. Parzival findet den Weg zurück zu seiner Frau und begrüßt zum ersten Mal im Leben seine beiden Zwillingssöhne. Der Roman *Parzival* ist damit eine großartige Darstellung der Folgen des Kleinkinder-Schicksals der Verlassenheit durch den Vater und der Übernähe oder Überfürsorglichkeit der Mutter. Zwanghaft muss deshalb Parzival als erwachsener Mann seine Frau verlassen. Und seine Persönlichkeit ist entsprechend gespalten, ausgedrückt in den beiden Teilaspekten Gawein und Parzival, der Teilaspekt der Suche nach Liebesabenteuern und der Teilaspekt der Depressivität und Melancholie – damit ist der *Parzival* vielleicht einer der großartigsten Romane in der Weltgeschichte.

Lancelot:[122] Der *Lancelot*-Roman ist mit seinen über 3.000 Seiten das umfangreichste Romanepos, das je geschrieben worden ist. Leider ist diese Heldengeschichte nie ins Neuhochdeutsche übersetzt worden, sodass sie dem Bewusstsein der abendländischen Kultur weitgehend verloren gegangen ist. Ganz zu Unrecht. Lancelot ist der zuletzt erfundene, der größte aller Helden. Seine Kräfte sind unbeschreiblich; Lancelot räumt ganze Schlachtfelder auf. Und es wimmelt nur so von Schurken und Feinden, von denen die Welt errettet und befreit werden muss. Lancelot ist eine Art weltlicher Christus. Daneben zeichnet er sich durch eine unendliche Schönheit aus; von überall her tauchen sie auf, die Jungfrauen, welche in ihrer Liebe und Sehnsucht vom schönsten aller Helden erlöst werden wollen, ja müssen. Aber Lancelot liebt sie alle nicht, er liebt nur eine, Ginevra, die Frau des Artus. Artus ist Mittelpunkt der meisten Ritterromane, eine Art neuer römischer Kaiser, aber diesmal mit Sitz in Britannien. Wie im *Tristan* ist das ehebrecherische Motiv ein zentrales Thema des *Lancelot*-Romans. Und wie Parzival ist Lancelot der große melancholische Sucher nach dem Gral, getrieben von einer ewigen Unrast und Unruhe. Aber wegen seiner »sündigen« Liebe zu Ginevra ist er nicht fähig, den Gral zu finden. Dies wird die Aufgabe und das Schicksal seines Sohnes Galaat sein. Lancelot ist somit eine Mischung aus Tristan und Parzival.

Noch wichtiger aber erscheint mir, dass der *Lancelot*-Roman kaum mehr etwas mit der Realität zu tun hat, viel eher mutet er wie eine Darstellung von aneinandergereihten Traumsequenzen an. Lancelot ist nicht nur der größte melancholische Sucher, sondern er wird auch immer wieder von Wahnsinnsausbrüchen heimgesucht. Es scheint, wie wenn in diesem Roman das Unbewusste eines Helden offengelegt worden wäre. So besteht Lancelots größter und geheimster Wunsch darin, so stark zu werden, dass er nicht mehr kämpfen muss, sondern sein Gegner das Feld schon räumt, wenn er nur den Namen Lancelot hört. Und der Roman ist die Erfüllung dieser Allmachtsfantasie, das römische Heer weicht am Schluss des Epos kampflos vor Lancelot zurück.

Was für ein Kleinkinder-Schicksal hat dieser melancholischste aller Ritter, der größenwahnsinnigste aller Superhelden, erleben müssen? Den Eltern ist alles Land von einem Feind entrissen worden, beide sind mit Lancelot in der Wiege auf der Flucht. Als Vater Ban von der Ferne auch noch erleben muss, dass seine Heimatstadt durch Verrat in Flammen aufgeht, bricht ihm auf der Stelle das Herz, er stirbt. Seine Frau Alene ist durch diesen plötzlichen Tod total verzweifelt, sie rauft sich die Haare, reißt sich die Kleider vom Leib, zerkratzt sich ihr Gesicht, bis das Blut an ihrem Körper heruntertropft, und zwischen ihren

Klagen und lautesten Schreien fällt sie immer wieder stundenlang in Ohnmacht. Endlich erinnert sie sich an ihr Baby, sie hat es neben den Pferden niedergelegt, es könnte zu Tode getreten worden sein. Als sie endlich fähig wird, ihr Kind zu suchen, ist es von einer Jungfrau aus der Wiege genommen worden. Die Fee drückt das nackte Kind »süßlich« zwischen die Brüste und küsst es stundenlang auf Mund und Augen, denn sie hat das schönste Kind in den Armen, das je ein Mensch gesehen hat. Da bittet die Mutter die Fee, ihr das Kind zurückzugeben, denn es sei heute schon ein Waisenkind geworden. Doch die Jungfrau erhebt sich stumm und springt mit dem Kind in den See. In diesem Zaubersee verbringt Lancelot seine Kindheit, deswegen auch sein Name: Lancelot vom See. Wer ist diese Fee mit Namen Ninienne? Sie ist eine äußerst sinnliche Frau, die Freundin des Zauberers und Sehers Merlin, der ihr mit Haut und Haaren verfallen ist. Alle Zauberkünste hat er ihr beigebracht, bis sie ihn zu ewiger Gefangenschaft in einer Höhle verzaubert hat. Wer dieser Frau verfällt, kommt nie mehr los von ihr.

Im *Lancelot*-Roman ist somit die Spaltung komplett zwischen der zutiefst traurigen Mutter, die sich in ihrer Verzweiflung in ein Kloster zurückzieht, und der extrem erotisch-sinnlichen Ninienne. Und Ninienne ist jetzt im Besitz des schönsten Babys der Welt, das sie stundenlang auf Augen und Mund küsst, während sie es nackt zwischen ihre Brüste presst. Aber Alene und Ninienne sind beides nur Teilbilder derselben Person, nämlich der Mutter von Lancelot. In seiner Kleinkinderzeit ist er somit hin- und hergerissen zwischen totaler Verlassenheit und Übernähe, zwischen dem Teilaspekt einer verzweifelten und melancholischen Mutter, der Klosterfrau, und einer bis ins Extreme gesteigerten sinnlich-sexuell verführenden Fee. Fee und Klosterfrau sind die Licht- und die Schattenseite, beide gehören zusammen. In der schwerstdepressiven Mutter ist ihr sinnlich verführendes Gegenbild verborgen und umgekehrt. Lancelot ist entsprechend perfekt gespalten.

Dies also ist die Ursprungsgeschichte für den melancholischen und größenwahnsinnigen Superhelden Lancelot, der selber immer wieder psychotische Ausbrüche, d. h. Tobsuchtsanfälle erleiden muss. Wann tauchen sie auf? Der erste Wahnsinnsdurchbruch erfolgt kurze Zeit nachdem Lancelot zum ersten Mal eine sexuelle Beziehung zu seiner über alles geliebten Ginevra, der Frau von Artus, eingegangen ist, nachdem sie ihn durch ihre Liebe in Gefangenschaft genommen hat.

Der zweite große Anfall erfolgt im Tal der untreuen Liebenden, als Lancelot viele Ritter befreit, selber aber von Morgane, der äußerst sinnlichen Schwester von Artus, gefangen gesetzt wird. Diese Zauberin versucht ihn mit allen ihr zur Verfügung stehenden Kunststücken zur Liebe zu verführen. Lancelot aber isst und trinkt nichts mehr, und so muss Morgane schließlich ihren Gefangenen freigeben, wenn sie sein Leben erhalten will. Bei einem Turnier versucht sich Lancelot vergeblich zu erholen. Ein Blutsturz führt schließlich zu einer suizidähnlichen Handlung.

Zu einem nächsten wahnähnlichen Zustand führt die Begegnung mit einer Jungfrau, die sich unsterblich in Lancelot verliebt, der daraufhin sein Augenlicht verliert, und zudem fallen ihm alle Haare aus. Nur weil die Jungfrau sich selber das Leben nehmen will, ist Lancelot schließlich zur Liebe mit ihr bereit.

Auf dem Schloss Corbenic schließlich trifft er die wunderschöne Brisane, seine spätere Frau. Mit einem Kniff gelingt es ihr, Lancelot in ihr Bett zu locken, indem sie ihn glauben macht, Ginevra warte dort auf ihn. In dieser einzigen Nacht wird sein Sohn Galaat gezeugt. Als Lancelot am nächsten Tag erkennt, mit wem er sich wirklich eingelassen hat, kann er sich nur noch durch eine blitzartige Flucht davor bewahren, Brisane umzubringen. Kurze Zeit später verliert er erneut seine Sinne.

Vor dem dritten und letzten großen Wahnausbruch geht seine Größenwahnvorstellung in Erfüllung. In Frankreich weicht das ganze feindliche Heer zurück, als es nur den Namen Lancelot vernimmt. Siegreich kehrt der Held nach England zurück, wo es seiner Frau Brisane mit einer List gelingt, ihn ein zweites Mal in ihr Bett zu holen. Als er am nächsten Tag den Betrug merkt, zerbricht er in einem Wahnsinns- und d. h. Tobsuchtsanfall. Aus Verzweiflung zerkratzt er sich das Gesicht, reißt sich die Haare aus, fleht um den eigenen Tod, isst und trinkt wochenlang nichts und verliert das Gedächtnis und den Verstand. Nackt und wild um sich schlagend, rennt Lancelot durch den Wald.

Kurz sei das Ende des Romans angedeutet. Artus, dessen ganze Stärke als König schon lange auf der Kraft seines Lieblingsritters Lancelot beruht hat, entdeckt endlich die Untreue seiner Frau. So kommt es unweigerlich zum Krieg. Artus segelt sterbend auf die Insel Avalon zu seiner Schwester Morgane. Ginevra geht in ein Kloster, Lancelot in ein anderes, ohne dass sich die beiden je voneinander verabschiedet haben.

Alle Wahnsinnsausbrüche von Lancelot erfolgen somit, wenn er eine Beziehung zu einer Frau eingeht oder wenn er von einer sinnlich schönen Frau »bedroht« wird. Am gefährlichsten sind Ginevra und Brisane. Aber bei seiner Geliebten Ginevra darf er sich sicher fühlen, sie ist die Frau von Artus, mit dem er sich selbst in einer tiefen Weise loyal verbunden fühlt. Entsprechend groß ist die Liebe von Lancelot zu Ginevra. Er wird von einer unendlichen Sehnsucht gequält und zermartert, einer Sehnsucht, die ihn zum größten Helden aller Zeiten macht, einem Schmerz, der sein Leben verfinstert und gleichzeitig Ursprung und Quelle aller Freuden ist. Schwieriger schon ist seine Beziehung zu seiner wirklichen Frau, zu Brisane. Er schläft einmal mit ihr, und sie wird sofort schwanger. Von Liebe keine Spur. Im Gegenteil, Lancelot muss blitzartig entfliehen, um seine Frau nicht zu erschlagen. Die männliche Spaltung in Frau und Geliebte ist niemals so klassisch und radikal dargestellt worden wie im *Lancelot*-Roman.

Weshalb denn sind Liebesbeziehungen so tödlich gefährlich, dass sie bei Lancelot immer wieder zu Wahnsinnsausbrüchen oder Tobsuchtsanfällen führen? Betrachten wir zu diesem Zweck die Liebesbeziehungen der beiden väterlichen Gestalten in diesem Roman, von Artus und seinem Berater Merlin. Die Liebesgeschichte des Zauberers Merlin habe ich schon kurz erwähnt. Er ist der Sinnlichkeit seiner Fee Ninienne völlig verfallen, wird ewig ihr Gefangener bleiben, festgezaubert in einer Höhle. Und Artus? Seine Hilflosigkeit in der Beziehung zu Ginevra ist umwerfend. Alle Schritte, um sie kennenzulernen, macht er nur nach Absprache mit seinem Berater Merlin. Artus' Liebe besteht eigentlich nur aus Kampf und Krieg und, als er älter und schwächer wird, aus dem Anhören der Abenteuer der Ritter seiner Tafelrunde. Eine Beziehung zu Ginevra hat Artus nicht, nie. Deswegen wird sie auch nie schwanger. Das ist für die beiden auch gar kein Problem, darüber wird nie gesprochen. Ginevra ist nur da für ihren Lancelot. Ganz klar gehören die Liebesschicksale von Merlin und Artus zu Lancelot. Und diese Alternativen heißen: Wenn ein Mann seine Frau wirklich liebt, dann gerät er ein Leben lang in ihre Gefangenschaft, ist er rettungslos für immer verloren, oder aber es ist eine Nichtbeziehung, da die Frau einem anderen Mann gehört. Wahrlich keine erfreulichen Alternativen. Deswegen ist es jetzt auch verständlich, dass Lancelot jedes Mal in Wahnsinn verfällt, wenn eine »Liebesbeziehung« droht.

3.20 Worin liegt die Bedeutung der Ritterromane?

Neben allen Kriegsschilderungen und Liebesverstrickungen am Hof ist für mich am augenfälligsten das Thema der Verlassenheit des Sohnes durch den Vater. Dies durchzieht wie ein roter Faden alle Ritterromane. So ist bei Parzivals Geburt der Vater schon tot, und Tristan ist eine Vollwaise. Am extremsten aber ist diese Verlassenheit im *Lancelot*-Roman dargestellt, hier verleugnet der Vater seinen Sohn vollkommen, Lancelot beachtet Galaat mit keinem Blick, bis er diesen, zwanzigjährig, zum Ritter schlägt. In der Realität sind die Kinder wohl tatsächlich häufig durch ihre Väter, die Ritter, verlassen worden, weil diese in irgendwelche Schlachten oder Kriege ziehen mussten und dort möglicherweise gestorben sind. Viel bedeutungsvoller aber scheint mir die Verlassenheit des Kleinkindes durch die Mutter, die es in der damaligen Zeit in der Adelsschicht nach der Geburt sofort einer Amme übergibt. Wie in der Malerei zuerst ein Bild geschaffen werden musste, um die Verlassenheit des Kleinkindes in den Städten darzustellen und so schließlich die »Bodenkinder« erfunden worden sind, so drückt die literarische Adelsgesellschaft die Einsamkeit der Babys am Hof vor allem durch das »Bild« oder das Klischee der Verlassenheit des Knaben durch den Vater aus.

Die Kehrseite der Verlassenheit ist die erotisch-sexuelle Übernähe, die Verführung des Knaben durch die Mutter. Geradezu klassisch ausgebildet ist dieses Kleinkinder-Schicksal bei Lancelot, dessen Mutterbild perfekt gespalten ist in die traurig-verzweifelte Mutter, die ein Leben lang im Kloster ihrem toten Mann nachweint, und in die maximal sexuell verführende Fee, die ihren Mann ein Leben lang mit ihrer Sinnlichkeit gefangen hält. Erwähnt sei auch die Herzeloyde, welche seit der Geburt ihres Sohnes glaubt, mit Parzival ihren Mann in den Armen zu halten. Überfürsorglich schirmt sie diesen Sohn vor jeder Realität ab und zieht sich mit ihm in die totale Einsamkeit zurück. Die Bindung dieser Mutter ist so stark, dass sie auf der Stelle tot umfällt, als ihr Sohn von ihr wegzieht, weil er ein eigenes Leben führen will. Trennung und Verlassenheit des Kleinkindes durch die Mutter einerseits und die verborgene erotisch-sexuelle Verführung durch dieselbe Mutter andererseits gehören zusammen, sie sind die beiden Seiten der gleichen Medaille. Dies zu zeigen war mein zentrales Anliegen, sowohl bei den Ritterromanen des 12. und 13. Jahrhunderts wie auch bei den Marienbildern des 13. bis 16. Jahrhunderts. Was in der urbanen bildnerischen Kunst an Verlassenheit des Kleinkindes dargestellt wird, und zwar in Form des leichenähnlichen, »verkrüppelten« oder aber apathisch und nackt auf dem Boden liegenden Jesuskindes, das findet seine Entsprechung im Wort, im höfischen Roman, gute 200 Jahre früher: im »Bilde« des vom Vater verlassenen Sohnes. Ähnliches gilt für die Übernähe der Mütter. Sowohl im Wort wie im Bild wird die erotisch-sexuell verführende Mutter dargestellt und gleichzeitig ihre depressive Seite, mit welcher sie sich an ihr Kind klammert. Und das Kind wird zwischen den beiden Extremen hin- und hergerissen und muss ein entsprechend gespaltenes Selbstbild aufbauen. Bald ist das Baby verlassen, tobt und schreit aus Verzweiflung, bald ist es erotisch verführt, seine Sexualität wird frühzeitig geweckt, und entsprechend blüht seine ödipale Allmacht auf. Bald ist es besorgt um die depressiven Anteile seiner Mutter, wird so zur Mutter seiner Mutter (Parentifikation), bald aber wird in einer Weise an ihm festgehalten, dass es sich ein Leben lang nicht von seiner Mutter trennen kann oder sich immer wieder in blinder Autonomie von ihr losreißen muss.

Die Romane haben gegenüber den eher statischen Bildern einen Vorteil – sie erzählen Lebensgeschichten. Wir erfahren das spätere Schicksal der Menschen mit einer derart verrückten Kleinkinderzeit. Und das hauptsächliche Schicksal all dieser Söhne ist der Kampf, das Turnier, die Heldentat und vor allem immer wieder der Krieg. Ritterromane sind eine unendliche Abfolge von Brutalitätsszenen, fast schon langweilig in ihrer Monotonie, dabei gleichzeitig von einer Destruktivität, die bei genauerem Hinsehen fast nicht zu ertragen ist. Aggression und Destruktion ist das Grundthema aller Ritterromane. Und davon säuberlich getrennt sind die Liebesbeziehungen beziehungsweise die Nichtbeziehungen der Ritter zu ihren Frauen. Denn jede Liebe spielt sich in Dreiecksbeziehungen ab; da gibt es keine Form von Betrug, die nicht durchgespielt würde. In diesen endlosen Beziehungsverstrickungen liegt erst die ganze Sprengkraft der Liebe verborgen. Damit aber sind Liebe und Hass, die verzehrende Sehnsucht nach der Geliebten und der unbändige Wille zur Destruktion, fein säuberlich voneinander getrennt. Aus dem Bett der Geliebten rettet sich der Mann ins Kriegsgetümmel, oder umgekehrt gönnt er sich, womöglich schwer verwundet nach einem Turnier, ein paar ruhige Momente bei seiner Geliebten. Dies sind die Geschichten vom Ursprung unserer Kultur!

In der frühen Mutter-Kind-Beziehung wird das Urmuster jeder späteren Beziehung geprägt. Verlassenheit ist die Ursituation des Kleinkindes am Hof, indem es nach der Geburt von der Mutter einer Amme übergeben wird, ausgedrückt in den Romanen durch das Bild der Verlassenheit des Sohnes durch den Vater. An eben diesen Höfen wird im 11. Jahrhundert die Liebe entdeckt, Minne genannt. Neue Gefühle von unendlicher

Sehnsucht, ein bis zum Schmerz reichender Wunsch nach Nähe, ein Verlangen nach verfeinertem erotischem Genuss entstehen. Der Schluss drängt sich somit auf, dass die Einsamkeit und Gespaltenheit in der Kleinkinderzeit in einem ursächlichen Zusammenhang mit der Minne stehen. Das kleinkindliche Erleben der Verlassenheit wäre somit die Urquelle für das lebenslange Suchen-Müssen nach der Geliebten, zu der es nie eine wirkliche Nähe, mit der es nie eine innere Harmonie oder Ruhe geben darf. Wenn es zu einer Erfüllung der Liebe kommt, dann nur, damit die Trennung anschließend mit einem noch größeren Schmerz erlebt wird. Die Sehnsucht nach der Geliebten – zu ergänzen wäre: der gesuchten Mutter – steigt ins Unendliche. Dabei darf und kann die Geliebte beliebig idealisiert werden, während aller Hass – ursprünglich gerichtet auf die das Kind verlassende Mutter – fein säuberlich von der Geliebten abgespalten auf dem Schlachtfeld oder im blutigen Abenteuer ausgelebt werden kann. Wie bei der Idealisierung liegt auch hier ein praktisch nie versiegendes destruktives Potenzial vor.

Weil der Sohn so voll Hass ist auf die Mutter, die ihn verlassen hat, rächt er sich später bitter an allen Frauen, indem jetzt er es ist, der sie immer wieder verlässt. Zwanghaft gibt er so seine frühkindlichen Verletzungen weiter. Und der Zwang setzt dann ein, wenn er mit einer Frau zusammenleben könnte, wenn er wirkliche Nähe erleben dürfte, wenn er spürt, dass seine Frau Wünsche und Bedürfnisse an ihn richtet. Genau dies weckt das alte Mutterbild in ihm, das Bild der bedrängenden Mutter mit ihrer Übernähe, mit ihrer eigenen depressiven und erotisch-sexuellen Bedürftigkeit ihm als Kind gegenüber. Spätestens jetzt muss ein Ritter seine Frau verlassen, indem er – mit oder ohne Heirat – ein Kind mit ihr zeugt und sich dann einem neuen Abenteuer zuwendet. Nie mehr die Gefangenschaft einer bedürftigen Frau und Mutter erleben! Das Autonomiebedürfnis des Ritters ist unbegrenzt.

Mit diesen Ängsten geht er wieder auf die Suche nach einem neuen, idealen Mutterbild, nach einer Geliebten, die er um so tiefer lieben kann, je sicherer er sich von ihr getrennt weiß. Verallgemeinernd dürfen wir festhalten: Je verlassener das Kleinkind sich fühlt, desto zwanghafter muss es selber als Erwachsener wieder seinen Liebespartner verlassen. Aber es gilt auch: Je verlassener das Kind, desto größer ist auch die Sehnsucht nach der nie erreichbaren Geliebten – ein unauflösbares Dilemma.

Die Menschen an den Höfen müssen von dieser neu entdeckten Minne total fasziniert gewesen sein. Aber der Preis, den die Ritter für diese schönen Gefühle – entstanden durch die traumatische Situation der kleinkindlichen Verlassenheit – bezahlen müssen, ist hoch. Die Schattenseite ist ein ebenso großes, unendlich destruktives Potenzial: der Krieg und gleichzeitig das Verlassen-Müssen einer Partnerin, wenn wirkliche Nähe entsteht. Unendlich schön ist sie, die Minne, aber ebenso grausam, tödlich, verletzend und zerstörerisch ist ihre Schattenseite. Die Spaltung der beiden verschiedenen Gefühlszustände von Liebe und Hass, Sehnsucht und blindem Zerstörungsdrang ist vielleicht die einzige Möglichkeit zum Überleben. Die Ritterromane sind ein »Bilderbuch«, um die unbewussten Ängste der Menschen am Hof, ihre geheimen Wünsche und Sehnsüchte kennenzulernen.

Abb. 1: Giotto (1267–1337): Maestà

Abb. 2: Byzantinische Ikone:
Thonende Madonna *(Ausschnitt)*

Abb. 3: Jan van Eyck (1385–1441):
Die Madonna
des Kanzlers Rolin

Abb. 4: Hugo van der Goes (1440–1482):
Portinari-Altar *(Mitteltafel, Ausschnitt)*

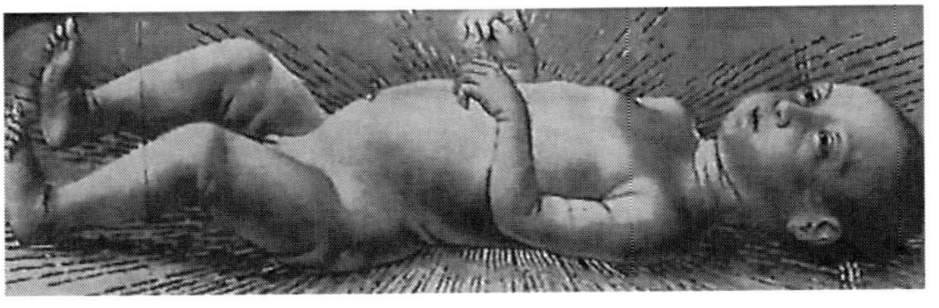

Abb. 5: Detail von Abb. 4

Abb. 6: Hugo van der Goes:
Anbetung der Hirten

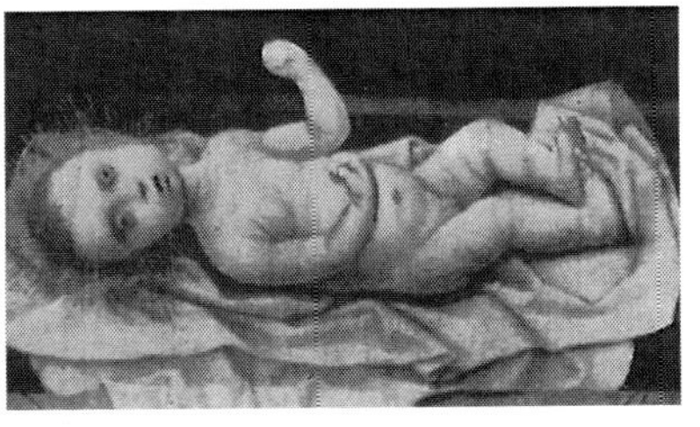

Abb. 7: Detail von Abb. 6

Abb. 8: Robert Campin (1375–1444): Nativité

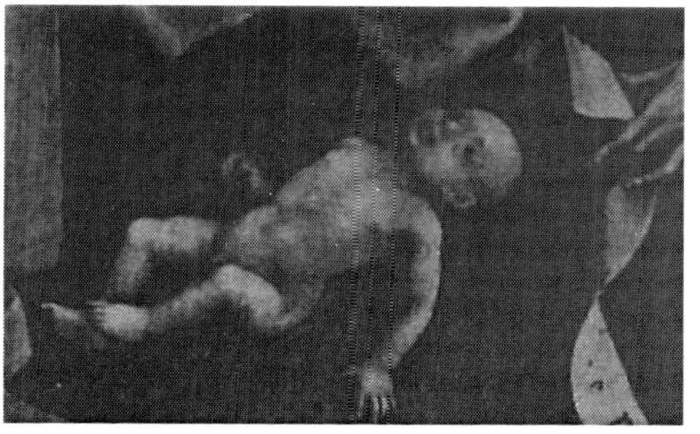

Abb. 9: Detail von Abb. 8

Abb. 10: Hans Holbein d. J. (1497–1543): Oberried Altar in Freiburg i. Br. *(1521) (Ausschnitt)*

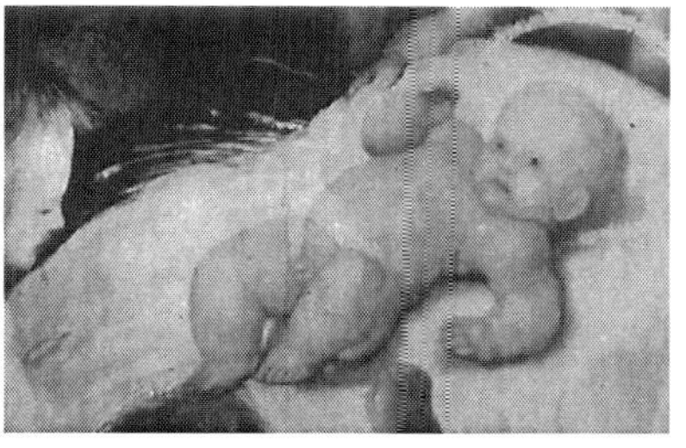

Abb. 11: Detail von Abb. 10

Abb. 12: Filippo Lippi (1406–1469):
Die Anbetung im Wald

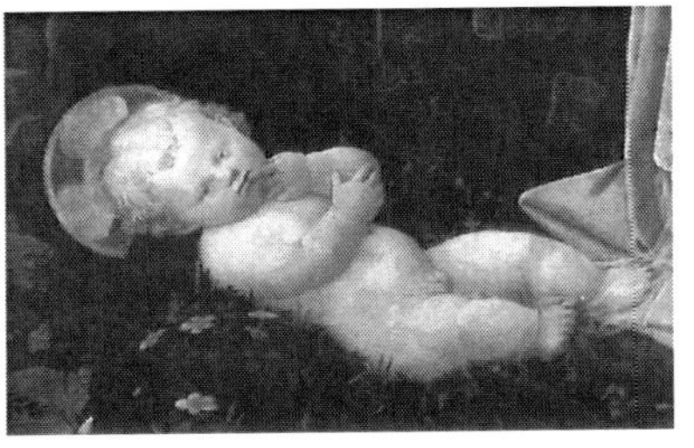

Abb. 13: Detail von Abb. 12

Abb. 14: Sandro Botticelli (1446–1510):
Mystische Geburt Christi *(Ausschnitt)*

Abb. 15: Sandro Botticelli:
Madonna mit Kind und Johannes

Abb. 16: Ambrogio Lorenzetti (nachweisbar 1319–1347): Stillende Madonna

Abb. 17: Barent von Orley (1491–1542): Maria mit dem Kind und Johannes

Abb. 18: Andrea Mantegna (1431–1506): Madonna mit Engeln

Abb. 19: Andrea della Robbia (1435–1525):
Jungfrau mit Sohn

Abb. 20: Jan Gossaert (1478–1536):
Madonna und Kind

Abb. 21: Jan van Hemessen (1500–1566):
Madonna und Kind

Abb. 22: Quentin Massys (1465–1530): Madonna und Kind

Abb. 23: Meister von Hohenfurth (Meister von Vyssi Brod): Geburt

Abb. 24: Tizian (1477–1576): Venus mit Amor und Hündchen

Abb. 25: Agnolo Bronzino (1503–1572): Allegorie der Liebe

Abb 26: Giorgione: Das Gewitter

Abb. 27: Tizian: Madonna Pesaro

Abb. 28: Correggio (1489–1534): Madonna mit Kind und Korb

Abb. 29: Girolamo Parmigianino (1503–1540): Vision des heiligen Hieronymus

Abb. 30: Bernardo Daddi (1295–1384): Madonna und Kind mit acht Engeln *(Ausschnitt)*

Abb. 31: Bernardo Daddi: Madonna und Kind

Abb. 32: Meister von Sant Agostino Maestà: Sant Agostino

Abb. 33: Detail von Abb. 32

Abb. 34: Leonardo da Vinci, Schule: Stillende Madonna

Abb. 35: Giovanni Boltraffio (1467–1516): Maria mit Kind

Abb. 36: Ambrogio Lorenzetti:
Maestà *(Ausschnitt)*

Abb. 37: Dieric Bouts (1415–1475):
Madonna mit Jesus

Abb. 38: Petronilla Meister:
Madonna und Kind

Abb. 39: Piero di Cosimo (1462–1521):
Madonna

Abb. 40: Böhmischer Meister:
Maria mit dem Kinde, *linker Altarflügel*

Abb. 41: Pompana Meister:
Madonna und Kind

Abb. 42: Giotto (1267–1337):
Geburt Christi

Abb. 43: Raffael (1483–1520):
Heilige Familie unter Palmen

Abb. 44: Gerard David (1460–1523): Maria, Jesus und musizierende Engel

Abb. 45: Schule Sandro Botticelli: Madonna mit Kind und Johannes dem Täufer

Abb. 46: Giovanni Segantini (1858–1899): Die böse Mutter *(1894)*

Abb. 47: Detail aus Abb. 46

Abb. 48: Detail aus Abb. 46

4 Erziehung zum Schreien

Die Mutter-Kind-Beziehung im Industriekapitalismus

Hier möchte ich kurz innehalten und meine bisherigen Ergebnisse zusammenfassen: Alle Hochkulturen trennen Mutter und Kleinkind. Und speziell beim Aufblühen unserer Kultur, beim Entstehen der Stadtzentren in Europa mit der neuen Wirtschaftsform des Handelskapitalismus wird das Baby auch in der Nacht von der Mutter getrennt und in die Wiege verbannt. Damit verliert es den letzten Rest an beruhigendem Körperkontakt mit der Mutter. Und an den Höfen des Adels, bei der führenden Elite der damaligen Kultur, wird diese Trennung schon ein paar Jahrhunderte früher vollzogen, indem ein Baby nach der Geburt einer Amme übergeben wird. Dieses frühkindliche Schicksal darzustellen war mein Bestreben – zuerst in den Ritterromanen des 11. und 12. Jahrhunderts, dann in der Zeit der Krise vom 14. bis zum 17. Jahrhundert, mit der neuen Wirtschaftsform, dem Handelskapitalismus, und zwar anhand der Maria- und Jesusbilder der damaligen Zeit: die Kleinkinder-Behandlung einerseits und die Folgen für das Erleben und Verhalten der Erwachsenen andererseits.

Aber die Entwicklung war nach der Krise, nach dem Normierungsprozess im 17. Jahrhundert nicht etwa abgeschlossen. Denn im 18. Jahrhundert wird in England der *Industriekapitalismus* entwickelt, welcher sich im 19. und 20. Jahrhundert über ganz Europa ausbreitet. Was geschieht in der Behandlung der Kleinkinder in dieser Zeit? Doch bevor wir uns der Weiterentwicklung der hier aufgezeigten Kleinkinder-Behandlung zuwenden, zuerst ein Wort zur »Erfindung« der Pädagogik, zu den beiden großen Begründern der neuen Erziehungswissenschaft: Erstens zu John Locke in England (1632–1704) und seinem Werk *Einige Gedanken über die Erziehung*, das englische Original ist 1693 erschienen. Und zweitens zu dem Genfer Jean Jacques Rousseau (1712–1778) und seinem Werk *Émile oder über die Erziehung*, das französische Original erschien 1762.

John Locke zeichnet sich speziell durch viel Gefühl und Milde für Kinder aus. Ist der Erzieher früh konsequent, dann sind Strafe und vor allem Prügel überflüssig, so Locke. Als einzige Erziehungsmaßnahme lässt er Beschämung und Belohnung gelten, was bedeutet, dass er sich konsequent gegen die Prügelstrafe und überhaupt gegen jede Form von Schlägen eingesetzt hat. Der Erzieher muss vor allem mit seiner eigenen Person ein Vorbild sein, sonst kann er für seinen Zögling niemals glaubwürdig erscheinen. Schließlich setzt sich Locke auch für immer mehr Freiheit des Kindes ein, je älter es wird, d.h., er trachtet danach, sich das Kind zum Freund zu machen – ein wirklich revolutionäres Erziehungskonzept am Ende des 17. Jahrhunderts.

Thema meines Buches jedoch sind Spaltungen. Und so wollen wir im folgenden Abschnitt die Kehrseite dieser Medaille, die Schattenseite seiner »modernen« Pädagogik kennenlernen – auch dies mit den Augen des Tiefenpsychologen. Was hier interessiert, ist nicht so sehr die Erziehung des Kindes selbst, sondern die Grundlage dazu, die allerfrüheste Kindheit.

Locke beginnt diese seine Erziehung mit der Abhärtung des Körpers. Kinder sollen beispielsweise niemals zu warme Kleidung tragen. Ganz besondere Bedeutung schenkt er den Füßen, die täglich in eiskaltem Wasser gewaschen werden sollten, und vor allem müssen die Schuhe dünn und wasserdurchlässig sein, sodass Feuchtigkeit und Nässe jederzeit eindringen können.

Hier will ich eine kurze Pause machen und fragen, was die notwendigerweise nassen und kalten Füße als Grundlage jeder körperlichen Erziehung zu bedeuten haben. Als Körperpsychotherapeut kommt mir in den Sinn: Die Füße sind das Organ, auf dem wir stehen, auf sie müssen wir vertrauen können, wenn sie uns tragen sollen. Hier sind viele Menschen blockiert, der Blutstrom in die Füße ist gedrosselt, vielfach sind sie kalt und unbeweglich. Die Selbstständigkeit ist somit gebremst und zugeschnürt, die Menschen können nicht auf den eigenen Füßen stehen. Und Locke empfiehlt für die Knaben (Mädchen beachtet er nicht) jederzeit nasse und kalte Füße.

Die Grundlage der ganzen Erziehung besteht nach Locke darin, aus dem Kind ein *vernünftiges* Wesen zu machen und seine Tugend zu stärken. Ein Mensch erreicht das nur, wenn er täglich lernt, sich seine eigenen Wünsche zu versagen, wenn er seinen Neigungen entgegentreten kann. Der Volksglaube hält dem entgegen, so Locke, dass man das Kind lieben, es verhätscheln, seinem Willen überall und jederzeit nachgeben soll. Es muss alles haben, wonach es schreit, es darf tun, was ihm beliebt. Aber gerade dadurch verderben die Eltern die natürlichen Anlagen des Kindes: Die Quelle wird vergiftet. Aus der Gewohnheit werden große Laster, Trotz und Ungezogenheit sind die Folgen. So werden nach Locke Gewalttätigkeit, Rachsucht und Grausamkeit geprägt, bevor das Kind laufen gelernt hat. Hier liegt der Ursprung der Sittenverderbtheit der ganzen Welt. Eine Erziehung kann nie früh und konsequent genug einsetzen. Die Grundlage aller Tugenden ist die Fähigkeit, sich die Befriedigung der eigenen Wünsche zu versagen, kurz: Es gilt, den guten Boden für die Vernunft vorzubereiten. All dies ist nur möglich durch eine frühzeitige Übung und durch eine sehr frühe Gewöhnung. Schon in der Wiege muss das Kind lernen, dass es nicht erhält, was ihm gefällt, sondern nur das, was wir, die Erzieher, als passend erachten. Früh müssen die Kinder daran gewöhnt werden, dass sie nie die Dinge erlangen, wonach sie schreien, sonst würden sie nie lernen, auch ohne sie zufrieden zu sein. Mit ihrem Weinen setzen sie bloß ihren eigensinnigen Kopf durch und fallen uns dadurch lästig. Nie darf man dem Kind das gewähren, nach was es ungeduldig verlangt, weil es sonst schließlich nach dem Monde trachtet.

> »Je jünger sie sind, um so weniger darf man meiner Meinung nach ihre ungehörigen und unangebrachten Gelüste erfüllen. Je weniger Vernunft sie selbst haben, um so mehr müssen sie unter der unumschränkten Gewalt und Zucht derjenigen stehen, in deren Händen sie sich befinden […]. Die Strenge, soweit notwendig, ist um so angebrachter, je jünger die Kinder sind.«[123]

Sobald sie geboren sind, schreien die Kinder. Eigensinnig und ungemütlich werden sie aus keinem anderen Grund, als weil sie ihren Willen haben wollen. Sie möchten, dass andere sich ihren Wünschen fügen. Kinder haben den Wunsch, Dinge zu besitzen; sie möchten Eigentum und Besitz, weil ihnen die Macht gefällt. Diese beiden Ziele, Besitz und Macht, sind, so Locke, die Wurzeln aller Ungerechtigkeit und Streitsucht. Werden sie nicht frühzeitig ausgerottet (!) und entgegengesetzte Gewohnheiten an ihre Stellen gesetzt, so ist der richtige Zeitpunkt versäumt, den Grund zu einem guten und wackeren Mann zu legen. Kurz: Ein Kind darf nie bekommen, was es ungestüm fordert, und noch viel weniger, nach was es schreit. Die Kinder müssen lernen, ihre Neigungen und Wünsche einzudämmen und zu beherrschen, sie zu ersticken, sobald sie aufsteigen, dann werden sie auch später leicht unterdrückt. Geschieht dies nicht, erwacht unsere Begierde zum Leben; Wünsche werden zu Forderungen, und es fehlt nur noch ein kleiner Schritt: Sie müssen erfüllt werden. Abschlägige Antworten aber erhält ein Mensch immer am besten von sich selbst. Deswegen müssen die launischen Wünsche eines Kindes am besten zum Schweigen gebracht werden, ehe es sprechen lernt. Kinder müssen dazu gebracht werden, sich ihre eigenen Begierden zu versagen. Und dies, ohne zu merken, dass man ihnen übel will. Das beständige Nichterhalten dessen, was sie fordern, lehrt die Kinder »Bescheidenheit, Unterwürfigkeit und die Kraft des Entsagens«. – »Entbehren, was sie ersehnen, ist eine Tugend.«

Es folgt eine längere Abhandlung über das Weinen der kleinen Kinder,[124] die mit folgenden Worten eingeleitet wird: »Weinen ist ein Fehler, der bei Kindern nicht geduldet werden sollte.« Dabei unterscheidet Locke zwischen zwei Arten von Weinen. Erstens: Das Weinen der Kinder kann ein Streben nach Herrschaft, Ausdruck der Herrschsucht, eine offene Erklärung ihrer Auflehnung sein. »Ein Einspruch gegen die Unterdrückung und Ungerechtigkeit derjenigen, die ihnen das abschlagen, wozu sie Lust haben.« Zweitens: Zuweilen ist ein Weinen aber auch Folge von Schmerz oder Kummer, Ausdruck von Klagesucht und Jammern. Wie nun soll ein Erzieher mit diesen Arten von Weinen umgehen? »Keines soll geduldet und noch weniger gefördert werden.«

Zum ersten, zum auflehnenden und zornerfüllten Weinen: Es darf unter gar keinen Umständen gestattet werden. Es weckt nur Wünsche und Leidenschaften. Jede Strafe (hier also ist die Strafe notwendig!), die Kinder in ihrer Auflehnung belässt, dient nur dazu, sie noch mehr zu verderben. Jede Erziehung, jedes Zuchtmittel ist verloren,

> »wenn Kinder nicht ihren Willen beugen, sie nicht lernen, ihre Leidenschaft zu beherrschen und ihr Herz fügsam und nachgiebig zu machen gegen das, was die Vernunft der Eltern ihnen jetzt anrät und sie so darauf vorbereitet, dem zu gehorchen, was ihre eigene Vernunft ihnen später rät«.

Zum zweiten Weinen, dem Kreischen und Klagen:

> »Das unterlassen nur wenige Kinder. Denn weil es der erste und natürlichste Weg ist, ihre Leiden und Bedürfnisse kundzugeben, ehe sie sprechen können, so fördert das Mitleid, das man ihrem zarten Alter schuldig zu sein

glaubt, törichterweise die Gewohnheit und erhält sie dabei, lange nachdem sie sprechen können.«

Locke spricht in diesem Zusammenhang von Abhärtung gegen Leid; das Kind solle soweit als möglich *unempfindsam gemacht werden gegen jede Verletzung*. Und natürlich muss mit diesem Training früh begonnen werden. Nichts fördert die Verweichlichung so wie das Weinen. Oder umgekehrt, diese Weichheit kann gehemmt und geheilt werden, wenn das Kind an diesen Klagen gehindert wird. Dem Weinen ein Ende zu setzen, bedeutet Abhärtung.

Zum Abschluss noch einige konkrete Erziehungsmaßnahmen gegen das Weinen: Das zornige, eigensinnige Weinen und Schreien muss mit Strenge zum Schweigen gebracht werden; wenn ein Blick oder Befehl nicht genügt, müssen Schläge angewendet werden. Beim Weinen und Jammern sollte der Erzieher eher Milde walten lassen, das Kind ablenken, eventuell lachen über sein Gejammer. Aber auf jeden Fall sollte es der Vater mit seiner Autorität zum Aufhören bringen: »Der Ungehörigkeit muss ein Ende gemacht werden.«

Hält sich ein Erzieher an diese Grundregel, so ist nach Locke das Endziel der Erziehung schon erreicht! Durch frühzeitige »Gewöhnung« haben die Kinder ihre Wünsche selber zum Schweigen gebracht, ihre Gewohnheit zur Selbstbeherrschung ist gefestigt. So darf dem Kind, je älter es wird, eine umso größere Freiheit gewährt werden, weil jetzt seine Vernunft zu Worte kommt und nicht länger seine Leidenschaft. Konkret bedeutet all das: Je jünger ein Kind ist, desto notwendiger ist die Strenge. Wird mit der Erziehung zu Nachgiebigkeit und Fügsamkeit des Eigenwillens frühzeitig begonnen – und zwar, bevor das Gedächtnis einsetzt (!) – und hält ein Erzieher unbeugsam daran fest, so werden Ehrfurcht und Hochachtung zur zweiten Natur des Kindes. Jetzt ist das Kind bereit, sich ohne den geringsten Widerstand zu fügen, bereitwillig zu gehorchen. So sind die Grundlagen geschaffen für Vernunft, Tugend und Fleiß, für Tüchtigkeit und Glück.

Es ist kein Wunder, dass bei dieser konsequenten Erziehung zum total depressiven Menschen immer wieder das Thema auftaucht, dass ein Kind unter Umständen zu sehr gedemütigt worden ist und es so alle Kraft und allen Lebensmut, somit sein selbstständiges Wesen verliert, trübselig und duckmäuserisch wird. Deswegen macht sich Locke auch Gedanken über das feige Kind, das allen Lebensmut verloren hat; dieses fordert in der

Erziehung größte Sorgfalt. Furcht und Feigheit stehen eng zusammen. Furcht ist ursprünglich eine notwendige Korrektur, damit sich ein Kind nicht sinnloser Gefahr ausliefert. Aber ein Kind kann auch zu viel Furcht haben, weswegen alle Schrecknisse in seinem Leben gemieden werden müssen. Was ist zu tun? Grundlage aller Furcht ist der Schmerz, und so bleibt keine andere Wahl, als das Kind langsam an Schmerz zu gewöhnen, damit es Schmerz ertragen lernt, um geistige Festigkeit, die Grundlage allen Mutes, zu erlangen.

Gleichzeitig ist dies nach Locke auch die hohe Kunst der Erziehung. Wie wird sie erreicht? Ganz einfach, indem dem Kind zuweilen Schmerz in Form von Schlägen verursacht wird. Nur so sind Schläge erlaubt, aber niemals als Strafe! Dabei ist darauf zu achten, dass das Kind in guter Stimmung und vom Wohlwollen und der Herzensgüte seines Erziehers überzeugt ist. Nur dann darf es geschlagen werden. Aber niemals aus Zorn oder Missfallen. Unter solchen Umständen sah Locke sogar ein Kind nach kräftigen und empfindlichen Gertenhieben auf den Rücken lachend davonlaufen – dasselbe Kind, das eine Züchtigung durch einen strengen Blick tief empfunden hatte. Auf diese Weise können Kinder abgehärtet werden, und natürlich muss begonnen werden mit etwas, das nur wenig schmerzhaft ist, um den Schmerz dann unmerklich zu steigern, wenn man in vergnügter Weise mit dem Kinde spielt. So lernt das Kind mit der Zeit, seiner Furchtsamkeit Herr zu werden und diese Schwäche seines Wesens zu beherrschen. So erreicht es Entschlossenheit. Wenn die Furcht das Kind nicht aus der Fassung bringt, seinen Körper nicht erzittern lässt und es nicht zum Handeln unfähig macht, dann hat das Kind den Mut eines vernunftbegabten Wesens erreicht.[125]

Dies darf wohl als absoluter Gipfel der Perversion der pädagogischen Kunst bezeichnet werden!

Jean-Jacques Rousseau brauche ich nicht vorzustellen, er ist allgemein bekannt mit seinem Ideal der Rückkehr zur Natur. Nach Elisabeth Badinter (1981): *Die Mutterliebe* wird ab 1762, da Rousseau seinen *Émile oder über die Erziehung* veröffentlicht hat, in Frankreich der Mythos der Mutterliebe entdeckt. Rousseau zeichnet sich dadurch aus, dass er den Feldzug gegen die Wicklung eröffnet hat, von der wir wissen, dass sie für das Baby eine stark beruhigende Wirkung hat; die Wicklung ist ein Ersatz für den mangelnden Körperkontakt. Rousseau erzieht die Kinder also konsequent zum Schreien: »Die Kinder weinen viel, und das muß so sein.«[126] Wenn die Kinder zu sprechen beginnen, weinen sie weniger. Das ist natürlich; eine Sprache wird durch eine andere ersetzt. »Bei einem zarten und empfindsamen Kind, das von Natur aus wegen jeder Kleinigkeit weint, verstopfe ich die Tränenquelle, indem ich es nutz- und erfolglos weinen lasse. Solange es weint, gehe ich nicht hin; sobald es aufhört, eile ich hin.«

»Ein Kind, [...] das nicht krank ist, dem nichts fehlt und das dennoch lange weint, weint aus Gewohnheit und Eigensinn.« Bringt man es heute nicht zum Schweigen, »wird es morgen noch mehr weinen.« – »Das einzige Mittel, die Gewohnheit zu heilen oder ihr vorzubeugen, ist, nicht darauf zu achten.« – »Je mehr es schreit, desto weniger darf man hinhören.« »Sobald die Kinder entdecken, dass sie die Erwachsenen ihrer Umgebung als Werkzeug betrachten können, [...] geben sie ihrer Neigung nach und gleichen so ihre Schwäche aus. Dann werden sie unbequem, tyrannisch, herrschsüchtig, boshaft und unbezähmbar, nicht aus angeborener, aber aus anerzogener Herrschsucht.«

Wenn wir auf das Weinen eines Kindes eingehen, z. B. wenn es Schmerzen hat, dann zwingt es uns später, »sich mit ihm zu beschäftigen, dann ist es der Herr und alles (die ganze Erziehung) ist verloren«. – »Die ersten Kindertränen sind bitter. Sieht man sich nicht vor, so werden Befehle daraus. Zuerst lassen sie sich nur helfen, zuletzt lassen sie sich bedienen. So entsteht aus ihrer Schwäche [...] der Begriff der Herrschaft und der Überlegenheit.« Und schließlich: »Ein Kind schreit schon, wenn es geboren wird; seine erste Kindheit vergeht mit Weinen. Bald wiegt man es, um es zu beruhigen; bald droht man und schlägt es, um es zum Schweigen zu bringen. Entweder tun wir, was ihm gefällt, oder aber wir verlangen, was uns gefällt. Entweder wir unterwerfen uns seinen Launen oder wir unterwerfen es unseren. Es gibt keine Mitte: Entweder gibt das Kind Befehle oder es empfängt sie. So sind seine ersten Eindrücke die der Macht und die der Unterwerfung.«

4.1 Die Grundlage unserer Kultur

Warum habe ich Locke und Rousseau hier so breit zitiert? Weil sie beide die Grundlage gelegt haben zur modernen Erziehung, die Grundlage für den Menschen im aufkommenden Industriekapitalismus. Und wiederum ist es kein Zufall, dass Locke in England sein Werk rund hundert Jahre früher geschrieben hat: England ist das Ursprungsland der Industrialisierung, erst rund hundert Jahre später erreichte sie das restliche Europa. Als Grundlage für seine Erziehung versucht Locke, die Wünsche und Bedürfnisse des Kindes im Keime zu ersticken; Rousseau drückt es noch klarer aus, er »verstopft« die Tränenquellen des Kleinkindes. Mich packt das nackte Grauen, wenn ich solche Texte lese, ein heiliger Zorn steigt in mir hoch! Aber Locke und Rousseau sind ja nur »Kinder« ihrer Zeit, sie ahnen den Zeitgeist, der im Kommen ist, ihre Ansichten sind nur Ausdruck der damaligen Mentalität.

Bis hierher habe ich nur Textpassagen, teilweise leicht verkürzt, zitiert. Jetzt wollen wir den Gehalt dieser Texte noch ein bisschen näher anschauen. Ein Kind kommt völlig hilf- und schutzlos auf die Welt. Es ist ganz auf das Wohlwollen seiner Betreuerperson angewiesen. Sein Weinen ist seine erste Sprache (Rousseau), es drückt damit seine Wünsche und Bedürfnisse, aber auch sein Unbehagen und seinen Schmerz aus. Weinen bedeutet Hilflosigkeit, Schwäche, Ohnmacht; es ist Ausdruck der höchstmöglichen Abhängigkeit. Und nun sagen Locke und Rousseau: Je mehr ich als Erzieher auf dieses Weinen, das zornige, eigensinnige Schreien und das sich selbst bemitleidende Jammern eingehe, desto konsequenter erziehe ich das Kind zu eben diesem Weinen und Schreien. Es gibt nur eines: Abhärtung ab der ersten Stunde. Wenn es nicht auf diese Weise abgehärtet wird, wird das Kind bösartig, tyrannisch, herrschsüchtig. Entweder wir brechen ihm von Beginn an das Rückgrat, oder aber wir als Erzieher sind gebrochene Menschen, Sklaven unserer Kinder. Es gibt nur Macht oder Ohnmacht, Tyrannei oder Unterwerfung, es gibt keine Mitte! Und es sind Männer, die dies geschrieben haben. Hier liegt die emotionale Grundlage des Patriarchats: Nie wieder Schwäche, nie wieder Ohnmacht, nie wieder Hilflosigkeit. Macht unter allen Umständen. Wenn möglich Allmacht. Macht über sich selber, über den Körper mit all seinen Wünschen, über die Frau und die Kinder, über die Natur. Und wenn wir diese Textpassagen von Locke und Rousseau über das Weinen lesen, dann können wir sie verstehen, die Irrsinnsdynamik der patriarchalischen Männer.

Was aber geschieht mit dem Kleinkind in einer so gearteten Erziehung? An die Stelle der kindlichen Natur, der kindlichen Bedürfnisse und Wünsche setzen die Erzieher Locke und Rousseau die zweite, die wirkliche und gute Natur des Menschen: seine Neigung zur *Fügsamkeit* und zum *Gehorsam*. Sie legen beide das erzieherische Fundament der *Vernunft*. Und zwar so früh wie möglich, so streng wie möglich, so konsequent wie möglich. In einer so gearteten Kleinkinder-Behandlung wird jede Erziehung überflüssig. Schläge sind veraltet, unnütz. Ein Blick genügt – und die Grundlage und das Fundament der Vernunft, der wahren Natur eines Menschen, sind beim Kind wiederhergestellt, sein Eigensinn ist gestoppt, sein Bedürfnis nach Autonomie und Selbstständigkeit ist gebrochen.

Dies also ist die Grundlage der Vernunft, die in unserer westlichen Kultur so hoch bewertet wird. Eine Kultur, die nicht mehr vorwiegend auf einer christlichen Basis steht, sondern eine, die auf Naturwissenschaft und Technik beruht. Eine Vernunft, die logisch und exakt ist, messbar und objektiv. Erhaben über jeden Verdacht. Begründet auf den von Rousseau verstopften Tränenquellen der Kleinkinder.

Was bewirkt eine solche Behandlungstechnik beim Kleinkind – als Grundlage jeder Erziehung? Das Kind wird mit dieser Technik früh »erzogen«, d.h. dazu gebracht, dass es auf alle seine Wünsche und Bedürfnisse verzichtet. Es lernt: Weinen ist sinnlos, und zwar, bevor sein Gedächtnis einsetzt. Das Kind weiß noch nicht, woher das Übel kommt. So glaubt es, Wünsche zu unterdrücken, Neigungen zu entsagen, Bedürfnisse abzuspalten sei seine wahre Natur, dies gehöre zum Selbst, der Verzicht auf alles, was lebendig ist, sei normal. Damit übernimmt das Kind die Werte, Empfindungen und Erlebnisweisen einer Person, von der es noch völlig abhängig ist. Je mehr es ihr ausgeliefert ist, desto vollkommener übernimmt es ihre Lebenseinstellung. So ist das Kind am Ende des ersten Lebensjahres perfekt fremdgesteuert, die Grundlage eines *falschen Selbst* ist geschaffen. Sein *wahres Selbst* ist gar nie in Erscheinung getreten, es ist nie zum Leben erwacht. Die Grundlagen zu seiner »wahren, wirklichen Natur« sind gelegt, seine Vernunft ist geboren. Die Erziehung – nachdem sie eigentlich schon abgeschlossen ist – kann beginnen. Und wenn doch noch ein Funke Eigensinn aufleuchtet? Es ist unter allen Umständen der Erzieher, der das Kind dann verdorben hat. Aber wie erwähnt, bei einer guten Erziehung genügt dann ein Blick! Und wenn das Kind furchtsam ist, wenn seine Füße zu nass geworden, sein Rückgrat gebrochen ist und seine Sinne zu trübsinnig sind? Dann hilft ein Schmerz zur rechten Zeit! Als Abhärtung. Niemals zur Strafe! Geschlagen werden darf nicht im Zorn, sondern nur aus Liebe. Und je näher und liebevoller der Kontakt zum Kind ist, desto härter dürfen die Schläge (aus Liebe) sein. Da hat Locke ein Kind, das schon unter einem vorwurfsvollen Blick zusammenzuckte, mit harten Gertenhieben auf den Rücken lachend davonlaufen sehen. So sehr hat dieses Kind seinen Erzieher geliebt.

Sicher wird mancher Leser denken: Alles übertrieben. So extrem haben das Locke und Rousseau nie gemeint. Nein, vielleicht sie nicht. Aber *wir* im westlichen Europa haben es so konsequent in die Tat umgesetzt in den letzten 200 bis 300 Jahren. Locke und Rousseaus waren so gesehen eigentlich nur Seher oder Propheten. Sie haben vorausgeahnt, was kommen wird. Sie waren beide wirklich sehr hellsichtig und intuitiv. Dies zu zeigen wird die Absicht des nächsten Kapitels sein.

4.2 Die Entfremdung in der Mutter-Kind-Beziehung seit dem 18. Jahrhundert

Jetzt wollen wir die Kleinkinder-Behandlung im westlichen Europa vom 18. Jahrhundert bis zirka 1970 näher kennenlernen. Was mich dabei interessiert, ist einerseits die Nähe bzw. die Distanz des Kindes zur Mutter und andererseits die Präsenz der Mutter, d. h. der Grad ihrer Entfernung oder präziser der Entfremdung zum Kind, welche durch das Schreien-Lassen, durch die kleinkindliche Panik, gemessen werden könnte. Und in dieser Kleinkinder-Behandlung der letzten 200 Jahre sind sehr präzise und eindeutige Tendenzen auszumachen.[127]

Die Wicklung: Das Einbinden des Kindes von Kopf bis Fuß in lange Wickelbänder hat eine ähnlich beruhigende Wirkung auf das Kind wie der Körperkontakt und ist von verschiedenen Hochkulturen erfunden worden, als Ersatz, weil das Kind nicht länger von der Mutter herumgetragen, sondern an einer für es vorher bestimmten Schlafstelle niedergelegt worden ist. Eine ähnliche Funktion hat auch die Wiege, nämlich primär eine Beruhigung für das weinende und einschlafende Kind. Wicklung und Wiege haben über viele hundert Jahre dazu gedient, unsere Kleinkinder zu beruhigen. Zu Beginn der Industrialisierung werden als erste große Veränderung diese Wickelmethode und fast parallel dazu auch die Wiege als Beruhigungsmittel aufgegeben, womit das Kleinkind nun einen großen Teil seiner täglichen Wachzeit mit Weinen und Schreien zubringen muss. Dadurch wird dem Kind der Ersatz für den beruhigenden Körperkontakt mit der Mutter geraubt. Es ist der Beginn der »Erziehung« zum Schreien. Diese entscheidende Veränderung in der Methode der Kleinkinder-Behandlung wird konsequenterweise zuerst in England eingeführt, dem Ursprungsland der Industrialisierung. Im übrigen Europa werden diese Beruhigungsmethoden erst im 19. Jahrhundert aufgegeben. Und

Russland verliert sie zu Beginn des 20. Jahrhunderts, als auch in diesem Land die Industrialisierung Einzug hält. Das Aufgeben der Wicklung als Beruhigungsmethode ist somit in Europa eng mit der Industrialisierung verknüpft. Oder noch präziser: Diese Art der Erziehung zum Schreien ist die Anpassung unserer Kultur an den Industriekapitalismus.[128]

Das Stillen:[129] Außer beim Adel haben die Mütter früher ihre Kinder selbst gestillt. Die Stilldauer betrug meist ein Jahr und länger. Dabei soll erwähnt werden, dass Stillen auch ein natürliches Verhütungsmittel ist, denn eine solche Mutter bekommt ihre Regelblutung nur verzögert. Im 19. Jahrhundert wird dann die Flaschennahrung eingeführt. Wegen der Industrialisierung, wegen der Arbeit der Frauen und wegen vieler anderer Gründe können und wollen immer mehr Mütter ihre Kinder nicht länger selber stillen. Die Stilldauer nimmt im 20. Jahrhundert, vor allem nach dem Zweiten Weltkrieg, noch weiter ab, bis schließlich am Ende der 60er Jahre das Stillen fast ganz verschwunden ist.[130]

Die Isolation des Kindes: Damit verständlich wird, um was es hier geht, muss zuerst etwas aus der Geschichte der Architektur erklärt werden. Nicht beim Adel, aber sowohl beim Bürgertum wie bei den Bauern spielt sich im späten Mittelalter und zu Beginn der Neuzeit das ganze Leben in einem Raum ab; Eltern und Kinder schlafen zudem nachts in einem Bett, zusammen mit dem Gesinde und den Gästen. Dies ändert sich im Bürgertum seit der Mitte des 18. Jahrhunderts, es entstehen gesonderte Zimmer. Wenn der Vater nicht auswärts arbeiten geht, braucht er jetzt sein eigenes Arbeitszimmer. Es entstehen ferner im Laufe der Zeit Wohn-, Schlaf- und schließlich das *Kinderzimmer*. Und damit sich die Menschen in einer Wohnung noch weniger gegenseitig stören, wird der Korridor, der Flur, erfunden, auf den die einzelnen Zimmer mit einer zu verschließenden Tür münden. Damit aber nehmen die Isolation, das Alleinsein und die Abkapselung der einzelnen Familienmitglieder stark zu.[131]

Speziell das Baby darf von niemandem gestört werden, es braucht seine absolute Ruhe. Und diese Ruhe hat es im 20. Jahrhundert bei praktisch allen Schichten erhalten. Die Pädagogen und Mediziner und – neu im 20. Jahrhundert – die Psychologen wissen immer genau, was das Beste für das Kleinkind ist. Dabei besteht ursprünglich das Bedürfnis des Neugeborenen, in ununterbrochenem Körperkontakt mit der Mutter zu sein. Und das etwas ältere Kind möchte mindestens im Seh- oder Hörkontakt mit ihr stehen. Aber die Pädagogen wissen es besser, es braucht seine Ruhe. Und so wird das Kind konsequent zum Schreien erzogen. Hinzu kommt dann im 19. und vor allem im 20. Jahrhundert das Füttern zu bestimmten Zeiten, die Engländer nennen es »schedule feeding«. Mediziner und Psychologen wissen, dass es für das Kind am besten ist, wenn eine Mutter nur zu bestimmten, vorgeschriebenen Zeiten zu ihrem Kind hin geht. Ein strenger Rhythmus muss eingehalten werden.

Ängstigten sich die Kinder in früheren Jahrhunderten noch nachts, weil sie von ihren Eltern getrennt schlafen mussten, so leben die Kleinkinder im 20. Jahrhundert praktisch auch tagsüber in einem dauernden Panikzustand: Nun sind die Babys nicht nur nachts, sondern auch tagsüber von der Mutter getrennt, und sie darf nicht zu ihrem schreienden Kind hingehen, um es zu beruhigen. Es gibt nur ganz bestimmte Fütterungszeiten, ein vier-Stunden-Rhythmus. Es ist schon ein absolut verrücktes System, diese Kleinkinder-Behandlung bei uns im westlichen Abendland! Woher kommen soviel Bosheit und Destruktivität? Beim Wegfallen der Wicklung und beim Aufgeben der Wiege als Ersatz für den mangelnden Körperkontakt haben die Menschen ihre Kinder im westlichen Abendland einfach schreien lassen. Und durch die absolute Isolation im Kinderzimmer wird das Baby zudem konsequent zum *Schreien erzogen*. Oder aber es resigniert, weil es erfahren hat, dass sein Schreien sinnlos ist: Es verstummt und wird depressiv. Und damit die Mütter das Schreien und Weinen ihrer Kinder überhaupt aushalten können, finden die Ärzte eine Beruhigung für die Mütter: »Schreien ist für die Lungen gesund.«

Hinzu kommen aber im Laufe der Zeit noch eine ganze Reihe weiterer kleiner Entfremdungsschritte zwischen Mutter und Kind. Sie seien hier nur kurz erwähnt, es sind meist Erfindungen des 20. Jahrhunderts. In erster Linie muss das Laufgitter erwähnt werden. Wenn dem Kind schon die Nähe zur Mutter erlaubt wird (Hör- und Sehkontakt), dann wird es mindestens in ein kleines Gefängnis gesteckt, denn es ist ja noch ohne Vernunft und würde alles zerstören. Aber ein Kind in einem Laufgitter kann nicht zur Mutter hingehen, ihre Nähe spüren, bei ihr auftanken, um sich dann wieder von ihr zu trennen. Ein spielerisches Einüben von wirklicher Nähe und dann wieder von Distanz und Trennung ist nicht möglich. Anstelle dessen sehen wir Kinder, die am Gitterrand stehen, den Daumen im Mund halten, traurig in ihren Gefängnissen hängen und sehnsüchtig nach der Mutter blicken.

Der Daumen und sein Ersatz, der Schnuller, sind das nächste Problem. Wird dem Kind langsam und sukzessive der Ersatz für den mangelnden Körperkontakt geraubt, so bleibt ihm noch eine Form der Selbstberuhigung, der Daumen, oder, wenn das Kind noch zu klein ist und seine Protestbewegungen zu heftig sind, der Schnuller. Aber auch Schnuller und Daumen sind nicht gut. So wissen die Pädagogen und Zahnärzte des 20. Jahrhunderts: Es macht die Zahnstellung kaputt. Schnuller und Daumen werden verboten. In diesem Zusammenhang sei auch an den Struwwelpeter von Dr. Heinrich Hoffmann erinnert, der zum ersten Mal 1844 erschienen ist, ein Bestseller in der Kinderliteratur auf der ganzen Welt, übersetzt in viele Sprachen. In der Geschichte vom Daumenlutscher geht die Mama weg und – wupp – der Daumen in den Mund! – Klar: Das ist die Funktion des Daumens, die Selbstberuhigung bei der fehlenden Mutter, das sieht Hoffmann völlig richtig. Und als nächstes kommt der Schneider mit der großen Schere und schneidet dem Daumenlutscher beide Daumen ab. Das weiß im westlichen Abendland jedes Kind!

Ein letzter Entfremdungsschritt: Der Kinderwagen wird erfunden, damit die Eltern ihre Kinder bequem spazierenfahren können. Das Kind verliert so eine der letzten Formen von Körperkontakt am Tag, denn früher wurde es von der Mutter mindestens zeitweise herumgetragen. Auch dieses Wenige wird dem Kind noch geraubt.

4.3 Die Geburt in der Klinik im 20. Jahrhundert

Nicht nur das Kind wird auf die Mutter, sondern auch sie wird auf ihr Neugeborenes geprägt, auch sie entwickelt eine affektive Beziehung und Bindung zu ihrem Kind. Und wie jede Prägung geschieht auch diese in einer ganz speziell sensiblen Phase, die für eine Mutter in den ersten Tagen nach der Geburt liegt. Bei den westlichen Industrienationen wird diese Prägungsphase bei den Müttern dadurch unterbrochen, dass ihr in der Klinik das Neugeborene unmittelbar nach der Geburt weggenommen und in die Säuglingsstation gebracht wird. Dort liegt es tags wie nachts, zusammen mit anderen Säuglingen, die alle einander mit ihrem panikartigen Schreien anstecken. Und nur zu ganz bestimmten Zeiten, zirka alle vier Stunden, wird das Baby zu seiner Mutter gebracht. Dann wird den beiden ein kurzer Versuch des Stillens erlaubt, was in der Hektik der Klinik nur selten gelingt. Als Ersatz erhält das Baby die Flasche, und dann geht es wieder zurück in die Säuglingsstation. Wird aber die Prägungsphase bei der Mutter in den ersten Tagen nach der Geburt gestört, so bleibt eine affektive Störung während des ganzen ersten Lebensjahres zurück, ausgedrückt in der größeren Distanz ihres Körperkontaktes zum Kind.[132] Dieses ist der letzte und wohl wirksamste Schritt in der Entfremdung zwischen Mutter und Kind, kreiert in Europa und Amerika am Ende des 19. und vor allem im 20. Jahrhundert.

Als grobe Annäherung dürfen wir festhalten, dass in den Industrienationen am Ende des 19. Jahrhunderts erst zwischen 5 und 30 % der Frauen in einer Klinik entbunden haben. Nach dem Zweiten Weltkrieg sind es ungefähr 99 % der Frauen. Die Attraktivität der Geburt hier ist unter anderem deswegen so hoch, weil den Müttern schmerzstillende Mittel verabreicht wird. Schmerzen können so ganz ausgeschaltet werden, die Mutter erlebt allerdings die Geburt dann in einer Art Dämmerzustand, was beispielsweise in den USA ein Modetrend geworden ist.

Ein klärendes Wort noch zu den Ärzten, Pädagogen und Psychologen, die von mir in diesem Kapitel heftig angegriffen worden sind, weil sie die konsequente Trennung von Mutter und Kind immer weiter vorangetrieben haben. Sind sie die neuen Sündenböcke? Durchaus nicht, denn sie alle sind nur Sprachrohr, Ausdruck ihrer Zeit, so wie die Priester früher bei der nächtlichen Trennung zwischen Mutter und Kind. Jemand muss in der jüngeren Zeit diese Funktion der Ermahnung übernehmen. Es handelt sich dabei nicht um Bösartigkeit, sondern durchweg um unbewusst ablaufende Prozesse. Diese Art der Entfremdung, und zwar die immer konsequentere und frühere Trennung zwischen Mutter und Kind, gehört zwangsläufig zur Entwicklung unserer westlichen, abendländischen Zivilisation mit ihrem dazugehörigen Wirtschaftssystem.[133]

Kehren wir jetzt nochmals zurück, von wo wir ausgegangen sind, nämlich von Locke und Rousseau am Ende des 17. bzw. im 18. Jahrhundert. Die Empfehlung der beiden bestand darin, die Wünsche und Bedürfnisse des Kleinkindes im Keime zu ersticken, die Tränenquellen so früh und so konsequent wie möglich zu verstopfen. Und beide haben die Menschen in Europa »gut« vorbereitet – oder sollte ich besser sagen, sie waren »Propheten«, die eine jahrhundertelange Entwicklung vorausgeahnt haben? Auf jeden Fall war das westliche Abendland sehr erfinderisch, die Ideen von Locke und Rousseau in die Tat umzusetzen, indem es zuerst das Kind konsequent von der Mutter getrennt und entfremdet hat, dann auch die affektive Beziehung und Bindung der Mutter an ihr Kind im 20. Jahrhundert unterbrochen,

d. h. zusätzlich die Mutter von ihrem Kind entfremdet hat. So wird das kleine Menschenkind im westlichen Abendland – und ebenso in den USA – in eine Welt totaler Panik hineingeboren. Es fühlt sich hilflos und ohnmächtig, verletzt und verzweifelt, unendlich vereinsamt und vor allem wütend über seine Verlassenheit – eine Wut, die nicht zielgerichtet, sondern völlig diffus ist, die Quelle einer nie versiegenden Bösartigkeit und Destruktion in jedem von uns, geboren aus dem nie versiegenden panischen Schreien der ersten Lebenstage und -monate. Und dieses *tobende Baby in uns* allen ist die Grundlage der Erziehung und Pädagogik, wie sie von Locke und Rousseau begründet worden ist und ein immer umfangreicheres Schrifttum zwischen dem 18. und 20. Jahrhundert umfasst.

4.4 Das Wesen der Erziehung

Wenn wir das Großwerden eines Kindes im Mittelalter und in der Renaissance mit der neu »erfundenen« Pädagogik vergleichen, dann fällt als erstes eine enorme Verlängerung der Erziehungsperiode auf. Dazu muss ergänzt werden, dass ein Kind im Mittelalter seine Familie im Alter von ungefähr sieben Jahren verlassen hat, im Adel wurde es dann an einen fremden Hof zur Ausbildung oder aber in ein Kloster geschickt, bei den niederen Schichten musste es zu einem fremden Meister in die Lehre gehen. Bei diesem Lehrmeister haben die Kinder auch gewohnt, er und seine Frau waren die neuen »Eltern«. Dies aber bedeutet eine faktische Trennung zwischen Eltern und Kind nach seinem siebten Lebensjahr. Heute dauert die Phase der Erziehung bis ungefähr zum achtzehnten Lebensjahr, erst dann oder sogar noch später verlassen die Jugendlichen ihre Herkunftsfamilien. Die im 18. und 19. Jahrhundert eingeführte obligatorische Schulpflicht bildet eine zentrale Ursache für die Verlängerung der Erziehungzzeit, aber bei Weitem nicht die einzige. Die Erziehungsperiode in der jüngeren Neuzeit (19. und 20. Jahrhundert) wird also gegenüber früher um gute zehn Jahre oder gar noch mehr verlängert.

Als nächsten Schritt wollen wir die große Liebe und Fürsorge der Mutter für ihr Kind näher kennenlernen. Was ist das Wesen dieser *Mutterliebe?* Elisabeth Badinter hat sie großartig analysiert, indem sie sich auf Dokumente der damaligen Zeit gestützt hat. Das Kind ist für die Mutter im 18. und vor allem im 19. Jahrhundert zu einem König, ja zu einem

Gott geworden. Das Vergnügen an der Sexualität verschwindet, dafür erlebt die Frau einen Orgasmus an der Brust. Muttersein ist die höchste Lust und Erfüllung im Leben einer Frau, fast eine mystische Erfahrung. Muttersein ist eine Vollzeitbeschäftigung, die Mutter ist zu einer Sklavin ihres Kindes geworden und lebt in beständiger Furcht um ihren Nachwuchs. Wir allein, so sagen die Mütter, sind die Welt für das Kind, so wie es allein unsere Welt ist. Die Mutter lebt ganz für und durch ihr Kind. Sie ist sanftmütig bis zur Selbstaufopferung.[134] Aber – so fragt Badinter – was löst diese Mutterpflicht in der Frau und Mutter aus? In erster Linie einen immensen Druck, ein riesengroßes Schuldgefühl. Wenn ihr Kind nicht recht gerät, ist es allein ihre Schuld, nicht die des Vaters. Er arbeitet ja, spielt praktisch keine Rolle für das Kind. Das löst gleichzeitig auch einen starken Ehrgeiz bei der Mutter aus: Wächst das Kind zu einem guten Menschen heran, ist es ihr Verdienst. Die Mutter lebt nur durch das Kind; sie ist in der Erziehung so ehrgeizig geworden wie der Mann in der Arbeit. Und durch die Psychoanalyse und Tiefenpsychologie wird ihr dann noch die ganze Verantwortung ausdrücklich zugeschrieben.

Wenn wir bedenken, dass die Mütter immer stärker von ihren Männern wegen der Arbeit verlassen werden, so verstehen wir auch, weshalb die Frauen aus ihrer Verlassenheit und Enttäuschung heraus ihre ganze Liebe auf die Kinder übertragen. Die »romantische Liebe«, wie sie Shorter in seinem Buch *Die Geburt der modernen Familie* beschrieben hat, ist verflogen und hat der Depressivität des Ehealltags Platz gemacht. In ihrer Einsamkeit klammert sich die Mutter ganz an ihr Kind. Das Bild einer verschlingenden und auffressenden Mutter entsteht, ihre Nähe wirkt erschlagend und bedrohlich. So entstehen parentifizierte Kinder, die selber Mutter ihrer Mütter sind, Kinder, die spüren, dass es ihren Müttern nicht gut geht und dass sie geschont sein wollen. Kinder, die nicht mehr Kinder sein dürfen. Kinder, die aus Sorge ein Leben lang an ihre Mutter gebunden bleiben. Die mit ihrer Überfürsorglichkeit das Kind erdrückende Mutter bleibt als letzter Überrest einer einstmals romantischen Liebe zum idealisierten Partner. Das also ist das Wesen dieser Mutterliebe, wie sie Shorter begeistert beschrieben und Badinter anhand von Geschichtsquellen treffend analysiert hat.

Ein drittes und letztes Charakteristikum dieser Erziehung sei ebenfalls erwähnt: Sie ist human geworden. Je mehr das Kind von Mutterliebe überschüttet wird, desto mehr verschwindet der strafende und prügelnde Vater. Fast schon ist er ein Mythos, Geschichte geworden.[135] Erziehung wird jetzt erreicht durch das konsequente Brechen des kleinkindlichen Willens, seines Eigensinns am Anfang des Lebens. Wird ein Kind konsequent genug schreien gelassen in der ersten Lebenszeit, dann genügt später ein Blick. Strafen sind dann überflüssig geworden.

Damit der Leser oder die Leserin besser verstehen kann, was ich damit meine, will ich ein Beispiel aus der Geschichte der Psychiatrie geben. Im Abschnitt über den Normierungsprozess im 17. Jahrhundert habe ich beschrieben, wie die Geisteskranken eingesperrt wurden, zusammen mit den Bettlern, den Arbeitslosen und den Verbrechern. Bei dieser großen Einsperrung ist dann mit den Wahnsinnigen nicht gerade zimperlich umgesprungen worden. Kalte Wasserbäder, körperliche Züchtigung und vor allem das Anketten ans Bett oder an die Mauern gehörten fast schon zum Alltag. Am Ende des 18. und am Anfang des 19. Jahrhunderts werden die »Irren« in Frankreich, als Folge der Revolution, aus diesen Gefängnissen befreit und in großen Spitälern und Kliniken untergebracht, wo sie nun als »Kranke« betrachtet werden.[136] Später werden zu ihrer Behandlung Elektroschocks angewandt, die seit 1950 langsam durch die Psychopharmaka abgelöst werden. Auch die Psychiatrie ist »human« geworden. Aber der Wille des Menschen ist durch diese Wundermedikamente gebrochen, seine Persönlichkeit verändert, er ist entmündigt oder aber ein willenloses Werkzeug geworden.[137] Und genau das meine ich mit der humanen Erziehung: Sie ist es nur scheinbar, nur an der Oberfläche. In der Tiefe ruht das am Beginn seines Lebens in Panik schreiende Baby.

4.5 Die Ambivalenz der Mütter – die psychotische Struktur in uns allen

Erst jetzt sind wir fähig, die *Spaltung*, wie ich sie bisher immer wieder beschrieben habe, in vollem Ausmaß zu verstehen, grundgeprägt in der Seele *jedes* Menschen im westlichen Abendland, oder besser: in allen heutigen Industrienationen.

Längst ist es uns vertraut geworden, dass unsere Kultur die Babys immer früher und konsequenter schreien lässt, zum Schreien erzieht. Die Mütter werden dazu gezwungen. Gleichzeitig löst dieses Schreien Mordimpulse aus. Denn durch dieses hilflose Jammern und verzweifelte Weinen wird in jeder Mutter das eigene schreiende Baby in ihr, ihre eigene alte Wunde und Verletztheit wieder wachgerufen. Dann endlich kommt der Umbruch ihrer Gefühle, sie ist erlöst, endlich darf sie zu ihrem Baby eilen, um ihm ihre ganze Liebe und Zärtlichkeit zu schenken. All ihre Erwartungen und Hoffnungen sind auf ihr Kind gerichtet. Dies ist das Wesen der ambivalenten Einstellung jeder Mutter ihrem Kind gegenüber, grundgeprägt, indem sie selber als Baby schon so unendlich schreien musste, erzwungen durch »ungeschriebene« Gesetze in unserer Kultur. Grundsätzlich ist ein Kleinkind völlig zerrissen zwischen den beiden Teilen seiner Mutter, zwischen der »guten« und der »bösen« Brust (Melanie Klein). Einmal lebt es in einer Hölle von Vereinsamung, es wird von Verzweiflung, Angst und Panik völlig überflutet. Sein Schreien bedeutet aber immer auch ein Toben, eine abgrundtiefe, unendliche Wut, Quelle eines lebenslangen, nie stillbaren Hasses, da es seine Welt in Stücke reißen würde, wenn es könnte. Dann endlich kommt sie, die Erlösung, die langersehnte Ruhe und Geborgenheit. Ein kleines Paradies auf Erden. Ein orgasmusähnliches Glücksgefühl durchströmt seinen Körper. Ist das die lang herbeigewünschte Entspannung? Nein, das ist zu viel! Die frisst mich auf, bedroht durch ihre Nähe! Das ist unerträglich. So etwa stelle ich mir die Grundspaltung in jedem kleinen Menschenkind vor, in verschieden hohem Ausmaß.

Wenn wir die Spaltung dieser Kleinkinder-Phase nochmal um die Dimension der Erziehung erweitern, so ergibt sich etwa folgendes Bild: Je vereinsamter sich ein Kleinkind fühlen musste, je intensiver es sich in seine Panik und Verzweiflung hineingeschrien hat, je mörderischer und destruktiver seine archaischen Wutimpulse geworden sind, desto mehr Aufmerksamkeit, Fürsorge und Zärtlichkeit erhält es später, es wird zum Mittelpunkt der Familie. Das aber bedeutet auch: Je ohnmächtiger das Kleinkind seine Hilflosigkeit und Abhängigkeit durchlitten hat, desto mehr wird es später zur »Selbstständigkeit« erzogen. Ein ungekrönter König, ein kleiner Gott auf Erden. Ein Irrsinn in sich. Je verletzter und unstillbarer wütend es in seinem Kern geworden ist, desto mehr muss es sich später um seine Mutter kümmern, für sie da sein, auf sie aufpassen, Mutter seiner Mutter sein. Je mehr es mit Liebe und Zärtlichkeit überschüttet wird und je mehr sich die Mutter an ihr Kind geklammert hat – aufgrund der eigenen Enttäuschung und Verlassenheit – desto mehr bleibt das Kind ein Leben lang an seine Mutter gebunden.

Es ist wirklich die Hölle, diese psychotische Struktur in uns allen. Ein unlösbares Dilemma. Es ist verständlich, wenn die meisten Menschen diese ambivalente emotionale Grundsituation für immer fest im Keller ihres Unbewussten einmauern, sie für immer vergessen wollen, abgespalten in Ewigkeit.

Mit diesem gespaltenen Mutterbild, mit dem kollektiven »Erbe« unserer Kultur ist es ohne weitere Erklärung sofort verständlich, warum alle Menschen in den westlichen Industrienationen voller Todesbilder und Todesängste sind – ein Thema welches ich am Beginn meines Buches habe anklingen lassen.

Und die Folgen? Bisher habe ich einseitig die Situation des Knaben, die Ängste der Männer in den Mittelpunkt gerückt. Nicht ohne Grund, denn die geschichtlichen Dokumente stammen in erster Linie aus Männerhand. Frauen sind die großen Schweigerinnen. Aber in der heutigen Zeit können wir Therapeuten sehr wohl auch Aussagen wagen über die Entwicklung des Mädchens. Dabei werde ich mich vor allem auf das Buch *Jokastes Kinder* der französischen Analytikerin Christiane Olivier stützen.[138]

1. Die Entwicklung des Knaben: Mit seiner Situation sind wir vertraut durch die Marienbilder einerseits und durch die Ritterromane andererseits. Eine Mutter spricht natürlicherweise stärker und auch erotisch gefärbt auf ihren Sohn an – wie ein Vater auf seine Tochter. Fühlt die Mutter sich einsam, von ihrem Mann verlassen und ist diese depressive Seite ausgeprägt, so sind ihre Gefühle dem Sohn gegenüber automatisch stärker erotisch, ja sogar auch sexuell eingefärbt. Und der höchst empfindsame Knabe spürt die ungelebte und enttäuschte erotische Seite seiner Mutter sehr genau. Aber das ist zu viel, er kann ihr nicht geben, was sie bräuchte. Einerseits wird seine Sexualität frühzeitig geweckt – in seiner Fantasie wird er später seine Mutter heiraten müssen – andererseits kann er sich nicht wehren gegen diese überstarken Erwartungen und Hoffnungen seiner Mutter. Seine Grenzen sind zu schwach gegen diese Übernähe. Er fühlt sich überwältigt, ja vielleicht sogar »vergewaltigt«. Und zusammen mit seiner Grunderfahrung als hilflos und verzweifelt weinendes Kleinkind liegt hier die Wurzel und Quelle der Angst vor Nähe bei jedem erwachsenen Mann, der Angst vor Abhängigkeit, der Angst vor Schwäche, der Angst vor der Ohnmacht. Niemals sich je wieder so in eine Beziehung einlassen! Umgekehrt ist der Wunsch des Mannes nach Autonomie und Selbstständigkeit, sein Wunsch, sich abzugrenzen, in jeder Beziehung fast grenzenlos übersteigert, und diese Wünsche werden um so stärker, je enger eine Beziehung

zu einer geliebten Frau zu werden »droht«. Es ist die Situation, die wir Therapeuten heute täglich in unseren Praxen erleben; wir erfahren dauernd, welch verrückte Spaltmechanismen und Abwehrstrategien die Männer vollbringen, um wirkliche Liebe nicht erleben zu müssen. Liebe ist wirklich bedrohlich.[139]

2. Die Entwicklung des Mädchens: Nach Christiane Olivier wird das Mädchen von der Mutter nicht so sehr begehrt wie der Knabe. Deswegen wird sich das kleine Mädchen immer als ungenügend erleben müssen, das ist seine Grunderfahrung. Darum ist es später nie zufrieden mit dem, was es hat, mit dem, wie es ist. So wünscht es sich beispielsweise immer einen anderen Körper. Als erwachsene Frau hofft es dann auf Erlösung durch einen Mann. Endlich möchte sie ganz begehrt werden, mit ihrem Körper und mit ihrem Wesen, ihrer Seele. Ihre Unersättlichkeit findet dem Mann gegenüber nie ein Ende. Aber was für sie eine Beruhigung wäre, ist eine Bedrohung für den Mann. Und weil er sich wegen seiner Ängste entziehen muss, ist die Frau in ihrer Enttäuschung voll Wut und Bitternis. Als Ausweg bleibt ihr nur, sich schadlos zu halten an den Kindern, vor allem natürlich an den männlichen.[140]

Sind also die Mütter, d. h. letztlich die Frauen, schuld an all unserem Elend? Hier möchte ich Olivier zitieren: »Eine Frau [die Mutter] legt die Saat der Frauenfeindlichkeit [die Angst des Mannes vor der Nähe] für eine andere.« Es sind die Mütter, die die zukünftigen Frauenfeinde, die Männer erziehen, an denen ihre Töchter später leiden werden.[141]

Eine Lösung sieht Olivier, wenn die Frauen und Mütter auf ihre Art der Macht zu verzichten beginnen, nämlich auf die Macht, ihre Kinder allein für sich zu beanspruchen. Wenn die Frauen andererseits über den Grund ihrer Unbefriedigtheit aufgeklärt werden – darüber, dass dies mit ihrer eigenen Mutter zusammenhängt –, dann müssen sie auch nicht zwanghaft »alles« von ihrem Mann und Geliebten bekommen.[142] Umgekehrt ist Oliviers Buch ein Plädoyer an den Mann, seine Rolle als der große Abwesende in der Familie endlich aufzugeben, am Familienleben teilzunehmen, sowohl mit seiner Aufgabe als Vater als auch in der Beziehung zu seiner Frau. Gelingt ihm dies nicht, sind die Mütter weiterhin in Versuchung oder gar gezwungen, ihre Kinder mit ihrer Liebe aufzufressen.

Was sind die Folgen dieser Grundprägung für die Beziehung zwischen den Geschlechtern? Wie die Mutter erlebt wird, ist Vorbild für beide, für

Mann und Frau, denn für den kleinen Knaben wie für das kleine Mädchen ist sie die erste Bezugsperson und die Urerfahrung von Nähe und Liebe. Beide Geschlechter sind gespalten in dieser Urerfahrung von Nähe und Geborgenheit, gespalten in eine unendliche Sehnsucht und eine ebenso große Urangst, wieder verlassen zu werden. Beide, Mädchen wie Knaben, hoffen später als erwachsene Menschen, vom Partner all das zu bekommen, was sie bei der Mutter vermisst haben. Je verlassener und einsamer sie waren, desto größer ist die Hoffnung und Erwartung, die Idealvorstellung vom Partner. Mit Zärtlichkeit und Sexualität sollte die innere Leere und Vereinsamung ausgefüllt werden, ein Versuch und eine Hoffnung, die von Anfang an zum Scheitern verurteilt sind. Hinzu kommt die innere Stimme des Mannes, die ihn warnt: Nie wieder eine solche Nähe wie bei der auffressenden Mutter. Das ist zu viel, das ist bedrohlich. Die innere Stimme der Frau hingegen sagt: Diese Nähe und Geborgenheit sind zu wenig, diese Art von Begehrtwerden reicht mir nicht aus. Die Angst des Mannes vor einer nahen Beziehung und sein Wunsch nach Abgrenzung stehen dem nie enden wollenden und unersättlichen Wunsch nach Nähe und Begehrtwerden der Frau gegenüber. Frauenfeindlichkeit und Männerhass prallen unversöhnlich aufeinander. Es ist dies die Grundlage und Ursache für den in der Tiefe unserer Seelen tobenden Kampf der Geschlechter – begründet und geprägt in der frühen Entfremdung zwischen Mutter und Kind, erzwungen durch unsere Kultur und Zivilisation.[143]

Ich will die geschichtlichen Ausführungen und die damit verbundenen psychologischen Konsequenzen nicht abschließen, ohne auf zwei für mich wichtige Punkte hinzuweisen:

1. Ich habe die Gesetzmäßigkeit hergeleitet, dass die Struktur einer Gesellschaft und die dazugehörige Wirtschaftsform in einer eindeutigen Wechselbeziehung steht zur Behandlung der Kleinkinder, der Babys: Hier werden ihre Emotionen grundgeprägt, als An- oder besser Einpassung in ihre Kultur. Und ich habe feststellen können: Alle Hoch-kulturen zeichnen sich durch eine Trennung und Entfremdung der Babys von ihren Müttern aus, als notwendige Einpassung der Menschen in das entfremdete und isolierte Leben in den Häusern der Städte. Sind damit die Frauen und Mütter »schuld« am Elend der Menschen in den alten Hochkulturen? Am Elend wie ich es beschrieben habe für die westlichen Industrienationen heute? Natürlich nicht, denn die Frauen und

Mütter werden zu dieser Trennung gezwungen. Sie sind »Opfer« dieses kulturellen Prozesses. Mutter und Baby werden voneinander getrennt, seit es Hochkulturen gibt. Diese Trennung und Entfremdung ist beim Aufblühen unserer Städte nur nochmal verschärft worden. Und die Isolation und Vereinsamung der Babys hat im Industriekapitalismus eine absolute Spitze erreicht. Letztlich sind auch wir Männer »Opfer« dieser Entwicklung – auf einer tiefen existenziellen Ebene sind wir Opfer, wenn wir den nächsten Krieg beginnen. Denn wir haben keine Ahnung von dem Krieg, der in der Tiefe unserer Seele vergraben liegt. Und wir hier in Europa haben sehr genau erfahren, welche Kriegseuphorie ausgebrochen ist vor dem Ersten Weltkrieg. Und mit welchen Folgen.

2. Dieses Buch zeigt die Entwicklung und emotionale Entfaltung eines Babys in seinem ersten Lebensjahr *nach der Geburt* auf. Dies ist ein einseitiges Bild, denn wir wissen heute, dass die körperliche und die seelische Entwicklung eines Menschen natürlich schon *vor der Geburt*, während der gesamten Schwangerschaft, beginnt. Nur kurz will ich diese pränatale Dimension des Seelenlebens in ein paar Sätzen umreißen.

Die modernste Medizin kann zeigen, wie vorgeburtlich geprägt wird, ob Menschen später in ihrem erwachsenen Leben dazu neigen, gesund oder krank zu sein. Und es wird in der Zeit der Schwangerschaft auch geprägt, welche Krankheiten wir später haben werden, ob wir eher an einem Herzinfarkt oder aber an Krebs erkranken, an Übergewicht oder an einer Schizophrenie leiden. Und dabei hat die Medizin festgestellt, dass es vor allem die ersten drei Monate der Schwangerschaft sind, die das Schicksal wesentlich beeinflussen, dies ist die Zeit, in der bei einem Menschen die Organe gebildet werden. Und man hat zeigen können: Je früher ein Einfluss bzw. ein Trauma erfolgt, desto nachhaltiger ist die Wirkung. David Barker in England ist der Begründer dieser Forschungsrichtung und Peter Nathanielsz in der USA ist ihm nachgefolgt.[144] Was die Medizin seit 30 oder 40 Jahren für den Körper herausgefunden hat, dies haben die pränatalen Psychotherapeuten seit ungefähr 100 Jahren für die Seele erarbeitet. Es ist die Grundlage der modernen pränatalen Psychologie und Psychotherapie, welche davon ausgeht, dass ein Baby von Anfang an, seit der Zeugung, ein vollbewusstes menschliches Wesen ist.

Damit will ich folgendes Phänomen umreißen: Wir Eltern tragen alle diese frühen Verlassenheitsgefühle in uns – es ist dies die Grundprägung in unserer Gesellschaft. Wir als Erwachsene können diese schmerzlichen Gefühle verdrängen oder abspalten, Babys in der Schwangerschaft können dies nicht. Sie spüren ungefiltert und schrankenlos alle unsere frühesten Traumatisierungen. Je jünger sie sind, desto offener und empfindsamer sind sie für unsere eigenen allerersten Verletzungen. Ihr Seelenleben im Mutterleib ist geprägt durch diese unsere innerste und tiefste Verlassenheit. Und je weniger wir unsere eigenen Schmerzen zulassen und fühlen können, desto heftiger wird umgekehrt die entstehende Seele eines Babys davon durchtränkt.[145]

4.6 Die Fluchtwege aus dieser »Urverletzung«

Welche Bewältigungsformen stehen uns im Alltag zur Verfügung, um diese extrem schwierigen Gefühle zu »verarbeiten«, zuzulassen, zu transformieren oder in irgendeiner Form auszuhalten? Welche Auswege, Fluchtmöglichkeiten stehen uns offen? Denn diesen durch den Prozess der Zivilisation, durch den Bau der Städte in unserem Unbewussten eingesperrten Irrsinn kann kein Mensch ertragen oder aushalten. Es handelt sich um einen Irrsinn, der seit dem 17. Jahrhundert, seit dem großen Prozess der »Normierung« zuerst hinter den Mauern der Asyle eingeschlossen wurde, um von dort tief in unser Unbewusstes verdrängt zu werden. Dieser Prozess hat sich seit dem 17. Jahrhundert durch die zusätzliche Trennung von Mutter und Baby nochmal radikal verschärft. Die möglichen Fluchtwege oder Verarbeitungsstrategien:

1. Gewalt und Krieg: Durch diese Trennung und Entfremdung von unseren Müttern sind wir alle stark verletzt worden – entsprechend heftig sind die in der Tiefe aufgestauten Wutgefühle. Entweder neigen wir dazu, dauernd von diesen aggressiven Gefühlen überflutet zu werden – dies ist die Quelle jeder Form von Gewalt, von Wut oder Tobsuchtsanfällen. Oder wir neigen zur Anpassung und Gefühlsverdrängung, zu einem inneren Erstarrt-Sein. Dann sind wir unter Umständen bereit, jederzeit einen neuen Krieg vom Zaun zu brechen oder uns in einen neuen Krieg hineinreißen zu lassen: Krieg als *die* Lösung schlechthin, seit Tausenden von Jahren. Was bedeutet: Wir, unsere Gruppe, ist gut – böse sind immer die anderen, die uns bedrohen, und diese anderen müssen vernichtet werden.

2. Krankheit: Wir führen »Krieg gegen uns selbst«. Aus Erfahrung wissen wir Therapeuten, dass wir in einer sehr depressiven Kultur und Gesellschaft leben. Die rund 2,5 % der Menschen in unserer Kultur, die Suizid begehen, sind nur die Spitze eines Eisbergs. Doch mit Krankheit meine ich hier mehr als die depressive Grundstimmung unserer Gesellschaft. Körper und Seele sind eine Einheit, was bedeutet: Jede Form von körperlicher Krankheit, Schmerz oder Gebrechen deutet auf einen tiefer liegenden Konflikt, auf verborgene Ängste oder frühe Verletzungen hin. Und die Krankheitsneigung ist immens in unseren westlichen Industrienationen. Und zudem wissen wir Therapeuten aus Erfahrung, dass Schmerz und Krankheit erst auftreten, wenn ein inneres seelisches Gefüge schon erschöpft oder zusammengebrochen ist.[146]
3. Sucht: Weil Liebesbeziehungen, ja jede Form von zwischenmenschlichen Beziehungen – wegen unserer Ängste – immer schwieriger werden, verschieben wir die daraus entstehende innere Leere und unsere immens gesteigerte Bedürftigkeit und Sehnsucht nach Liebe auf ein *Suchtmittel.* Denn wir wollen uns nie mehr abhängig fühlen von anderen Menschen – ein Suchtmittel ist viel einfacher zu kontrollieren! Weil aber ein solches Mittel nie das an Wärme und Geborgenheit vermitteln kann, was der Mensch bräuchte, muss entweder die Dosis dauernd erhöht werden, oder es muss auf eine neue Suchtart ausgewichen werden. Neben unserer Krankheitsneigung sind wir in den westlichen Industrienationen universell süchtig geworden.[147] Und mit dieser universellen Süchtigkeit zerstören wir sukzessive unseren Planeten.[148]

5 Schlussbetrachtungen

Gibt es Hoffnung?

Ich habe den Irrsinn dargestellt, wie er in unserer heutigen Zeit deutlich zum Vorschein kommt.[149] Begonnen hat dieser Prozess der Zivilisation mit dem Bau der Städte vor 5.000 bis 6.000 Jahren durch die Sumerer und Babylonier. Notwendigerweise war damit die Erfindung des Geldes als Regulationsmechanismus für die Lenkung der Warenströme verbunden. Seit dieser frühen Zeit stehen wir unter der Herrschaft des Geldes, und heute hat der Kapitalismus ein Endstadium erreicht, sodass die Gier des Menschen nach Geld in ihrer Extremform nur noch zerstörerisch ist. Und ich habe aufgezeigt, wie parallel zu dieser Entwicklung die Behandlung der Babys einen Regulationsmechanismus darstellt, indem durch die Trennung von Mutter und Baby eine emotionale Grundlage für das entfremdete Leben in den Städten geschaffen worden ist: Nur so sind die Menschen fähig, die Entfremdung und Isolation gefühlsmäßig zu ertragen. Unsere Ängste und innere Panik sind im Laufe der Jahrtausende dabei ins Grenzenlose gewachsen. Das tobende Baby in uns allen ist die Ursache für unsere universelle Neigung zu Gewalt und Krieg, für unsere Neigung zu Krankheit – verstanden als Krieg gegen uns selbst – und unsere Riesenängste vor Beziehungen: Grundlage unseres Geschlechterkampfes und damit verbunden unserer Neigung zur Sucht, mit der wir unseren Planeten plündern und zerstören.

Gibt es einen Ausweg aus diesem Irrsinn, gibt es Hoffnung?

5.1 Die stille Revolution

Ich persönlich bin voller Optimismus, denn seit den 1950er und -60er Jahren gibt es etwas völlig Neues in der Menschheit, etwas, das es in dieser Art noch nie gegeben hat. Und so wie wir das »Kind im Schatten der

Kathedrale« im Mittelalter übersehen haben, so neigen wir dazu, das Neue in der Behandlung der Babys und Kleinkinder nicht wahrzunehmen – fasziniert von all den sich überstürzenden Ereignissen in unserer Geschichte der Neuzeit, in unserem Alltag.

Ich halte die Erfindung der Atombombe am Ende des Zweiten Weltkrieges, wodurch die Menschen fähig geworden sind, sich mit Waffen selber zu vernichten, für den möglichen Anstoß zu dieser neuen Entwicklung. Bis ins 20. Jahrhundert hat sich der Körperkontakt zwischen einer Mutter und ihrem Baby auf ein Minimum reduziert, und plötzlich beginnen in Amerika Frauen und Mütter in den 1950er Jahren, ihre Babys wieder vermehrt zu stillen, was natürlich mit mehr Körperkontakt verbunden ist. Es ist die »Geburtsstunde« der La Leche Liga, die zu einer weltweiten Bewegung im 20. Jahrhundert anwachsen wird. Und wichtig bei dieser neuen Strömung ist das Faktum, dass sie nicht durch einen »großen Meister« oder Guru ausgelöst worden ist, auch nicht durch Mediziner, Psychologen oder Pädagogen, sondern es ist eine Bewegung *von unten*. Der Ursprung liegt bei den Frauen und Müttern selbst.

Einen Durchbruch hat diese neue Entwicklung durch die Bewegung der Hippies erlebt – »Make love, not war« – insofern die Frauen und Mütter ihre Babys wieder in ein Tragetuch eingebunden auf ihrem Körper tragen – wie die archaischen Kulturen! Nachdem die Babys seit Jahrtausenden vom Körper der Mutter immer mehr getrennt und entfremdet worden sind, dürfen sie nun bei den Hippies die Befriedigung dieses archaischen Bedürfnisses nach Nähe wieder erleben. Eine unfassbare Entwicklung nach einer so langen Phase der Trennung! Hier liegt der Ursprung einer neuen Form von Menschlichkeit, von Wärme, Geborgenheit und liebevoller Verbundenheit, wie sie seit Jahrtausenden nicht mehr praktiziert worden ist. Ich kann das nicht anders ausdrücken: Ein Wunder ist geschehen vor unseren Augen, ohne dass wir es gesehen haben, eine stille Revolution.

Und diese Bewegung der Hippies hat in den 1970er Jahren auf die gesamte Bevölkerung ausgestrahlt: Es sind die Frauen und Mütter, welche ihre Babys immer mehr auf dem Körper herumtragen. Zuerst in Tragetüchern, später werden alle möglichen Tragehilfen erfunden. Körperkontakt ist wieder »in«. Und gleichzeitig kehren die Männer als Väter in ihre Familien zurück, sie sind emotional für ihre Kleinkinder und Frauen wieder erreichbar. Es gibt Männer, die sich eventuell um eine Teilzeitstelle bemühen, um für ihre Familie da zu sein. Dies geht bis hin zum

Phänomen, dass der Mann die Pflege der Babys und Kinder übernimmt und auch den Haushalt macht, zum Phänomen des Hausmannes. Und bei ganz progressiven Eltern darf ein Baby heute schon wieder im Bett, unmittelbar neben dem Körper der Mutter oder aber zwischen seinen Eltern, im sogenannten Familienbett, schlafen. Und ich vermute, dass heute ungefähr ein Viertel der Bevölkerung diesen neuen Weg der Baby- und Kleinkinder-Behandlung beschritten hat. Eine stille Revolution von einem unvorstellbaren Ausmaß! Denn diese neuen Eltern verstehen oder erleben intuitiv, dass das Weinen und Schreien ihres Babys ein Notsignal darstellt, und sie reagieren darauf. Ein Baby mit solchen Eltern, die diese neue Menschlichkeit praktizieren, wird nicht einfach stundenlang schreien gelassen, sondern die Mama oder der Papa halten es auf dem Körper, oder die Eltern sind in seiner unmittelbaren Nähe und nehmen Anteil an seiner Verzweiflung, sie sind emotional präsent. Aletha Solter[150] drückt das so aus: Jede Träne auf dem Körper einer Mutter ist eine Heilung.

Und wir brauchen nicht zu warten, bis die neue Generation von Babys und Kindern erwachsen ist und die Geschicke der Menschheit mitbestimmt oder lenkt – denn solche Eltern, die ihre Babys wieder auf dem Körper tragen und ihre Kinder als Lehrmeister erleben, beginnen sich selber emotional zu verändern. Ich werde gleich mehr darüber berichten: Ihr Blick ist nach innen gerichtet. Sie versuchen, ihre eigenen Gefühle und Ängste zuzulassen und ernst zu nehmen. Ein unvorstellbar großer Schritt in Richtung Heilung, den ich nur als Wunder bezeichnen kann.

Diese neue Menschlichkeit hat parallel zur Entwicklung, wie ich sie hier aufgezeigt habe, auch in die Kliniken Einzug gehalten: Die sanfte Geburt wurde von Frédérick Leboyer und Michel Odent in Frankreich eingeführt und hat von dort aus auf ganz Europa ausgestrahlt. Dabei wird ein Baby nach der Geburt nicht mehr von der Mutter getrennt, sondern in warme Tücher eingewickelt und neben die Mutter gelegt. Solche Babys müssen nicht weinen, sondern sie schauen aufmerksam in die Augen ihrer Mutter und umgekehrt – dies ist ein Prozess des »gegenseitigen Verliebens«. Dieser Bonding-Prozess wird heute in progressiven Kliniken nicht mehr gestört, sondern gefördert. Und in progressiven Krankenhäusern werden Mutter und Baby in den ersten Tagen, im sogenannten Wochenbett, nicht mehr voneinander getrennt, das Kind darf sogar unter Umständen nachts am Körper der Mutter schlafen, wenn diese das wünscht. Und fast schon ist es eine Selbstverständlichkeit geworden, dass der Vater bei der Geburt anwesend ist, um seine Frau zu unterstützen, und vielleicht darf er sogar die ersten Nächte bei ihr im Familienbett schlafen.[151]

5.2 Der Blick nach innen

Eigentlich können wir nur staunen darüber, was in unserer heutigen Zeit langsam zum Vorschein kommt: Neben der Möglichkeit, uns mit unseren Waffen selber auszulöschen, der fatalen Destruktivität, entsteht als Kontrast diese neue unendliche Menschlichkeit, die ich als Wunder, als stille Revolution bezeichne. Und die gute Botschaft ist: Wir können auch aktiv in diesen Prozess eingreifen, um die Menschlichkeit zu verstärken. Und hier nun berichte ich von meiner langjährigen Erfahrung mit Paaren und was ich dabei entwickelt habe.

Am Schluss von Kapitel 4.5 (Die Ambivalenz der Mütter) habe ich meine heutige Arbeitsweise der *pränatalen Psychotherapie* kurz umrissen, nämlich dass das Seelenleben schon vor der Geburt beginnt und in der Schwangerschaft all unsere Ängste, unser Erleben und Verhalten grundgeprägt werden, welche dann erst später, nach der Geburt, zum Vorschein kommen – ein Leben lang.[152] Und als pränatale Therapeuten wissen wir, dass Babys in der Schwangerschaft alles ungefiltert erleben, was ihre Eltern an Gefühlen in sich tragen oder auch nicht ertragen können und in irgendeiner Weise abspalten und verdrängen. Babys sind vollkommen offen und empfindlich für das Gefühlsleben von beiden Elternteilen, von Mama genauso wie von Papa. Und die Eltern tragen all den Irrsinn unserer Kultur in sich, wie ich ihn in diesem Buch beschrieben habe – seit vielen Generationen.

Die Erfahrung aller meiner Paarbegleitungen zeigt nun: Wenn nach der ersten Verliebtheit langsam der »Alltag« in eine Beziehung einkehrt, neigen beide Partner immer mehr dazu, ihre Schattenseiten, ihre alten und frühen Verletzungen auch in der Beziehung zuzulassen. Je sicherer die Grenzen sind, desto vertrauensvoller dürfen diese frühen Schmerzen gespürt und erfahren werden. Wir »steigen dann wieder ab« in unsere ursprüngliche Hölle der Verlassenheit, in die frühkindlichen Prägungen, wie ich sie hier beschrieben habe. Nur: die Hölle sind dann nicht länger die Eltern, sondern jetzt der Partner oder die Partnerin! Vielleicht könnte ich sie oder ihn umbringen vor Enttäuschung und Wut, weil er/sie mich so sehr verletzt hat. Und damit kann sie beginnen, die Heilung der alten

Wunden in der Paarbeziehung! Aber nur dann, wenn wir bereit sind, unsere alten verletzten Gefühle wirklich zu spüren und zuzulassen.[153] Und wenn wir zu diesem Schritt bereit sind, dann können wir auch gleichzeitig empfinden und wissen: Das sind *unsere* ureigensten alten Verletzungen, welche wir seit der Kindheit in uns tragen – ein Partner mit seinen Worten und seinem Verhalten ist nur der Auslöser unseres alten Schmerzes, ein harter Spiegel unserer alten Wunden! Wir alle haben unsere Partner entsprechend gewählt, damit wir in unseren Grundfesten immer wieder – neben allem Glück, das wir mit ihnen erleben und teilen dürfen – auch erschüttert werden.

Mit dieser Einsicht sind wir frei, wieder auf unseren Partner zuzugehen mit der offenen Haltung: Natürlich bist nicht *du* schuld an meinem Elend, sondern die Quelle all meines Unglücks liegt in *mir* verborgen. Und danke, dass du immer wieder bereit bist, mir diesen schmerzlichen Spiegel vorzuhalten. Deswegen habe ich dich gewählt, das ist deine Aufgabe. Mit dieser inneren Haltung ist die Grundlage für einen Weg zur eigenen Heilung geschaffen, aber nur dann, wenn *beide* Partner sie teilen oder dazu bereit sind. Ich klage nicht an, fühle mich als Opfer, sondern ich bin meinem Partner bzw. meiner Partnerin dankbar, dass er/sie – je mehr sich unsere Liebesbeziehung vertieft – mir den Weg zu meiner eigenen inneren Urwunde aufzeigt.

Dann allerdings beginnt die eigentliche innere Arbeit mit sich selbst: Was tut mir gut, was braucht mein Körper, um aus diesem alten Trauma und Schock zu erwachen, was brauche ich für meine Heilung? Das herauszufinden ist *meine Aufgabe*, nicht die des Partners. Und vielleicht bin ich ihm oder ihr gegenüber einfach nur dankbar, dass er/sie mich nicht verlässt, trotz meiner irrationalen, irren Ängste und Empfindungen. Und wenn beide Partner in einer Beziehung zu diesem Schritt fähig sind, dann dürfen wir uns immer und jederzeit dem anderen zumuten, mit allen unseren verrückten Gefühlen. Denn wir wissen beide: Was jetzt geschieht, gilt nicht meinem Partner/meiner Partnerin, sondern ursprünglich meiner Mutter oder meinem Vater. Der Partner bzw. die Partnerin ist nur der *Auslöser.*[154]

Wichtig dabei ist, zu betonen: Die Eltern selber sind natürlich auch nicht schuld an meinem Elend, denn sie selber waren Gefangene in einem System, das Mutter und Baby, Vater und Kleinkind voneinander trennt – seit Tausenden von Jahren. Wir alle sind in diesem Irrsinn gefangen, nur wird es in Familie X ein bisschen anders ausgedrückt und übergeben als in

Familie Y oder Z. Wir alle sind in diesem Irrsinn gefangen. Nur gemeinsam finden wir einen Ausweg. Und eine Partnerschaft ist »der Königsweg«, um unsere Urwunden zu entdecken und um sie ausheilen zu lassen.

Nur eine kleine Anmerkung: Eine genauso große Herausforderung zu unserer Heilung sind unsere Kinder! Sie sind – neben all den Freuden, die wir mit ihnen erleben und teilen dürfen – unerbittlich darin, uns einen Spiegel vorzuhalten. Und wenn wir bereit sind, sie nicht länger zu »erziehen«, sondern sie als unsere großen Lehrmeister anzunehmen, dann sind wir auf dem Weg der Selbstheilung wieder ein gutes Stück vorangekommen.

Die Enttäuschungen erleben wir immer im Außen, aber die Quelle all unseres Schmerzes liegt immer in unserem eigenen Innern verborgen – mit dieser Haltung und mit diesem Wissen, mit dem Blick nach Innen, sind wir fähig, das »gemeinsame Boot« langsam zu verlassen, unseren gemeinsam geteilten Irrsinn zu überwinden, um ihn ausheilen zu lassen. Dies ist ein mühsamer Weg, verbunden mit sehr viel Schmerz. Aber auch auf die Belohnung möchte ich hinweisen: sehr viel mehr Lebensfreude und Glück; eine bessere Beziehung zu unseren Partnern, zu unsern Kindern und zu unsern Eltern! Und dieser Blick nach Innen ist natürlich nur ein kleiner Ausschnitt, eine Möglichkeit zur Ausheilung unserer tiefen Verletzungen. Aber es ist ein wichtiger Schritt zu einer friedlicheren Welt.

Auf der nächsthöheren Stufe geht es letztlich um die Konflikte zwischen allen Menschen, zwischen den Völkern dieser Welt: Wir alle sind Teile einer »großen Familie«. Niemals darf eine Menschengruppe oder ein Volk zum Sündenbock erklärt und dadurch ausgeschlossen werden. Im Gegenteil, wir gehören alle zusammen – mit ganz verschiedenen Interessen und Bedürfnissen. Aber wir tragen die Verantwortung für alle Menschen dieser Welt. Dies ist die Grundlage für eine neue, weltumfassende Ethik.[155]

Ich glaube, nur wenn wir bereit sind, Verantwortung für alle Menschen und alle Völker dieser Welt zu tragen, wenn wir für eine weltweit neue Ethik bereit sind, werden wir wirklich offen sein, die unendliche Schönheit unseres Planeten zu sehen, und bereit sein, sie in uns aufzunehmen. Dies ist ein Weg zu einem inneren Frieden, zu einer friedlichen Welt ohne Krieg. Und vielleicht ist das nicht nur das Ende von Kriegen, sondern auch vom Krieg gegen unsere Tiere, das Aus für unsere Schlachthäuser.

5.3 Der Beginn eines lichtvollen Zeitalters

Aber es gibt nicht nur diese neue Menschlichkeit, wie sie von der modernen Generation der Eltern ausgeht und die sich darin zeigt, wie sie ihre Babys und Kinder liebevoll pflegen und großziehen. Parallel dazu beobachte ich, wie immer mehr Menschen den großen Religionen davonlaufen. Dabei suchen sie sich – unabhängig von ihren bisherigen Glaubenstraditionen – einen *eigenen* spirituellen Weg, angeregt vielleicht durch die alten Meditationstechniken des Ostens. Dies ist ein unendlich wichtiger Schritt zur Selbstbefreiung.

Schließlich gibt es immer mehr Menschen, die sich in irgendwelchen Gemeinschaften zusammenschließen, um andere Menschen, z. B. Minderheiten aus den Entwicklungsländern, oder die Natur in irgendeiner Form zu unterstützen: Es sind die vielen Ökobewegungen oder Drittwelt-Bewegungen wie etwa Greenpeace, Ärzte für soziale Verantwortung[156] oder Ärztinnen und Ärzte für Umweltschutz. Dies gilt auch für die Gruppe für eine Schweiz ohne Armee.[157] Es ist dies nur eine kleinste Auswahl aus tausenden und abertausenden von ähnlichen Vereinigungen und Bewegungen, die alle für »Gotteslohn« arbeiten, aus purer Nächstenliebe. Und schließlich gibt es immer mehr »Aussteiger« aus unserer Welt, die sich in Ökodörfern zusammenschließen, um ihren eigenen Weg zu finden und zu gehen. Verbunden ist dies mit der Suche nach neuen Regeln des Zusammenlebens und auch mit dem Anbau ihrer eigenen gesunden Nahrungsmittel.

Bisher habe ich immer nur von äußerlich sichtbarem Verhalten und den inneren Konsequenzen gesprochen, ausgehend von einem wissenschaftlichen Standpunkt. Aber es gibt natürlich auch eine andere Betrachtungsweise: So habe ich die Spiritualität bisher nicht berührt. In dieser Hinsicht berichtet uns beispielsweise die 18-jährige Christina von Dreien,[158] dass seit dem Jahr 2000 immer mehr Kinder bereits erleuchtet geboren werden, ohne dass sie auf einem spirituellen Weg, durch Meditation, dorthin gelangen müssen. Und Christina schildert auch, wie die großen dunklen Machtstrukturen dieser Welt in Zukunft langsam zerbrechen werden und durch lichtvolle und friedliche Strukturen ersetzt werden.

Die 17-jährige Schwedin Greta Thunberg hat schon im Europaparlament und auf dem Klimagipfel der UNO sprechen dürfen: ein Plädoyer gegen die Erwärmung des Klimas auf dieser Welt. Und sie ist die Initiatorin für die regulären Schulstreiks in ganz Europa zur Erhaltung unseres Klimas: Fridays for Future!

Dies sind nur zwei Beispiele wie sie in Zukunft immer häufiger in Erscheinung treten werden. Vor allem dann, wenn wir uns nicht länger durch Kriegsberichterstattungen der Medien zumüllen lassen, werden wir immer häufiger und klarer solche Hoffnungsstrahlen auf unserem Planeten entdecken. Und all diese neuen Hoffnungsträger wachsen schließlich immer mehr zusammen! Sie werden die Geschicke der Welt von morgen zentral beeinflussen und bestimmen.

5.4 Epilog: An die Eltern

Ein zentrales Anliegen aber habe ich bis zum Schluss aufbewahrt: Wenn ich Eltern und ihre Babys oder Kinder in meiner Praxis empfange und das Baby weint untröstlich, kann nachts nicht schlafen oder zeigt irgendein anderes Symptom, dann weiß ich aus Erfahrung: Es spürt die frühen Verletzungen seiner Mutter oder den früh erlebten Schmerz seines Vaters. Aber die Eltern sind nicht verrückt, ich klage sie niemals an, sondern ich suche nur gemeinsam mit ihnen nach ihren eigenen frühen Verletzungen, welche ihre Babys oder ihre Kinder spüren und für sie zum Ausdruck bringen. »Ein Baby weint die Tränen seiner Eltern«, so lautet ein früherer Artikel von mir. Ähnliche Ansätze haben heute ganz viele Babytherapeuten gewählt, siehe das von Thomas Harms herausgegebene Buch *Körperpsychotherapie mit Säuglingen und Eltern.* Was ich bisher über die Familien oder Babys ausgesagt habe, gilt natürlich für *alle* Menschen: Auch wenn ihre Leiden und Schmerzen ausgeprägt und stark sind – sie sind *niemals verrückt!* Ihre momentane Krise ist vielmehr eine Öffnung, um die eigene Verrücktheit, das eigenen Irre-Sein zu entdecken und zuzulassen, um es dann *ausheilen* zu lassen. Es ist die *Chance ihres Lebens.* Und je größer der Schmerz, desto größer ist der *Schatz* und *Reichtum*, der darin verborgen ist – so habe ich es immer wieder erfahren. Wir brauchen dann nur liebevolle Menschen, die uns bei der Bergung dieses Schatzes behilflich sind und uns liebevoll begleiten.

Ein einzelner Mensch ist niemals verrückt, nur selbstverständlich leidend. Verrückt ist immer nur unsere Gesellschaft, seit tausenden von Jahren, seit Mütter und Babys voneinander getrennt worden sind. Es gibt nur einen mühsamen Weg aus dieser persönlichen Krankheit und diesem

Leiden: Wir müssen gemeinsam die Spätfolgen dieser frühen Prägung und Erfahrung in uns erkennen und versuchen, uns selber zu ändern. Uns selber – und nicht den Partner, unsere Kinder oder andere Menschen. Dies ist der lange Marsch, der weite und mühsame Weg zu einer friedlichen und spirituellen Welt.

Dank

Herzlich bedanken möchte ich mich bei meinem Freund Thomas Harms, der das Manuskript sorgfältig gelesen, mir viele Anregungen gegeben und es dem Verlag empfohlen hat. Bedanken möchte ich mich auch beim Psychosozial-Verlag, insbesondere bei Christian Flierl, der mein Manuskript in Druck genommen hat. Und ebenso möchte ich mich für die sorgfältige Lektorierung von Julia Stein bedanken.

Danken möchte ich ferner all meinen Freundinnen und Freunden, welche mein Manuskript gelesen und mir viele wertvolle Ergänzungen und Hinweise gegeben haben. Zum Schluss gilt mein Dank ganz besonders meiner Sekretärin Anja Brönnimann für ihre wertvolle Arbeit bei der Erstellung meines Manuskriptes.

Bibliografie

Alexandre-Bidon, Danièle & Closson, Monique, (1985): *L'enfant à l'hombre des cathédrales*. Presses universitaires de Lyon, Lyon.

Ariès, Philippe (1975): *Geschichte der Kindheit*. Hanser, München.

Badinter, Elisabeth (1981): *Die Mutterliebe, Geschichte eines Gefühls vom 17. Jh. bis heute*. Piper, München.

Barker, David (1998): *Mothers, Babies and Health in Later Life* (2. Aufl.). Churchill Livingstone, Edinborough.

Blaffer-Hrdy, Sarah (2000): *Mutter Natur, die weibliche Seite der Evolution*. Berlin Verlag, Berlin.

Blaffer-Hrdy, Sarah (2010): *Mütter und andere: wie die Evolution uns zu sozialen Wesen gemacht hat*. Berlin Verlag, Berlin.

Bottéro, Jean & Kramer, Samuel Noah (1989): *Lorsque les dieux faisaient l'homme. Mythologie mésopotamienne*. Gallimard, Paris.

Bottéro, Jean (1992): *L'Epopée de Gilgames, le grand homme qui ne voulait pas mourir*. Gallimard, Paris.

Bowlby, John (1973): *Bindung, eine Analyse der Mutter-Kind-Beziehung*. Kindler, München.

Bowlby, John (1976): *Trennung, psychische Schäden als Folge der Trennung von Mutter und Kind*. Kindler, München.

Bowlby, John (1983): *Verlust, Trauer und Depression*. Fischer, Frankfurt a.M. Brisch, Karl Heinz (1999): *Bindungsstörungen, von der Bindungstheorie zur Therapie*. Klett-Cotta, Stuttgart.

Brisch, Karl Heinz & Hellbrügge, Theodor, (Hrsg.) (2007): *Die Anfänge der Eltern-Kind-Beziehung*. Klett-Cotta, Stuttgart.

Campbell, Joseph (1978): *Der Heros in tausend Gestalten*. Suhrkamp, Frankfurt a.M.

Caparrós, Martín (2015): *Der Hunger. ›Wie zum Teufel können wir weiterleben, obwohl wir wissen, dass diese Dinge geschehen?‹*. Suhrkamp, Frankfurt a.M.

Cohen, Marc (1988): *The Canonical Lamentations of Ancient Mesopotamia*. 2 Bände. Capitol Decisions, Potomac, MD.

Dalai Lama (2015): *Der Appell des Dalai Lama an die Welt. Ethik ist wichtiger als Religion*. Benevento Publishing, Wals bei Salzburg.

Delumeau, Jean (1985): *Angst im Abendland. Die Geschichte kollektiver Ängste im Europa des 14. bis 18. Jahrhunderts*. 2 Bände. Rowohlt, Reinbek.

deMause, Lloyd (Hrsg.) (1977): *Hört ihr die Kinder weinen: eine psychogenetische Geschichte der Kindheit*. Suhrkamp, Frankfurt a.M. Dornes, Martin (1993): *Der kompetente Säugling: Die präverbale Entwicklung des Menschen*. Fischer, Frankfurt a.M

Dundes, Allan (1988): *The Flood Myth*. University of California Press, Berkley, CA.

Ehrenberg, Margaret (1992): *Die Frau in der Vorgeschichte*. Kunstmann, München.

Eibl-Eibesfeldt, Irenäus (1967): *Grundriss der vergleichenden Verhaltensforschung*. Piper, München.

Eibl-Eibesfeldt, Irenäus (1984): *Die Biologie des menschlichen Verhaltens, Grundriss der Humanethologie*. Piper, München.

Eliade, Mircea: Werke.

Elias, Norbert (1977): *Über den Prozess der Zivilisation*. 2 Bände, (1. Druck 1939), Suhrkamp, Frankfurt a. M.

Etzard, Dietz Otto (1989): Das »Wort im Ekur« oder die Peripetie im »Fluch über Akkade«. In: Hermann Behrens et al. (Hrsg.): *Dum-e-dub-ba-a. Studies in Honour of Ake W. Sjöberg*, S. 99–105. University of Pennsylvania Museum, Philadelphia.

Falk, Dean (2009): *Wie die Menschheit zur Sprache fand. Mütter, Kinder und der Ursprung des Sprechens*. Deutsche Verlags Anstalt, München.

Falkenstein, Adam und Wolfram von Soder (1953): *Sumerische und Akkadische Hymnen und Gebete*. Artemis Verlag, Zürich.

Farber, Walter (1989): *Schlaf, Kindchen, Schlaf! Mesopotamische Baby-Beschwörungen und -Rituale*. University of Virginia, Winona Lake.

Fauth, Wolfgang (1981): Isfar als Löwengöttin und die Löwenköpfige Lamastu. *Die Welt des Orients, 12*, S. 21–36.

Foster, Benjamin R. (1996): *Before the Muses. An Anthology of Akkadian Literature*. 2 Bände. CDL Press, Bethesda, MD.

Foucault, Michel (1973): *Wahnsinn und Gesellschaft: Eine Geschichte des Wahns im Zeitalter der Vernunft*. Suhrkamp, Frankfurt a. M.

Frazer, James George (1918): *Folklore in the Old Testament. 3 Bände*. Random House, London.

Freud, Sigmund: Werke

Grossmann, Karin & Grossmann, Klaus (2004): *Bindungen – das Gefüge psychischer Sicherheit*. Klett-Cotta, Stuttgart.

Hacker, Friedrich (1977): *Aggression, die Brutalisierung der modernen Welt*. Rowohlt, Reinbek.

Harlow, Harry (2010): *Die Entdeckung der Mutterliebe*. Beltz, Frankfurt a. M.

Harms, Thomas (Hrsg.) (2016): *Körperpsychotherapie mit Säuglingen und Eltern, Grundlagen und Praxis*. Psychosozial-Verlag, Gießen

Hassenstein, Bernhard (1973): *Verhaltensbiologie des Kindes*. Piper, München.

Hecker, Karl (1994): Das Akkadische Gilgamesch-Epos. In: *Texte aus der Umwelt des Alten Testaments III, Mythen und Epen II*, S. 646–744. Gütersloher Verlagshaus, Gütersloh.

Henzinger, Ursula (1999): *Stillen, kulturgeschichtliche Überlegungen zur frühen Eltern-Kind-Beziehung*. Psychosozial-Verlag, Gießen. Überarbeitete Auflage 2020.

Henzinger, Ursula (2017): *Bindung und Autonomie in der frühen Kindheit. Humanethologische Perspektiven für Bindungstheorie und klinische Praxis*. Psychosozial-Verlag, Gießen.

Hess, Eckhard (1973): *Prägung, die frühkindliche Entwicklung von Verhaltensmustern bei Tier und Mensch*. Kindler, München.

Hewlett, Barry S. und Lamb, Michael E. (2005): *Hunter – Gatherer Childhoods:* Evolutionary, Developmental and Cultural Perspectives. Transaction Publishers, New Brunswick, NJ.

Hollstein, Walter (1988): *Nicht Herrscher, aber kräftig. Die Zukunft der Männer*. Hoffmann und Campe, Hamburg.

Jacobsen, Thorkild (1976): *The Treasure of Darkness. A History of Mesopotamien Religion*. Yale University Press, New Haven.

Jacobsen, Thorkild (1987): *The Harps that once ... Sumerian Poetry in Translation*. Yale University Press, New Haven.

Jonas, Hans (1973): *Das Prinzip Verantwortung*. Suhrkamp, Frankfurt a. M.

Kernberg, Otto F. (1988): *Schwere Persönlichkeitsstörungen: Theorie, Diagnose und Behandlungsstrategie*. Klett-Cotta, Stuttgart.

Kinnier Wilson, James (1965): An Introduction to Babylonian Psychiatry. *Assyriological Studies*, (16), S. 289–298.

Kinnier Wilson, James (1967): Mental Diseases of Ancient Mesopotamia. In: Don Brothwell & A.T. Sandison (Hrsg.): *Diseases in Antiquity*, S. 723–733. C.C. Thomas, Springfield, IL.

Klaus, Marshall & Kennell, John (1983): *Mutter-Kind-Bindung. Über die Folgen einer frühen Trennung*. dtv, München.

Klein, Melanie (1962): *Das Seelenleben des Kleinkindes und andere Beiträge zur Psychoanalyse. Aufsätze aus der Zeit von 1930–57*. Klett-Cotta, Stuttgart.

Kramer, Samuel Noah (1963): *The Sumerians: Their History, Culture and Character*. University Chicago Press, Chicago, IL.

Kramer, Samuel Noah (1969a): *The Sacred Marriage Rite. Aspects of Faith, Myth and Ritual in Ancient Sumer*. Indiana University Press, Bloomington.

Kramer, Samuel Noah (1969b): A Sumerian Lamentation. In: James B. Pritchard (Hrsg.): *Ancient Near Eastern Texts Relating to the Old Testament* (S. 455–463). University of Michigan, Ann Arbor.

Kramer, Samuel Noah (1979): *From the Poetry of Sumer, Creation, Glorification, Adoration*. University of California Press, Berkley, CA.

Küng, Hans (1990): *Weltethos*. Piper, München.

Labat, René (1951): *Traité akkadien de Diagnostics et Prognostics Medicaux*. Academie Internationale d'Histoire des Sciences, Paris.

Lambert, Wilfried (1969): A Middle Assyrian Medical Text. *Iraq*, *31*, S. 28–39.

Langosch, Karl (1980): *König Artus und seine Tafelrunde. Europäische Dichtung des Mittelalters*. Dort: Lanzelot und Ginevra, S. 357–700. Reclam, Stuttgart.

Leboyer, Frédérik (1974): *Der sanfte Weg ins Leben – Geburt ohne Gewalt*. Kösel, München.

Locke, John (1693): *Einige Gedanken über Erziehung*. Übersetzt von Johann Bernhard Deermann. Ferdinand Schöningh, Paderborn 1967.

Lorenz, Konrad (1963): *Das sogenannte Böse*. Borotha-Schoeler, Wien.

Lorenz, Konrad (1965): *Über tierisches und menschliches Verhalten*. Gesammelte Abhandlungen Band 1+2. Piper, München.

Lüpold, Sibylle (2009): *Ich will bei Euch schlafen! Ruhige Nächte für Eltern und Kinder*. Urania, Stuttgart.

Maaz, Hans Joachim (2003): *Der Lilith-Komplex*. C.H.Beck, München.

McLaughlin, Mary Martin (1977): Überlebende und Stellvertreter: Kinder und Eltern zwischen dem neunten und dreizehnten Jahrhundert. In: Lloyd deMause (Hrsg.): *Hört ihr die Kinder weinen. Eine psychogenetische Geschichte der Kindheit*. S. 147–262, Suhrkamp, Frankfurt a. M.

Michalowski. Piotr (1989): *The Lamentation over the Destruction of Sumer and Ur. Eisenbrauns, Winona Lake.*

Montagu, Ashley (1974): *Körperkontakt, die Bedeutung der Haut für die Entwicklung des Menschen.* Klett-Cotta, Stuttgart.

Morgan, Elaine (1989): *Kinder des Ozeans, der Mensch kam aus dem Meer.* Goldmann, München.

Morris, Desmond (1968): *Der nackte Affe.* Droemer Knaur, München.

Nathanielsz, Peter (1999): *Life in the Womb: The Origin of Health and Disease.* Promethean Press, Ithaca, NY.

Néraudau, Jean-Pierre (1984:) *Etre enfant à Rome.* Roalle, Paris.

Odent, Michel (1978): *Die sanfte Geburt. Die Leboyer-Methode in der Praxis.* Kösel, München.

Olivier Christiane (1988): *Jokastes Kinder. Die Psyche der Frau im Schatten der Mutter.* Claassen, Düsseldorf.

Panofsky, Erwin (1980): *Studien zur Ikonologie. Humanistische Themen in der Kunst der Renaissance.* Dumont, Köln

Peiper, Albrecht (1966): *Chronik der Kinderheilkunde.* Thieme, Leipzig.

Pilgrim, Volker Elis (1986): *Muttersöhne.* Claassen, Düsseldorf.

Portmann, Adolf (1951): *Zoologie und das neue Bild des Menschen. Biologische Fragmente zu einer Lehre vom Menschen.* Schwabe, Basel.

Prechtl, Heinz Friedrich Rolf (1958): The direct head turning response and allied movements in the human baby. *Behaviour, 13,* S. 212–242.

Pritchard, James B. (Hrsg.) (1969): *Ancient Near Eastern Texts Relating To the Old Testament.* University of Michigan, Anna Arbor, MI.

Ranke-Graves, Robert (1960): *Griechische Mythologie, Quelle und Deutungen.* Rowohlt, Reinbek.

Reiner, Erica (1985): *Your Thwarts in Pieces, your Mooring Rope Cut, Poetry from Babylonia and Assyria.* University of Michigan, Ann Arbor.

Renggli, Franz (1974): *Angst und Geborgenheit. Soziokulturelle Folgen der Mutter-Kind-Beziehung im ersten Lebensjahr. Ergebnisse aus Verhaltensforschung, Psychoanalyse und Ethnologie.* Rowohlt, Reinbek.

Renggli, Franz (1992): *Selbstzerstörung aus Verlassenheit. Die Pest als Ausbruch einer Massenpsychose im Mittelalter. Zur Geschichte der frühen Mutter-Kind-Beziehung.* Rasch und Röhrig, Hamburg.

Renggli, Franz (2001): *Der Ursprung der Angst. Antike Mythen und das Trauma der Geburt.* Walter, Düsseldorf.

Renggli, Franz (2006): *Den Teufelskreis in einen Engelskreis umwandeln. Traumaheilung bei Babys, Kleinkindern und ihren Eltern.* In: Inge und Hans Krens (Hrsg.): *Zur Psychotherapie vorgeburtlicher Bindungsstörungen und Traumata.* Vandenhoeck & Ruprecht, Göttingen.

Renggli, Franz (2013): *Das goldene Tor zum Leben. Wie unser Trauma aus Geburt und Schwangerschaft ausheilen kann.* Arkana, München.

Renggli, Franz (2016): Ein Baby weint die Tränen seiner Eltern. Krisen am Lebensanfang als Ausdruck eines Mehrgenerationen-Traumas. In: Thomas Harms (Hrsg.): *Körperpsychotherapie mit Säuglingen und Eltern.* Psychosozial-Verlag, Gießen.

Renggli, Franz (2018a): *Früheste Erfahrungen – ein Schlüssel zum Leben. Wie unsere Traumata aus Schwangerschaft und Geburt ausheilen können* (Neuauflage von: Das goldene Tor zum Leben). Psychosozial-Verlag, Gießen.

Renggli, Franz (2018b): Alle Menschen sind hochsensibel. In: Alin Cotiga et al. (Hrsg.): *Wissenschaft und Erfahrungsweisheit in der ISPPM. Eine (schon lange) notwendige Diskussion über Spiritualität und Achtsamkeit*, S. 72–79. Mattes, Heidelberg.

Renz-Polster, Herbert (2009): *Kinder verstehen. Born to be wild. Wie die Evolution unsere Kinder prägt*. Kösel, München.

Robertson, Priscilla (1977): Das Heim als Nest: Mittelschichten-Kindheit in Europa im neunzehnten Jahrhundert. In: Lloyd deMause (Hrsg.): *Hört ihr die Kinder weinen. Eine psychogenetische Geschichte der Kindheit*, S. 565–602. Suhrkamp, Frankfurt.

Römer, Willem (1991): Hymnen, Klagelieder und Gebete in Sumerischer Sprache. In: *Texte aus der Umwelt des Alten Testaments II*, S. 645–717. Gütersloher Verlagshaus, Gütersloh.

Rosenbaum, Heidi (1982): *Formen der Familie. Untersuchungen zum Zusammenhang von Familienverhältnissen, Sozialstruktur und sozialem Wandel in der deutschen Gesellschaft des 19. Jahrhunderts*. Suhrkamp, Frankfurt a. M.

Ross, James Bruce (1977): Das Bürgerkind in den italienischen Stadtkulturen zwischen dem vierzehnten und dem frühen sechzehnten Jahrhundert. In: Lloyd deMause (Hrsg.): *Hört ihr die Kinder weinen. Eine psychogenetische Geschichte der Kindheit*. S. 263–325, Suhrkamp, Frankfurt a. M.

Rossiaud, Jacques (1989): *Dame Venus. Prostitution im Mittelalter*. C.H.Beck, München.

Rousseau, Jean Jacques (1762): *Emil oder über die Erziehung*. Übersetzt von Josef Esterhues (2. Aufl.), Ferdinand Schöningh, Paderborn 1962.

Schaffer, Heinz Rudolph (1978): *Mütterliche Fürsorge in den ersten Lebensjahren*. Klett-Cotta, Stuttgart.

Schlumbohm, Jürgen (1983): *Kinderstube. Wie Kinder zu Bauern, Bürgern, Aristokraten wurden, 1700–1850*. dtv, München.

Schütze, Yvonne (1986): *Die gute Mutter. Zur Geschichte des normativen Musters »Mutterliebe«*. USP International, Bielefeld.

Scurlock, Jo Ann (1991): Baby Snatching Demons, Restless Souls and the Danger of Childbirth: Medico Magical Means of Dealing with Some of the Perils of Motherhood in Ancient Mesopotamia. *Incognito, 2*, S. 137–185.

Settis, Salvatore (1983): *Giorgiones »Gewitter«: Auftraggeber und verborgenes Sujet in der Renaissance*. Wagenbach, Berlin.

Shahar, Shulamith (1991): *Kindheit im Mittelalter*. Patmos, Düsseldorf.

Shorter, Edward (1977): *Die Geburt der modernen Familie*. Rowohlt, Reinbek.

Solter, Aletha (2009): *Warum Babys weinen. Die Gefühle von Kleinkindern*. Kösel, München.

Sprenger, Jakob und Heinrich Institoris (1982): *Der Hexenhammer (Malleus maleficiarum)*. dtv, München.

Steinberg, Leo (1983): *The Sexuality of Jesus Christ in Renaissance Art and in Modern Oblivion*. The University of Chicago Press, Chicago, erweiterte Neuauflage 1996.

Stern, Daniel N. (1977): *Mutter und Kind, die erste Beziehung*. Klett-Cotta, Stuttgart.

Stern, Daniel N. (1986): *Die Lebenserfahrung des Säuglings*. Klett-Cotta, Stuttgart.

Tinbergen, Nikolaas (1956): *Instinktlehre*. Paul Parey, Berlin und Hamburg.

Tuchman, Barbara (1985): *Der ferne Spiegel. Das dramatische 14. Jahrhundert*. dtv, München.

van Dijck, Jan (1973): Une incantation accompagnant la naissance de l'homme. *Orientalia, 42*, S. 502–507.

van Dijck, Jan (1975): Incantations accompagnant la naissance de l'homme. *Orientalia, 44*, S. 52–79.
van Dreien, Bernadette (2017): *Christina, Zwillinge als Licht geboren*. Govinda Verlag, Rheinau.
van Dreien, Bernadette (2018): *Christina, die Vision des Guten*. Govinda Verlag, Rheinau.
Veldhuis, Nick (1991): *A Cow of Sin*. Library of Oriental Texts, Vol. 2, Groningen.
von Eschenbach, Wolfram (1986): *Parzival*. Reclam, Stuttgart.
von Rotterdam, Erasmus (1515/2002): *Lob der Torheit*. Manesse, Zürich.
von Strassburg, Gottfried (1986): *Tristan*. 3 Bände. Reclam, Stuttgart.
Wickler, Wolfgang & Seibt, Uta (1977): *Das Prinzip Eigennutz – Ursachen und Konsequenzen sozialen Verhaltens*. Hoffmann und Campe, Hamburg.
Wind, Edgar (1984): Heidnische Mysterien in der Renaissance. Suhrkamp, Frankfurt a. M.
Ziegler, Jean: Werke.

Abbildungen

Abb. 1 Giotto (1267–1337): *Maestà*. Uffizien, Florenz (1310)
Abb. 2 Byzantinische Ikone: *Thronende Madonna zwischen hl. Theodor und hl. Georg.* Katarinenkloster, Sinai (6. Jh.)
Abb. 3 Jan van Eyck (1385–1441): *Die Madonna des Kanzlers Rolin.* Louvre, Paris (1435/37)
Abb. 4 Hugo van der Goes (1440–82): *Portinari Altar* (Mitteltafel). Uffizien, Florenz (1475)
Abb. 5 Detail von Abb. 4
Abb. 6 Hugo van der Goes: *Anbetung der Hirten.* Wilton House, Wilton (England)
Abb. 7 Detail von Abb. 6
Abb. 8 Robert Campin (1375–1444): *Nativité.* Musée des Beaux Arts, Dijon (1430)
Abb. 9 Detail von Abb. 8
Abb. 10 Hans Holbein d. J. (1497–1543): *Oberried Altar* in Freiburg i. Br., (1521)
Abb. 11 Detail von Abb. 10
Abb. 12 Filippo Lippi (1406–469): *Die Anbetung im Wald.* Gemäldegalerie Dahlem, Berlin
Abb. 13 Detail von Abb. 12
Abb. 14 Sandro Botticelli (1446–1510): *Mystische Geburt Christi.* National Gallery, London
Abb. 15 Sandro Botticelli: *Madonna mit Kind und Johannes.* Louvre, Paris
Abb. 16 Ambrogio Lorenzetti (nachweisbar 1319–1347): *Stillende Madonna.* Palazzo Arcivescovile, Siena (1320/30)
Abb. 17 Barent von Orley (1491–1542): *Maria mit dem Kind und Johannes.* Prado, Madrid
Abb. 18 Andrea Mantegna (1431–1506): *Madonna mit Engeln.* Pinacoteca Brera, Mailand
Abb. 19 Andrea della Robbia (1435–1525): *Jungfrau mit Sohn.* Museo Nazionale, Florenz
Abb. 20 Jan Gossaert (1478–1536): *Madonna und Kind.* Prado, Madrid
Abb. 21 Jan van Hemessen (1500–1566): *Madonna und Kind.* Prado, Madrid (1543)
Abb. 22 Quentin Massys (1465–1530): *Madonna und Kind.* Musées Royaux des Beaux-Arts Bruxelles
Abb. 23 Meister von Hohenfurth (Meister von Vyssi Brod): *Geburt.* Nationalgalerie, Prag (1350)

Abb. 24 Tizian (1477–1576): *Venus mit Amor und Hündchen.* Uffizien, Florenz (1555)
Abb. 25 Agnolo Bronzino (1503–1572): *Allegorie der Liebe* (Allegoria del Trionfo di Venere). National Gallery, London (1540–1545)
Abb. 26 Giorgione: *Das Gewitter.* Galleria dAccademia, Venedig (1506–1508)
Abb. 27 Tizian (1477–1576): *Madonna Pesaro.* Santa Maria Gloriosa dei Frari, Venedig (1519–1526)
Abb. 28 Correggio (1489–1534): *Madonna mit Kind und Korb.* National Gallery, London
Abb. 29 Girolamo Parmigianino (1503–1540): *Vision des hl. Hieronymus.* National Gallery, London
Abb. 30 Bernardo Daddi (1295–1384): *Madonna und Kind mit acht Engeln.* Tabernakel von Orcagna, Or San Michele, Florenz
Abb. 31 Bernardo Daddi: *Madonna und Kind.* Mr. Bernhard Berenson, Ponte a Mesole (Nähe Florenz)
Abb. 32 Meister der Sant Agostino Maestà: *Sant Agostino,* Siena (spätes 15. Jh.)
Abb. 33 Detail von Abb. 32
Abb. 34 Leonardo da Vinci, Schule: *Stillende Madonna.* Eremitage, Petersburg (1490)
Abb. 35 Giovanni Boltraffio (1467–1516): *Maria mit Kind.* National Gallery, London
Abb. 36 Ambrogio Lorenzetti (nachweisbar 1319–1347): *Maestà.* Palazzo Pubblico, Massa Maritima (Detail)
Abb. 37 Dieric Bouts (1415–1475): *Madonna mit Jesus.* Metropolitan Museum, New York
Abb. 38 Petronilla Meister: *Madonna und Kind.* Pinakothek, Siena (Mitte 14. Jh.)
Abb. 39 Piero di Cosimo (1462–1521): *Madonna.* Johnson Collection, Philadelphia
Abb. 40 Böhmischer Meister: *Maria mit dem Kinde.* Linker Altarflügel, Staatliche Kunsthalle, Karlsruhe (1360)
Abb. 41 Pompana Meister: *Madonna und Kind.* National Gallery, Washington (Ende 14. Jh.)
Abb. 42 Giotto (1267–1337): *Geburt Christi.* Capeila degli Scrovegni, Padua
Abb. 43 Raffael (1483–1520): *Heilige Familie unter den Palmen.* Duke of Sutherland Collection, on loan to the National Gallery of Scotland
Abb. 44 Gerard David (1460–1523): *Maria, Jesus und musizierende Engel.* Kunstmuseum, Basel
Abb. 45 Schule Sandro Botticelli (1446–1510): *Madonna mit Kind und Johannes dem Täufer.* Staatliche Kunstsammlung, Dresden
Abb. 46 Giovanni Segantim (1858–1899): *Die bösen Mütter* (1894). Österreichische Galerie, Wien
Abb. 47 Detail von Abb. 46
Abb. 48 Detail von Abb. 46

Anmerkungen

1 Franz Renggli (1974): *Angst und Geborgenheit;* ders (1992): *Selbstzerstörung aus Verlassenheit;* ders. (2001): *Der Ursprung der Angst.*

2 An neuerer Bindungsforschung und Kleinkinderbeobachtung sei in erster Linie auf Daniel Stern hingewiesen, in Deutschland auf den Autor Karl Heinz Brisch, zudem auf Karin und Klaus Grossmann. Darüber hinaus hat Martin Dornes in seinem Buch *Der kompetente Säugling* den tiefen Riss in der Psychoanalyse zwischen den Ansätzen von Sigmund Freud und John Bowlby sehr gut herausgearbeitet. Am wichtigsten jedoch ist das Buch von Ursula Henzinger (2017): *Bindung und Autonomie in der frühen Kindheit,* weil sie alle bisherige Literatur zitiert und zudem das Zürcher Modell von Norbert Bischof integriert.

3 Ich habe bei meinen damaligen Forschungen Bowlby noch nicht gekannt, mich im Wesentlichen auf die Beobachtungen von Heinz Rudolph Schaffer bezogen. Dabei bin ich auf die gleichen Ergebnisse wie Bowlby gekommen, den ich erst später entdecken durfte.

4 Sehr schön beschreibt Renz-Polster als Kinderarzt die speziellen Bedürfnisse des Kindes aus der Sicht der vergleichenden Verhaltensforschung, so beispielsweise dass ein Baby nach der Geburt sofort die Nähe der Mutter braucht und auch im Körperkontakt mit ihr schlafen möchte – nur so fühlt es sich sicher. Und wenn es bei ihr schläft, wird der Schlafrhythmus von Mutter und Kind aufeinander abgestimmt: Erwacht es, reißt es mit seinem Weinen die Mutter nicht aus dem Tiefschlaf, sondern die Mutter ist mit dem Baby zusammen parallel daraus aufgetaucht. Nach einigen Zügen an der Brust schläft das Kind sofort wieder ein und genauso die Mutter. Es ist dies die beruhigendste und geborgenste Situation für Mutter und Kind. Ein äußerst empfehlenswertes Buch. Siehe Herbert Renz-Polster (2009): *Kinder verstehen.* Schon früh haben sich neben Bolwby auch andere Autoren von der Verhaltensforschung her mit der Situation des menschlichen Kleinkindes befasst, erwähnt sei hier etwa Ashley Montagu (1974): *Körperkontakt* und Desmond Morris (1968): *Der nackte Affe.* Erwähnenswert sind ferner auch die Beobachtungen im Labor von Harry Harlow: Er hat die Affenkinder ohne Mütter aufwachsen lassen und ihnen als Ersatz entweder ein Drahtgestell mit Milchquelle oder aber eine Fellmutter ohne Milch angeboten. Und die Babys haben sich ausschließlich auf der Fellmutter aufgehalten, sich an ihr festgeklammert und sie nur verlassen, um sich von der Milch auf der Drahtmutter zu ernähren. Harlows Anliegen bestand darin, zu zeigen, wie elementar das Bedürfnis des Babys nach dem Sich-Festklammern, nach dem unmittelbaren Körperkontakt mit der Mutter ist und dass nicht sein Saugverhalten das Wesentliche ist, wie dies noch Freud

angenommen hat. Diese Experimente waren jedoch äußerst grausam, weil die Jungtiere später psychotisch geworden sind: In ihrer Panik und Isolation waren sie unfähig, die Umwelt zu erkunden, sie zeigten keine Neugier. Oder wenn sie selber ein Junges geboren hatten und dies näherte sich der Mutter an, so hat sie den Kopf des Babys auf den Boden geschlagen, um es aus ihrer Nähe zu vertreiben. Durch diese vielen Versuche Harlows und all seiner Schüler wurde ein unvorstellbares Elend erzeugt. Ein Verbrechen.

Ganz anderes ist die Situation der Gans Feli, welche von Helga Fischer-Mamblona nach Anregung von John Bowlby ohne Mutter aufgezogen worden ist. Die Geschichte erzählt Ursula Henzinger in ihrem wunderbaren Buch über Bindung und Autonomie. Es ist erschütternd mitzuverfolgen, ein wie gestörtes Erleben und Verhalten dieses kleine Gänschen durchlaufen musste – verbunden mit unzähligen Panikanfällen. Wir dürfen dann aber miterleben, wie Feli nach verschiedenen vergeblichen Versuchen, eigene Kinder großzuziehen, ihr dies schließlich doch gelingt und sie dadurch »heil« werden kann. Am Ende ihrer Publikation entschuldigt sich Helga Fischer-Mamblona bei ihrer Gans Feli. Siehe Ursula Henzinger (2017): *Bindung und Autonomie in der frühen Kindheit*, S. 174–179.

5 Obwohl es dies von der Potenz her könnte. So hat Prechtl gezeigt, dass ein Baby nach der Geburt fähig ist, sich an einer Wäscheleine festzuhalten, wenn es diese zu fassen bekommt – was auf die elementare Tiefe dieses Bedürfnisses hinweist.

6 Die Zeitangabe können wir deshalb machen, weil in der Vulkanasche aus Laetoli (Tansania) zwei 3,5 Millionen Jahre alte Fußabdrücke gefunden worden sind, von einer Mutter und ihrem Kleinkind. Dabei sind die Füße der beiden bereits als richtige Lauffüße ausgebildet gewesen. In diesem Zusammenhang möchte ich den Leser daran erinnern, dass der große Zeh bei den Primaten in Opposition zu den übrigen Zehen steht, vergleichbar mit dem Daumen der menschlichen Hand. Die Fußabdrücke von Laetoli zeigen also schon die typisch menschliche Stellung. Für den Aufenthalt in der Steppe/Savanne dürfte sich somit der menschliche Fuß ca. zwei bis drei Millionen Jahre früher als Laetoli entwickelt haben. Parallel dazu hat der Mensch auch sein Fell verloren. Nur am Rande sei auf die Theorie hingewiesen, dass die menschliche Entwicklung möglicherweise durch eine Phase nahe an Gewässern verlaufen ist – deswegen können Babys beispielsweise schwimmen, bevor sie laufen (siehe Elaine Morgan, 1989). Jedoch fehlen bis heute die paläontologischen Beweise.

7 Weshalb der Verhaltensforscher Bernhard Hassenstein (1973) es korrekterweise als »Tragling« bezeichnet hat.

8 Deswegen auch die noch nicht verbundenen Schädelplatten des menschlichen Babys: Sie können sich bei der Geburt durch das enge weibliche Becken übereinander schieben und so einem Baby genügend Raum geben, dass es durch diesen Engpass geboren werden kann (siehe Franz Renggli, 2018: *Früheste Erfahrungen – ein Schlüssel zum Leben*, S. 43f.).

9 All diese Forschungen für mein erstes Buch *Angst und Geborgenheit* sind durch Adolf Portmann hier in Basel angeregt worden – er selber hat sich intensiv mit dieser Hilflosigkeit des menschlichen Babys auseinandergesetzt bzw. seine Entwicklung mit der Situation der Nestflüchter bzw. der Nesthocker bei den höheren Tieren verglichen.

10 Siehe Barry S. Hewlett & Michael E. Lamb (2005): *Hunter-Gatherer Childhoods*.

11 Siehe dazu das Buch von Margaret Ehrenberg (1992): *Die Frau in der Vorgeschichte*.

12 Dabei wurde nur ein kleiner Teil der Nahrung durch Jagd bestritten – der Hauptteil der Nahrung waren Kräuter, Beeren, Nüsse, Wurzeln usw.: Diese zu besorgen war Aufgabe der Frauen, deshalb der Name Sammlerinnen.

13 Dieser Anfang der Religiosität, des Begrabens der Toten mit speziellen Grabbeigaben, ist seit circa 30.000 bis 40.000 Jahren bekannt – es wurde nicht erst in den Dörfern praktiziert.

14 Nur am Rande sei vermerkt, dass beispielsweise in Afrika innerhalb eines oder von ein paar Jahrzehnten die Menschen durch das Leben in den Städten aus ihren alten sozialen Strukturen herausgerissen, ja herauskatapultiert worden sind in das isolierte Dasein, wie ich es für die Industrienationen soeben beschrieben habe. Entsprechend schnell muss sich die Kleinkinderbehandlung anpassen und die notwendige Entfremdung wird in kürzester Zeit vollkommen erzwungen. Entsprechend irrational sind die Strukturen im heutigen Afrika – angefangen von den Grausamkeiten in gewissen Bürgerkriegen bis hin zu Krankheiten wie AIDS, an dem in Afrika rund ein Viertel aller Menschen leiden. Die notwendige Anpassung, für die wir in unsere Kultur, in unserer Geschichte rund 1.000 Jahre Zeit hatten, erleben solche Gesellschaften unter Umständen in einem oder in wenigen Jahrzehnten.

15 Damit werden wir uns eingehend im dritten Kapitel befassen, in dem die Geschichte der Mutter-Kind-Beziehung in unserer unmittelbaren Vergangenheit, beim Aufblühen des Handels und schließlich des Industriekapitalismus in Europa behandelt wird.

16 Was die Literatur über Sumer betrifft habe ich mich vor allem auf Samuel Noah Kramer gestützt. Zudem auf Thorkild Jacobsen und an neuer Literatur auf Jean Bottéro und Samuel Noah Kramer, ferner auf Benjamin Foster, siehe Bibliografie.

17 Nur eine kleine Anmerkung: Gestoßen bin ich auf diese und andere Geburtsgeschichten der griechischen Götter und Göttinnen durch das Buch von Robert Ranke-Graves (1960): *Griechische Mythologie.*

18 Siehe auch Michael Grant und John Hazel (1990): *Lexikon der antiken Mythen und Gestalten.* Zudem Karl Kerenyi (1966): *Die Mythologie der Griechen.*

19 Zu den Quellen dieser Mythen, wie ich sie in meinem Buch *Der Ursprung der Angst* erzähle, möchte ich ergänzen, dass ich selber ihre Keilschrift nicht verstehe und somit auf Übersetzungen angewiesen war. Dabei habe ich mich wenn möglich immer auf mehrere Textstellen von verschiedenen Autoren/Übersetzern gleichzeitig gestützt; dort, wo diese ähnlich oder vergleichbar sind, ist die Geschichte klar. Wenn aber jeder Autor etwas anderes verstanden hat, liegt hier offenbar eine noch ungeklärte Stelle vor. Zudem gibt es in diesen sumerischen Keilschrift-Tafeln immer wieder größere Lücken. Deswegen sind die Zitate in meinem Buch *Der Ursprung der Angst* (2001) äußerst komplex. Einfachheitshalber zitiere ich hier aus diesem Buch.

20 Vgl. Franz Renggli (2001): *Der Ursprung der Angst*, S. 71–75. Speziell bei Atramchasis, dem Flutmythos, habe ich mich auf folgende Autoren gestützt: Wilfred Lambert und A.R. Millard (1969): *Atram-Hasis. The Babylonian Story of the Flood;* Thorkild Jacobsen (1987): *The Harp that once … Sumerian Poetry in Translation;* Jean Bottéro und Samuel N. Kramer (1989): *Lorsque les dieux faisaient l'homme. Mythologie mésopotamienne;* Stephanie Dalley (1989): *Myths from Mesopotamia. Creation, the Flood, Gilgamesh and Others;* Wolfram von Soden (1994): »Der Altbabylonische Atramchasis-Mythos«, in: *Texte aus der*

Umwelt des alten Testamentes III Mythen und Epen Bd II; Benjamin R. Foster (1996): *Before the Muses. An Anthology of Akkadian Literature.*

21 In den sumerischen Mythen wird Ninurtas großer Heldenkampf gegen das Monstrum Asag beschrieben – Die klare Beschreibung einer Geburt. Franz Renggli (2001): *Der Ursprung der Angst*, S. 87–110.

22 Nach dem Tod seines besten Freundes Enlil, mit dem er unzertrennlich ist, ist Gilgamesch von Todesängsten überschwemmt und sucht deswegen den Fluthelden auf, weil dieser als Einziger die Flut überlebt und damals das ewige Leben erhalten hat. Nach diesem ewigen Leben sucht Gilgamesch. Und der Flutheld erzählt in der elften Tafel nochmal sein Erleben der Flut: Die Erde zerbricht wie ein Tontopf und die Muttergöttin Ischthar schreit wie eine Gebärende. Sechs Tage und sieben Nächte dauert die Flut und das Meer schlägt um sich wie eine Kreißende, wie eine Frau während der Niederkunft, alle Menschen sind darin umgekommen. Franz Renggli (2001): *Der Ursprung der Angst*, S. 173.

23 Was gewisse Politiker in der heutigen Zeit tatsächlich inszenieren, und es stehen ihnen die entsprechenden Waffen zur Verfügung.

24 Siehe Franz Renggli (2001): *Ursprung der* Angst, Fußnote 15: S. 76 und 221. Dabei stammt die umfangreichste Sammlung von James G. Frazer (1918): *Folklore in the Old Testament.*

25 Siehe Franz Renggli (2001): *Ursprung der* Angst, S. 29–32. Zu den Kinderliedern siehe Walter Farber (1989): *Schlaf, Kindchen, Schlaf!*

26 Alle Zitate aus Walter Farber (1989): *Schlaf, Kindchen, Schlaf!* S. 35, 41 und 63.

27 Für die medizinischen Texte siehe René Labat (1951): *Traité akkadien de diagnostics et pronostics médicaux*, S. 217–231. Zudem Franz Renggli (2001): *Ursprung der Angst*, S. 31f. und Fußnote 19, S. 214.

28 Wie ich damit in meiner Praxis arbeite: siehe hierzu das sechste Kapitel in meinem Buch *Früheste Erfahrungen – ein Schlüssel zum Leben*. Zudem meine Artikel: »Den Teufelskreis in einen Engelskreis umwandeln« (2006), oder »Ein Baby weint die Tränen seiner Eltern« (2016).

29 Über die Trauerliteratur gibt es nur viele versteckte Detail-Arbeiten, siehe hierzu Fußnote 41 in Franz Renggli (2001): *Der Ursprung der Angst*, S. 219.

30 Das Lied *My hand plays a reed pipe* stammt aus Thorkild Jacobsen (1976): *The Treasure of Darkness, a History of Mesopotamian Religion*, S. 54f. Siehe zudem Willem H. Ph. Römer (1991): »Hymnen, Klagelieder und Gebete in sumerischer Sprache«, in: *Texte aus der Umwelt des Alten Testamentes II*, S. 645–717. Siehe auch Franz Renggli (2001): *Der Ursprung der Angst*, S. 65.

31 In den Anspielungen über Inanna werden wir hören, dass Dumuzi ihr Baby ist.

32 Franz Renggli (2001): *Der Ursprung der Angst*, S. 65f., Fußnote 41.

33 Siehe hierzu vor allem Dietz Otto Edzard (1989): »Das ›Wort in Ekur‹, oder die Peripetie in ›Fluch über Akkade‹«, in: Hermann Behrens et al. (Hrsg.): *Dumn-e-dub-ba-a. Studies in the Honour of Ake W. Sjöberg.*

34 Siehe Franz Renggli (2001): *Der Ursprung der Angst*, Kapitel 7, S. 137–157, siehe auch Fußnote 28 auf S. 240.

35 Dabei habe ich die folgenden drei Klagelieder zusammengefasst: 1) Klage über die Zerstörung von Sumer und Ur. Literatur: Texte von Samuel N. Kramer (1969), in: James

B. Pritchard (Hrsg.): *Ancient Near Eastern Texts Relating to the Old Testament;* Piotr Michalowsky (1989): *The Lamentation over the Destruction of Sumer and Ur.* 2) Fluch über Akkad. Literatur: Jerrold S. Cooper (1983): *The Curse of Aggade;* Pascal Attinger (1984): »Remarque àpropos de la Malédiction d'Accad«, in: *Revue Assyriologique, 78*, S. 99–121; Thorkild Jacobsen (1987): *The Herps that once ... Sumerian Poetry in Translation,* S. 359–374. 3) Klage über die Zerstörung von Ur. Literatur: Kramer in Pritchard (1969) (siehe 1); Thorkild Jacobsen (1987) (siehe 2), S. 447–474.

36 Nur als kleine Anmerkung: Die ältesten griechischen Mythologien sind die Ilias und die Odyssee von Homer. In der Ilias wird Troja neun Jahre von den Griechen belagert – neun Jahre oder neun Monate sind austauschbar, symbolhaft für die Schwangerschaft. Dann wird die Stadt durch die List des Odysseus erobert: Er versteckt sich mit seinen Getreuen in einem hölzernen Pferd, welches als Geschenk vor den Stadttoren von Troja aufgestellt wird. Und dieses Pferd wird schließlich in die Stadt gezogen, worauf die Griechen im Pferd die Stadt von innen her zerstören und in Brand setzen. Stadttore sind immer auch ein Symbol für die Geburtsöffnung, die zerstörte Stadt ein Symbol für die erfolgte Geburt. Odysseus ist wie ein Baby geboren und will endlich in seine Heimat zurückkehren. Doch zuvor wird er jahrelang daran gehindert, er erlebt die wildesten Abenteuer und Todesängste, bis er endlich seine Frau: seine Mutter wieder erreicht. So gesehen ist die Ilias die Darstellung einer Schwangerschaft als ein neunjähriger Krieg zwischen einer Mutter und ihrem Baby, die Odyssee ist ein Bild der Einsamkeit, Verlassenheit und Todesängste eines Babys nach der Geburt. Symbole für den Beginn unserer Kultur! Zum letzten Satz: »[D]ie Stadt weint um Dich ...« siehe Literatur in meiner Fußnote 38.

37 Der Ursprung oder die Ursache liegt in ihrer eigenen Traumatisierung! Und dies ist meine hauptsächliche Herausforderung, wenn ich mit Eltern und ihrem schreienden Baby arbeite: Die Eltern sind mit ihrer Aufmerksamkeit, mit ihrem Bewusstsein beim oder noch besser *im* Körper des Babys – in ihnen ist »niemand mehr zu Hause«, weder bei Mama noch bei Papa. Städte ohne Götter können somit als Bilder für Eltern verstanden werden, die nicht bei sich, die nicht in ihrem Körper sind. Babys fühlen sich dann unendlich verloren und verlassen. Meine Kunst bei der Arbeit mit den Eltern besteht somit darin, die Eltern zu »verführen« – trotz ihrer alten Verletzung –, in ihren Körper zurückzukehren.

38 Das Zitat stammt aus dem Ende der dritten Klage über die Zerstörung von Ur. Übersetzungen in Adam Falkenstein und Wolfram von Soden (1953): *Sumerische und akkadische Hymnen und Gebete*, S. 192–213. Zudem in Thorkild Jacobsen (1987): *The Harps that Once ... Sumerian Poetry in Translation*, S. 447–474. Und in Samuel N. Kramer (1969): »A Sumerian Lamentation«, in: James B. Pritchard (Hrsg.): *Ancient New Eastern Texts*, S. 455–463. Die Klammern in den entsprechenden Deutungen sind von mir.

39 Die Textstellen über Geburtsbeschwörungen sind wiederum extrem versteckt zu finden in der sumerischen Literatur, siehe Franz Renggli (2001): *Der Ursprung der Angst*, S. 94–97 bzw. S. 227–228. Eine gute zusammenfassende Darstellung der Beschwörungsformeln für eine Frau während der Geburt findet sich in Martin Stoll (1983): Zwangerschap en Geboorte bij de Babyloniers en i de Bibel. Leiden. Und: J. A. Scurlock (1991): »Baby Snatching Demons, Restless Souls and the Danger of Childbirth«, in: Incognito, 2, S. 137–185.

40 Beide Zitate in Van Dijk (1973): »Une incantation accompagnant la naissance de l'homme« in: *Orientalia,* S. 504f.

41 Niek Veldhuis (1991): *A Cow of Sîn*, S. 9 und 14. Siehe auch Franz Renggli (2001): *Der Ursprung der Angst*, Fußnote 33, S. 227.

42 Van Dijk (1975): Incantations accompagnant la naissance de l'homme. *Orientalia, 44,* S. 57–61.

43 Lambert (1969): *A Middle Assyrian Medical Text*, S. 36.

44 Text aus Erica Reiner (1985): *Your Thwarts in Pieces, your Mooring Rope Cut, Poetry from Babylonia and Assyria*, S. 87ff.

45 Im Gilgamesch-Epos heißt der Flutheld Utanapischtim.

46 Bei der elften Tafel des Gilgamesch-Epos beziehe ich mich vor allem auf folgende Literatur: Jean Bottéro (1992): *L'éposée de Gilgames, le grand homme qui ne voulait pas mourir;* Karl Hecker (1994): »Das Akkadische Gilgamesch-Epos«, in: Texte aus der Umwelt des Alten Testamentes III, Mythen und Epen II, S. 646–744. Siehe vor allem Fußnote 1 des achten Kapitels in Franz Renggli (2001): *Der Ursprung der Angst*, S. 244.

47 Naramsin in *Fluch über Akkad*. Literatur siehe Pascal Attinger (1984): *Remarques à propos de la »Malédiction d'Accad«.* Und: Jerrold S. Cooper (1983): *The Curse of Agade.* Zudem Thorkild Jacobsen (1987): *The Harps that Once …*, S. 359–374. Samuel N. Kramer (1969): »Sumerian Miscellaneous Texts«, in: James Pritchard (Hrsg.): *Ancient Near Eastern Texts Relating to the Old Testament* (3. Aufl.), S. 646–651.

48 Klagen über die Zerstörung von Sumer und Ur in Franz Renggli (2001): *Der Ursprung der Angst*, S. 138–141. Literatur: Samuel N. Kramer: »Sumerian Lamentation«, in: James Pritchard (1969): *Ancient Near Eastern Texts Relating to the Old Testament*, S. 611–619. Und Piotr Michalowski (1989): *The Lamentation over the Destruction of Sumer and Ur.*

49 Kapitel 5 in Franz Renggli (2001): *Der Ursprung der Angst*, S. 87–109.

50 Vergleiche auch den amerikanischen Mythologen Joseph Campbell, sein Heldenbuch (Campbell, 1978) oder die Werke des rumänischen Religionswissenschaftlers und Schriftstellers Mircea Eliade.

51 Franz Renggli (2001): *Der Ursprung der Angst*, S. 82–84.

52 Vergleiche hierzu das Faktum, dass heute weltweit circa ein Viertel aller Babys abgetrieben werden, es sind dies circa 40 bis 50 Millionen Abtreibungen pro Jahr – Ausdruck dieser Ur-Ambivalenz in allen Eltern, siehe dazu Franz Renggli (2018): *Früheste Erfahrungen – ein Schlüssel zum Leben,* S. 93. Siehe auch die Beschreibung dieser Ur-Ambivalenz in Hans-Joachim Maaz (2003): *Der Lilith Komplex.*

53 Siehe Samuel N. Kramer (1969): *The Sacred Marriage Rite.*

54 In der Mythologie wird Dumuzi beschrieben als »einer der auf den Knie der Inanna tanzt«, ein typisches Bild für ein Kleinkind. Oder »Dumuzi trinkt an den Brüsten der Inanna« und schließlich: »Er weint zu seiner Mutter die Tränen eines kleinen Kindes« (Franz Renggli, 2001: *Der Ursprung der Angst*, S. 63).

Dazu eine kleine Anmerkung: In den Mythen ist Inanna kinderlos. Aber neben ihr gibt es eine ganz Reihe von verschiedensten Muttergottheiten, so beispielsweise Belet-ili, sie formt das Baby im Schoß der Mutter während der Schwangerschaft. Ninhursag, Göttin der freien und wilden Tiere, ist auch die Göttin der Geburt. Aruru ist die Göttin der Wehen, welche die Frucht aus einem Mutterschoß löst. Ninmenna und Ninsinna sind Hebammen. Ninmug ist die Göttin des weiblichen Geschlechtes. Nungal ist die Göttin, welche die Nabelschnur durchschneidet, und dadurch das Schicksal eines Menschen bestimmt (ebd., S. 62). Im Unterschied zu diesen vielen Muttergottheiten ist Inanna »nur« die Göttin, der Erotik und der Sexualität. Natürlich ist das eine Spaltung, Liebe und Muttersein sind nur die zwei Seiten der gleichen Medaille.

55 Siehe Wolfgang Fauth (1981): »Isfar als Löwengöttin und die löwenköpfige Lamastu«, in: *Die Welt des Orients, 12*, S. 21–36; Volker Haas (1994): *Magie und Mythen in Babylonien. Von Dämonen, Hexen und Beschwörungspriestern*. Siehe auch *Realexikon der Assyriologie* unter dem Stichwort Lamaschtu.

56 Siehe Franz Renggli (2001): *Der Ursprung der Angst*, S. 30f.

57 James Kinnier Wilson (1965): *An Introduction in Babylonian Psychiatry* und James Kinnier Wilson (1967): *Mental Diseases of Ancient Mesopotamia;* siehe zudem Franz Renggli (2001): *Der Ursprung der Angst*, Fußnote 16, S. 213.

58 Literatur: William R. Sladek (1974): *Innana's Descent to the Netherworld;* Diane Wolkstein und Samuel N. Kramer (1983): *Inanna, Queen of Heaven and Earth;* Jean Bottéro und Samuel N. Kramer (1989): *Lorsque les dieux faisaient l'homme. Mythologie mésopotamienne*, S. 276ff.; Thorkild Jacobsen (1987): *The Harps that once … Sumerian Poetry in Translation*, S. 205ff.; Willem H. Ph. Römer (1993): In: *Mythen und Epen I, Texte aus der Umwelt des Alten Testamentes III*, S. 349–559. Für die noch kürzere und einige Jahrhundert jüngere akkadische Version siehe Franz Renggli (2001): *Der Ursprung der Angst*, Fußnote 11, S. 217.

59 Nur in Inannas Abstieg treten diese beiden Söhne der Inanna in Erscheinung. In den übrigen vielen Mythen hat sie keine Kinder.

60 Literatur wie Fußnote von Innanas Abstieg in die Unterwelt.

61 In einem weiteren Textfragment: *Dumuzis Traum* wird geschildert, wie Dumuzi nach einer massiven Folterung durch die Dämonen eine Flucht zum Sonnengott Utu gelingt, den er bittet, ihn in eine Schlange zu verwandeln – auch dieser Text ist wieder voller Anspielungen auf eine Geburt, und endet mit dem Tod des Dumuzi. Jean Bottéro und Samuel N. Kramer (1989): *Lorsque les Dieux faisaient l'Homme* sowie Jacobsen (1987): *The Harps that Once …* Zudem Bendt Alster (1972): *Dumuzi's Dream. Aspects of Oral Poetry in a Sumerian Myth.*

62 Nur am Rande sei bemerkt, dass Inannas Abstieg voller Anspielungen auf eine Geburt ist. Erischkigal, die dunkle Seite der Inanna, beispielsweise liegt in Wehen in dieser Unterwelt. Oder Dumuzi, Hüter der Schlafställe seiner Mutter – Bild eines Babys im Bauch seiner Mutter – wird von den galla-Dämonen beliebig gefoltert: Erlebnisweisen eines Babys während der Geburt. Und in einem Textfragment ist Dumuzi am Ende tatsächlich tot – Ausdruck der Todesängste während einer Geburt. Und wiederum kann ich aus meiner Erfahrung als Therapeut feststellen: Die Urverletzungen der Eltern werden nicht nur von einer Generation zur nächsten weitergegeben, sondern diese traumatischen Ur-Erfahrungen enden möglicherweise auch in einer schwierigen Geburt, welche mit Ängsten und Schmerzen verbunden ist. Auch dies wird in Inannas Abstieg dargestellt.

63 Bzw. die Neuroendokrinologie. Als ich mein Pestbuch (Franz Renggli, 1992: *Selbstzerstörung aus Verlassenheit*) geschrieben habe, steckte die entsprechende Forschung noch in den Kinderschuhen. Heute findet sich unter dem Stichwort Psychoneuroimmunologie bzw. Neuroendokrinologie im Internet eine ganze Flut von modernster Literatur.

64 Über die Literatur zum Thema einer Krise im damaligen Europa siehe Wilhelm Abel

(1974): *Massenarmut und Hungerkrisen im vorindustriellen Europa;* Fernand Brandel (1985/1986): *Sozialgeschichte des 15.–18. Jahrhunderts;* František Graus (1987): *Pest – Geissler – Judenmorde, das 14. Jh als Krisenzeit;* Ruggiero Romano und Alberto Tenenti (1967): »Die Grundlegung der modernen Welt. Spätmittelalter, Renaissance, Reformation«, in: *Fischer Weltgeschichte Band 12;* Werner Rösener (1985): *Bauern im Mittelalter;* Ferdinand Seibt und Winfried Eberhard (1984): *Europa 1400, die Krise des Spätmittelalters.* Für weitere Literatur siehe zudem Franz Renggli (1992): *Selbstzerstörung aus Verlassenheit,* Fußnote 1, S. 279.

65 Literatur siehe: Jacques De Goff (1965): »Das Hochmittelalter«, in: *Fischer Weltgeschichte;* Kurt D. Schmidt (1984): *Grundrisse der Kirchengeschichte;* Ernst Werner und Martin Erbstößer (1986): *Ketzer und Heilige, das religiöse Leben im Hochmittelalter;* Harald Zimmermann (1981): *Das Papsttum im Mittelalter.* Siehe auch Franz Renggli (1992): *Selbstzerstörung aus Verlassenheit,* S. 40–45.

66 Siehe beispielsweise Wilhelm Bitter (Hrsg.) (1965): *Massenwahn in Geschichte und Gegenwart.*

67 Im alten Sumer wurden diese beiden Seiten durch die Götter Enki bzw. Enlil verkörpert. In diesem Zusammenhang sei auch erwähnt, dass heute weltweit ein Viertel aller Kinder abgetrieben werden. Es sind dies pro Jahr rund 50 Millionen Babys, siehe Franz Renggli (2018): *Früheste Erfahrungen – ein Schlüssel zum Leben,* S. 93 und 99. Eine überwältigende Welle von Ablehnung!

68 In meinem Buch *Selbstzerstörung aus Verlassenheit* habe ich mich auch auf den weltbekannten Basler Schizophrenie-Forscher und einen meiner Lehrer Gaetano Benedetti (1983) gestützt: *Todeslandschaften der Seele, Psychopathologie, Psychodynamik und Psychotherapie bei Schizophrenie,* siehe Franz Renggli (2018): *Selbstzerstörung aus Verlassenheit,* S. 59–64.

69 Ebd., S. 66–115 bzw. S. 116–155.

70 Literatur hierzu: Philippe Ariès (1984): *Bilder zur Geschichte des Todes;* Rudolph M. Bell (1985): *Holy Anorexia;* Jean Delumeau (1983): *Le péché et la peur. La culpabilisation en Occident, XIIIe-XVIIIe siècles;* Aaron J. Gurjewitsch (1987): *Mittelalterliche Volkskultur;* Alois M. Haas (1989): *Todesbilder im Mittelalter;* Johan Huizinga (1975): *Herbst im Mittelalter;* Gert Kaiser (1982): *Der tanzende Tod;* Millard Meiss (1951): *Painting in Florence and Siena after the black death;* Michel Vovelle (1983): *La mort et l'occident de 1300 à nos jours.* Siehe auch Franz Renggli (1992): *Selbstzerstörung aus Verlassenheit,* S. 86–91.

71 Literatur: John Boswell (1980): *Christianity, social tolerance and homosexuality;* Vera L. Bullough und James Brundage (1982): *Sexual practises and the medieval church;* Jean-Louis Flandrin (1978): *Familien;* Jean-Louis Flandrin (1981): Le sex et l'occident; Jean-Louis Flandrin (1983): *Un temps pour embrasser, la morale sexuelle occidentale;* Robert Muchembled (1984): *Kultur eines Volkes – Kultur der Eliten, die Geschichte einer erfolgreichen Verdrängung;* Guy Richard (1985): *Histoire de l'amour en France;* Guido Ruggiero (1985): *The boundaries of Eros, sex crime and sexuality in Renaissance in Venice;* Gordon R. Taylor (1970): *Kulturgeschichte der Sexualität;* Jos Van Ussel (1977): *Sexualunterdrückung, Geschichte der Sexualfeindlichkeit;* Franz Renggli (1992): *Selbstzerstörung aus Verlassenheit:* S. 91–96.

72 Dabei sei darauf hingewiesen, dass in den Bildern von Hieronymus Bosch (1450–1516) nicht nur die Sinnenfreude, sondern genauso die damaligen Ängste, gesteigert bis zur psychotischen Panik, dargestellt sind. Eine ähnlich zwiespältige Welt stellte auch sein Landsmann Pieter Bruegel der Ältere (1520–1569) dar – ein Abgrund von Sinnesfreuden und Ängsten. Siehe Franz Renggli (1992): *Selbstzerstörung aus Verlassenheit*, S. 102–104.

73 Verbunden mit der Hypersexualität ist auch eine Hyperaggressivität, da die Verbrechen und Gewalttaten immer mehr zunehmen. Deswegen auch werden die Verbrecher am Galgen hängengelassen: zur Abschreckung der Bevölkerung. Geholfen hat dies leider gar nichts. Franz Renggli (1992): *Selbstzerstörung aus Verlassenheit*, S. 93 und 132.

74 Edmond R. Labande (1981): *Guibert de Nogent, Autobiografie;* Franz Renggli: *Selbstzerstörung aus Verlassenheit*, S. 67–86.

75 Jean Delumeau (1985): *Angst im Abendland. Die Geschichte kollektiver Ängste im Europa des 14.–18. Jh.*, 7. Kapitel: »Satan«; Gustav Roskoff (1968): *Geschichte des Teufels;* Jeffrey Burton Russel (1984): *Lucifer, the devil in the Middle Ages;* Franz Renggli (1992): *Selbstzerstörung aus Verlassenheit*, S. 104–107.

76 Literatur: Hartmann Grisar (1912): *Luther* (vor allem Band 3); Gustav Roskoff (1968): *Geschichte des Teufels*, Bd.2, S. 365ff. Siehe auch die Luther Ausgabe in 23 Bänden von Johann Georg Walch (1743/Neuauflage, Neudruck 1987), vor allem das 24. und 26. Kapitel in Band 22. Siehe zudem Ria Stambaugh (1970/1980): *Teufelsbücher in Auswahl.*

77 Erasmus von Rotterdam (1911): *Lob der Torheit.*

78 Literatur: František Graus (1987): *Pest, Geissler, Judenmorde;* Jean Delumeau (1985): *Angst im Abendland;* Alfred Haverkamp (Hrsg.) (1981): *Zur Geschichte der Juden in Deutschland;* Barbara Tuchmann (1985): *Der ferne Spiegel, das dramatische 14. Jahrhundert.*

79 Literatur: Norman Cohn (1961): *Das Ringen um das Tausendjährige Reich;* Martin Erbstößer (1970): *Sozialreligiöse Strömungen im späten Mittelalter;* František Graus (1987): *Pest – Geissler – Judenmorde.*

80 Justus Friedrich Carl Hecker (1832): *Die Tanzwuth;* Horst Kröning (1953): *Studien zur Kulturgeschichte und Psychopathologie der psychischen Epidemien;* Ernst Conrad Wicke (1844): *Versuch einer Morphologie des großen Veitstanzes und der unwillkürlichen Muskelbewegungen;* Gerhard Zacharias (1964/1970): *Satanskult und Schwarze Messe.*

81 Literatur: Henry C. Lea (1985): *Die Inquisition;* Martin Erbstößer (1970): *Sozialreligiöse Strömungen im späten Mittelalter;* Joseph Hansen (1900): *Zauberwahn, Inquisition und Hexenprozesse im Mittelalter;* siehe auch Franz Renggli (1992): *Selbstzerstörung aus Verlassenheit*, S. 116–123.

82 Literatur: Kurt Baschwitz (1963): *Hexen und Hexenprozesse;* Gabriele Becker (1977): *Aus der Zeit der Verzweiflung;* Jean Delumeau (1985): *Angst im Abendland;* Manfred Hammes (1977): *Hexenwahn und Hexenprozesse;* Joseph Hansen (1900): *Zauberwahn, Inquisition und Hexenprozesse im Mittelalter;* Thomas Hauschild (1987): *Die alten und die neuen Hexen*; Claudia Honegger (1978): *Die Hexen der Neuzeit*; Emil B. König (1900): *Hexenprozesse, Ausgeburt des Menschenwahns*; Rudolf Leubuscher (1848): *Der Wahnsinn in den letzten Jahrhunderten*; Gerhard Schormann (1981): *Hexenprozesse in Deutschland*; Georg Schwaiger (1987): *Teufelsglaube und Hexenprozesse*; Soldan Heppe (1911): *Geschichte der Hexenprozesse;* Richard van Dülmen (1985): *Theater des Schreckens*; Richard van Dülmen (1987): *Hexenwelten*; Franz Renggli (1992): *Selbstzerstörung aus Verlassenheit*, S. 123–134.

83 Franz Renggli (1992): *Selbstzerstörung aus Verlassenheit*, S. 123–151, siehe auch Kapitel

»Hexenverfolgung, Hexenprozesse, *Hexenhammer*. Erklärung für die Hexenvernichtung«, ebd., S. 131–134. Vor allem aber Jean Delumeau (1985): *Angst im Abendland: Die großen Hexenverfolgungen. Versuch einer Interpretation.* S. 537–571. Und Franz Renggli (1992): *Selbstzerstörung aus Verlassenheit:* »Warum dieser Geschlechterkampf«, S. 147–151.

84 Jakob Sprenger und Heinrich Institoris (1982): *Der Hexenhammer* (Original in lateinischer Sprache: *Malleus maleficarum*); Franz Renggli (1992): *Selbstzerstörung aus Verlassenheit*, S. 134–145.

85 Franz Renggli (1992): *Selbstzerstörung aus Verlassenheit*, S. 93–96.

86 Siehe vor allem Norbert Elias (1977): *Der Prozess der Zivilisation. 2. Teil: Zur Soziogenese der Staaten, Band II*, S. 123–311.

87 Quelle: Bundesamt für Gesundheit (BAG).

88 Literatur: Peter Burke (1978): *Helden, Schurken und Narren*; Jean Delumeau: (1985): *Angst im Abendland*; Jean-Louis Flandrin (1981): *Le Sex et l'Occident*; Michel Foucault (1973): *Wahnsinn und Gesellschaft*; Thomas Hausschild (1987): *Die alten und die neuen Hexen*; Robert Muchembled (1984): *Kultur eines Volkes – Kultur der Elite*; Jacques Rossiaud (1989): *Dame Venus: Prostitution im Mittelalter*; Jos van Ussel (1977): *Sexualunterdrückung, Geschichte der Sexualfeindlichkeit*; Franz Renggli (1992): *Selbstzerstörung aus Verlassenheit:* S. 151–55.

89 Siehe Franz Renggli (1992): *Selbstzerstörung aus Verlassenheit*, S. 152.

90 Literatur: Claudia Honegger (1978): *Die Hexen der Neuzeit*, S. 109 und 121.

91 Siehe Gisela Völger und Karin von Welck (1982): *Rausch und Realität, Drogen im Kulturvergleich*; Sidney W. Mintz (1987): Die süße Macht, Kulturgeschichte des Zuckers.

92 Jean Delumeau (1985): *Die Angst im Abendland, die Geschichte kollektiver Ängste im Europa des 14. bis 18. Jahrhunderts.*

93 Michel Foucault (1961): *Wahnsinn und Gesellschaft.*

94 Zur Literatur siehe Mary M. McLaughlin (1977): »Überlebende und Stellvertreter: Kinder und Eltern zwischen dem neunten und dreizehnten Jahrhundert«, in Lloyd de Mause (1977): *Hört Ihr die Kinder weinen?*; Danièle Alexandre-Bidon und Monique Closson (1985): *L'enfant à l'hombre des cathédrales.*

95 Literatur hierzu siehe Earle L. Lipton et al. (1965): »Swaddling, a child care practice«, in: *Pediatrics, 35*, S. 521–567; Albrecht Peiper (1961): *Die Eigenart der kindlichen Hirntätigkeit*; Franz Renggli (1971): *Angst und Geborgenheit*, S. 244f.

96 Literatur siehe James Bruce Ross (1977): »Das Bürgerkind in den italienischen Stadtkulturen«, in Lloyd de Mause: *Hört Ihr die Kinder weinen?* Möglicherweise ist diese Balia, dieses Ammenwesen, diese Trennung von Mutter und Baby auch der Grund, warum Italien von der Pest am stärksten heimgesucht worden ist, mit den meisten Todesopfern. Und: Italien war bis zum Beginn der Pest die führende Nation im westlich-christlichen Abendland.

97 Eine ähnliche Modeerscheinung dieses Ammenwesens ist in Frankreich zur Zeit des Absolutismus feststellbar, siehe Elisabeth Badinter. Und auch im alten römischen Reich ist eine ähnliche Modeerscheinung feststellbar, siehe Jean-Pierre Néraudau (1984): *Etre enfant à Rome.*

98 Franz Renggli (1992): *Selbstzerstörung aus Verlassenheit*, S. 160ff.

99 Siehe John F. Benton: *Self and society in medieval France;* Franz Renggli (1992): *Selbstzer-*

störung aus Verlassenheit, S. 67–91, siehe zudem ebd., Fußnote 1, S. 285.

100 Jakob Sprenger und Heinrich Institoris (1487 bzw. 1982): *Hexenhammer*. 2. Teil, S. 43.

101 Eckhard Rohrmann (2007): *Mythen und Realitäten des Anders-Seins: Gesellschaftliche Konstruktionen seit der frühen Neuzeit*, S. 58. Oder Johann G. Walch (1743, Neudruck 1987): *Martin Luthers sämtliche Schriften in 24 Bänden*. Zitat im 24. Kapitel (22.Band).

102 Eckhard Rohrmann (2007): *Mythen und Realitäten des Anders-Seins: Gesellschaftliche Konstruktionen seit der frühen Neuzeit*, S. 58.

103 Vgl. Klaus Bergdolt (2004): *Das Gewissen der Medizin, ärztliche Moral von der Antike bis heute*, S. 110.

104 Das Thema des Kinder-Tötens und -Verschlingens zieht sich wie ein roter Faden durch den *Hexenhammer*, siehe Literaturangaben im entsprechenden Kapitel. Zudem Joseph Hansen (1900): *Zauberwahn, Inquisition und Hexenprozesse im Mittelalter und die Entstehung der großen Hexenverfolgung*. Siehe weiterhin Franz Renggli (1992): *Selbstzerstörung aus Verlassenheit*, S. 160f.

105 Alle Autoren, die sich mit der Kleinkinder-Behandlung beschäftigen, müssen gezwungenermaßen auf das Phänomen des nächtlichen Erdrückens eingehen. »Vom Gebrauch der Wiege hängt Leben oder Tod des Säuglings ab« (Mary M. McLaughlin, 1977, S. 170). »Erdrücken ist aktueller – bewusster oder unbewusster Kindermord« (Shulamith Shahar, 1991, S. 295). Und schließlich Ariès: »Der Kindermord war ein Verbrechen, das schwer bestraft wurde. Dennoch wurde er wohl insgeheim recht häufig praktiziert, und als Unfall getarnt. Die Kinder starben im Bett der Eltern, in dem auch sie schliefen, eines natürlichen Erstickungstodes« (Philippe Ariès, 1975, S. 54). Ariès spricht in diesem Zusammenhang auch vom insgeheim gebilligten Kindermord (ebd., S. 55).

»Die Wiege ist Zuflucht des ganz kleinen Kindes. Sie ist Schutz vor Aggression, Schutz vor dem Risiko, erdrückt zu werden, Schutz vor dem Kindermord« (Danièle Alexandre-Bidon und Monique Closson, S. 168). Wie viele Kinder so gestorben sind, werden wir nie erfahren, aber ebenso sicher wissen wir, dass solche Todesfälle tatsächlich vorgekommen sind; so vermerkt Albrecht Peiper (1966), dass in London in der Zeit zwischen 1686 und 1758 allein von Lohn-Ammen 4.988 Säuglinge erdrückt worden sind.

106 Siehe Franz Renggli (1992): *Selbstzerstörung aus Verlassenheit*, S. 163–178.

107 Literatur siehe Marshall Klaus und John Kennell (1983): *Mutter-Kind-Bindung*.

108 Erwin Panofsky (1980): *Studien zur Ikonographie*; Edgar Wind (1984): *Heidnische Mysterien in der Renaissance*.

109 Eine Bemerkung zur Entfremdung: Ich habe bisher ausschließlich die »Bodenkinder« als Symbol der höchstmöglichen Trennung zwischen Mutter und Kind dargestellt. Aber es gibt noch andere Formen der Entfremdung, die nicht so spektakulär sind: Erwähnt sei die Darstellungsweise, in der eine Mutter ein schlafendes Kind in ihrem Schoß hält und es anbetet, wobei das Kind ein leichenhaftes Aussehen hat, ein immer wiederkehrendes Motiv (beispielsweise die *Madonna del Prato* von Giovanni Bellini oder *Madonna dalla collo longo* von Parmigianino). Oder das Kind sitzt Maria auf dem Schoß, beide aber blicken in eine andere Richtung (*Maria am Rosenhag* von Martin Schongauer oder fast alle Marienbilder bei Perugino). Ferner kann das Kind von der Mutter sehr schlecht im Arm gehalten werden, in Wirklichkeit wäre ein solches Kind zu Tode erschrocken.

Eindringliche Beispiele dazu finden wir bei van Eyck *(Madonna in der Kirche, Maria am Brunnen)*. Schließlich kann der Körper des Kindes rigide und erstarrt sein, fast erscheint er hart wie ein Brett; ein Spezialist dieser Darstellung ist Roger van der Weiden. Ich habe diese Beispiele erwähnt, um zu zeigen, wie viele auch feinere Formen von Entfremdung zwischen Mutter und Kind dargestellt werden können.

110 Vgl. Leo Steinberg (1983/1996): *The Sexuality of Jesus Christ in the Renaissance Art.*

111 Ebd.

112 Salvatore Settis (1983): *Giorgiones »Gewitter«.*

113 S. Freud (1910): *Eine Kindheitserinnerung des Leonardo da Vinci,* in: ders.: *Gesammelte Werke*, Band 8, S. 150.

114 Ebd.

115 Einzige Ausnahme bildet das Thema der heiligen Familie auf der Flucht – Josef ist unmittelbar vor dem Kindermord in Bethlehem durch Herodes von einem Engel gewarnt worden, zu fliehen. Auf diesen Bildern ist Maria zu sehen auf dem Esel mit ihrem Jesusbaby im Arm. Hier ist Josef die leitende und beschützende Vaterfigur – aber nur hier, in der Todesgefahr.

116 Um das genau zu sehen, müsste der Leser, die Leserin, das Original von Segantini betrachten.

117 Gottfried von Straßburg (1986): *Tristan.*

118 Wolfram von Eschenbach (1983): *Parzival.*

119 Friedrich Voßkühler (2004): *Kunst als Mythos der Moderne,* S. 187.

120 Die Figur des Narren, zuerst am Hof als treuer Begleiter des Königs, dann als Leitfigur im Karneval, ist die Darstellung eines Wahnsinnigen, siehe Franz Renggli (1992): *Selbstzerstörung aus Verlassenheit*, S. 96–102.

121 Der Gral in den Ritterromanen ist ein besonders geheiligter Stein, von dem eine lebenserhaltende Kraft ausgeht wie in *Parzival,* oder es ist der Abendmahlskelch, in welchem Christi Blut am Kreuz aufgefangen wurde. Ich verstehe den Gral als die Darstellung der melancholischen Seite der Ritter: Neben dem Zeigen ihrer ganzen Kraft und Macht in all den Kämpfen und Kriegen werden sie als die Einsamen, die ewig Suchenden nach dem Gral dargestellt, nach einer weiteren notwendigen Erlösung der Menschheit.

122 Genauer: Die Prosa *Lancelot*, von einem anonymen Verfasser, entstanden 1220. Ich stütze mich auf das Original: *The Vulgate Version of the Arthurian, Romances*, hrsg. von Heinrich Oskar Sommer, Bd I-VII Washington 1908–16. Die mittelhochdeutsche Übersetzung ist gegenüber dem französischen Original um die ersten beiden Bände gekürzt worden: *L'estoire del saint Gral* und *L'estoire de Merlin*. Diese zwei Romane sind ursprünglich von Robert de Boron (1190) geschrieben worden und wurden vom anonymen französischen Dichter zur Vorgeschichte des Lancelot umgeschrieben. Ins Neuhochdeutsche ist der Roman nie als Ganzes übersetzt worden; eine gute, aber gekürzte Version ist diejenige von Karl Langosch (1980). Der Roman *Lancelot und Ginevra* von Ruth Schirmer ist eine zu freie Übersetzung und deshalb kaum brauchbar.

123 Alle Zitate von Locke (1693/1967): *Einige Gedanken zur Erziehung*. S. 29–34 und 91–94. Zitat hier auf S. 34.

124 Über das Weinen: Locke: *Einige Gedanken über die Erziehung*, S. 99–102.

125 Über Furcht, Feigheit und die hohe Kunst der Erziehung siehe ebd., S. 103–109.

126 Alle Zitate von Rousseau: *Emile*, S. 35–52.

127 Zu diesen Tendenzen in der Mutter-Kind-Beziehung müssen allerdings ein paar wichtige Einschränkungen gemacht werden. Anhand von drei Beispielen sei das hier näher erläutert:

1) Das Ammenwesen in Frankreich: Ich spreche in diesem Kapitel von einer gesamteuropäischen Entwicklungsrichtung in der Mutter-Kind-Beziehung und unterscheide nicht nach den einzelnen Ländern. Das ist eine nicht korrekte Vereinfachung – am Beispiel des Ammenwesens in Frankreich möchte ich das aufzeigen. Ursprünglich ist die Amme ein Statussymbol, ein Zeichen des Adels, aber im 18. Jahrhundert wird die städtische Bevölkerung in Frankreich von diesem Modetrend völlig erfasst. Zur Illustration ein Zahlenbeispiel: Von den 1780 in Paris geborenen 21.000 Babys werden 19.000 zu einer Amme aufs Land verschickt! Für 1.000 Kinder findet sich eine Amme im Haus des Neugeborenen, und nur 1.000 Kinder werden von ihren eigenen Müttern gestillt, nämlich den Müttern aus den allerärmsten Schichten (Badinter, 1981, S. 48). Frankreich ist damals auf dem Höhepunkt des Absolutismus, am Vorabend der Revolution. Die gesamte Bevölkerung der Städte hat somit ihre Kleinkinder so behandelt, wie dies früher nur vom Adel praktiziert worden ist. Kein Zufall, denn dieses Ammenwesen hat nur in Frankreich ein solches Ausmaß erreicht; umgekehrt erlebt in keinem anderen Land der Absolutismus, das höfische Wesen, eine so starke Blüte wie in eben diesem Frankreich. Auch hier gilt: Jedes Sozialsystem, jedes Volk, hat die zu ihm gehörige Behandlungstechnik der Kleinkinder. Nur am Rande sei vermerkt: Nach der Revolution wird das Ammenwesen langsam und allmählich aufgegeben, und in Deutschland beispielsweise ist es mehr oder weniger unbekannt. Von einer in Gesamteuropa einheitlichen Mutter-Kind Beziehung zu sprechen, ist somit eine starke, ja fast unzulässige Vereinfachung.

2) Die verschiedenen Familientypen: Edward Shorter hat von der modernen Familie gesprochen (1977: Die Geburt der modernen Familie), in welcher die Liebesheirat eine immer entscheidendere Rolle spielt – auch dies ist eine grobe Vereinfachung. Denn es gibt im 18. und 19. Jahrhundert immer stärker ausgeprägt ganz verschiedene Familientypen. Rosenbaum hat die wichtigsten zusammengestellt und sie in ihrer unterschiedlichen Lebensweise näher beschrieben, so die Bauernfamilie, die Familie der Handwerker, die Familie der Hausindustrie (in der der Vater unter seinem eigenen Dach zusammen mit der Familie für seinen Verleger arbeitet), die Familie des Bürgertums und schließlich die proletarische Familie, d. h. die Familie des klassischen Fabrikarbeiters. Die Adelsfamilie fehlt in dieser Aufzählung, da sie praktisch nicht mehr von großer Bedeutung ist. Die neuen Impulse für die Erziehung gehen vor allem von der Familie des Bürgertums aus. Hier findet die »Geburt« der modernen Familie statt, wie sie Shorter beschrieben hat, mit Zentrierung der Familie, vor allem der Mutter, rund um das Kind (Rosenbaum, Schlumbohm). Es sind dies die Familien der Unternehmer, der Beamten, wozu auch Richter, Lehrer, Ärzte und Geistliche gehören, es sind die Wirtschaftsbürger und das Bildungsbürgertum.

3) Die Kindersterblichkeit: Zuerst eine grobe Annäherung an das Phänomen: Im Mittelalter stirbt ein Drittel der Kinder im ersten Lebensjahr, ein Drittel im Alter von unter 20 Jahren, und nur ein Drittel der Kinder wird erwachsen. Im 17./18. Jahrhundert kann von einer Kindersterblichkeit von 25 bis 30 % im ersten Lebensjahr ausgegangen

werden, und zirka 50% der Kinder werden erwachsen. Die Kindersterblichkeit geht erst im 19. Jahrhundert rapide zurück, es ist das Jahrhundert der großen Fortschritte in der Medizin. Gewisse Historiker deuten dieses Phänomen folgendermaßen: Weil die Kindersterblichkeit so hoch ist, können und wollen die Eltern sich nicht an ihre Kinder binden, ihr Verlust würde sonst viel zu heftig erlebt. Entsprechend zeigen die Eltern auch keine oder nur geringe Trauer beim Tod ihrer Kinder. Neuere Historiker sehen Ursache und Wirkung gerade umgekehrt: Weil die Eltern so gleichgültig und desinteressiert an ihren Kindern waren, deswegen sind so viele Kinder gestorben (Badinter, 1981, S. 63). Ja, der Rückgang der Kindersterblichkeit kann als Beweis für das Aufkommen der Mutterliebe, der Sorge der modernen Familie für das Kleinkind betrachtet werden (Shorter). Das Problem der Kindersterblichkeit habe ich erwähnt, um zu zeigen, wie unterschiedlich Fakten von den verschiedenen Autoren gedeutet und interpretiert werden können.

128 Angaben über das Aufgeben der Wickelmethode siehe Elisabeth Badinter, Lloyd deMause, Albrecht Peiper, Jürgen Schlumbohm.

129 Zum Stillen siehe das Buch von Ursula Henzinger (1999, ergänzte Auflage 2020): *Stillen, Kulturgeschichtliche Überlegungen zur frühen Eltern-Kind-Beziehung.* Psychosozial Verlag, Gießen, hier vor allem das 5. Kapitel. Siehe auch Maya Borokowsky (1985): *Krankheit Schwangerschaft? Schwangerschaft, Geburt und Wochenbett aus ärztlicher Sicht seit 1800.*

130 In Wirklichkeit aber liegen die Verhältnisse komplizierter, denn Ärzte und Pädagogen im 18. und 19. Jahrhundert ermahnen die Frauen zum Stillen, erst dann sei die wahre Mutterpflicht erfüllt. Es kann geradezu von einem Propagandafeldzug für das Stillen gesprochen werden (Badinter und Schlumbohm). Und all dieses Schrifttum hat auch tatsächlich einen Einfluss. In Frankreich beispielsweise geht das Ammenwesen im 19. Jahrhundert zurück, und es sind in erster Linie die Bürgerfrauen, welche beginnen, ihre Kinder wieder selbst zu stillen. Im Allgemeinen aber wird die Amme durch die Flaschennahrung, durch Kuhmilch ersetzt (Badinter). Auch in Deutschland geht das Stillen im 19. und 20. Jahrhundert stark zurück, aber in Hitler-Deutschland nimmt es beispielsweise wieder zu. Es gibt also keine eindeutig lineare Entwicklung, sondern immer nur zyklische Bewegungen. Trotzdem darf festgehalten werden, dass über die lange Zeit vom 18. Jahrhundert bis zirka 1970 das Stillen insgesamt stark abgenommen hat, ja fast verschwunden ist. In diesem Zusammenhang möchte ich auch erwähnen, dass viele Völker der Dritten Welt bei der Berührung mit der westlichen Kultur unsere Lebensweise übernehmen wollen, sie übt eine magnetische Wirkung aus. Und als erstes sichtbares Zeichen geben die Mütter ihren Kindern nicht mehr die Brust, sondern sie ziehen ihre Kleinen mit der Flasche auf – Symbol unserer Kultur. Dieses Phänomen kann auf der ganzen Welt beobachtet werden. Ausgerüstet mit dieser Art Kleinkinder-Behandlung ist das betreffende Volk dann bereit, unser Wirtschaftssystem und schließlich unsere Konsumhaltung langsam zu übernehmen.

131 Hinzu kommt der Ratschlag der Pädagogen, dass diese Trennung in Eltern- und Kinderzimmer unbedingt eingeführt werden müsse, weil durch das Schlafen im selben Bett mit den Eltern unzeitige Triebe im Kind geweckt werden könnten. Die Kinder müssen somit unbedingt getrennt von den Eltern schlafen, die Sexualität der Eltern wird mit einem Tabu belegt. Die Intimsphäre für die Eltern beginnt, das Ausschließen der Kinder von der elterlichen Sexualität. Gleichzeitig setzt auch die Anti-Onanie-Pädagogik ein. Beim Schlafen müssen die Hände über dem Bett gehalten werden und tagsüber dürfen sie nicht im Hosensack verschwinden. So verdorben waren die Fantasien der Pädagogen und so hilflos mussten sie zusehen, dass trotz ihrer »Ratschläge« die Onanie immer süchtiger betrieben worden ist. Damit aber wird allmählich ein distanzierteres Verhältnis des Kindes zu seinem Körper geschaffen, parallel zum Verschließen der elterlichen Sexualität im Schlafzimmer (siehe Schlumbohm, 1983, S. 15f.).

132 Marshall Klaus und John Kennell (1983): *Mutter-Kind-Bindung*.

133 Die Trennung von Mutter und Kind scheint in den sozialistischen Ländern, in der Zweiten Welt, genauso Brauchtum gewesen zu sein. So habe ich von Moskau gehört, dass hier Mutter und Kind 48 Stunden nach der Geburt getrennt bleiben müssen.

Wie haben eigentlich die Mütter auf all diese Trennungsschritte reagiert? Wir wissen es nicht, es geht aus den historischen Dokumenten nicht hervor, oder zumindest ist es bisher nicht untersucht worden. Aber zu diesem Problem ein kleines Detail aus Basel. Mutter und Kind werden in den Kliniken voneinander getrennt, indem die Neugeborenen in einer speziellen Säuglingsstation zu liegen kommen. In Basel hatte man diese Säuglingsstation »vergessen« zu bauen, es gab sie nicht. Nun kommt 1942 Professor Theo Koller aus Zürich nach Basel und will, wie überall in der westlichen Welt, diese Säuglingsstation 1944 erbauen. Als Antwort erhält er von verschiedenen Müttern Morddrohungen, sodass schließlich eine Säuglingsstation in Basel nie gebaut worden ist (Information von Michael Ramzin, Frauenarzt und langjähriger Schüler von Koller in Basel).

134 Alles Informationen aus Elisabeth Badinter (1981): *Die Mutterliebe*, S. 165–216; vgl. auch Schütze (1986).

135 Die im Affekt ihre Kinder schlagenden, ja halb zu Tode quälenden Eltern sind heute in allen Industrienationen zu einem großen Problem geworden. Aber dies sind keine Erziehungsmaßnahmen, sondern die geschlagenen Opfer sind oft die Lieblingskinder ihrer Eltern, in die enorm hohe Erwartungen gesetzt worden sind. Wenn diese Kinder in ihrem Weinen und Schreien nicht zu beruhigen sind, verlieren die Eltern plötzlich die Kontrolle und Beherrschung und beginnen blind auf sie einzuschlagen, sie zu quälen (Hacker, 1977).

136 Michel Foucault (1973): *Wahnsinn und Gesellschaft*, III. Teil, 2. Kapitel: »Die neue Trennung«, S. 391ff.

137 Das spricht nicht gegen Medikamente! Aber gegen die Medikamente, wie sie noch heute in orthodoxen psychiatrischen Kliniken verabreicht werden, welche den Patienten in ein »emotionales Koma« versetzen. Gespräche über sein Leben, seine Konfliktsituationen, seine Ängste sind dann unmöglich.

138 Christiane Olivier (1988): *Jokastes Kinder*.

139 Hier liegt auch die Geburtsstunde des Helden. Männer müssen immer noch gewaltigere, ja unmenschliche Kräfte entwickeln, Kräfte gegen das ewig Böse, um sich aus der ursprünglichen Abhängigkeit von der Mutter zu befreien.

Die eben geschilderte Problematik bestimmte auch die Herkunft und das Schicksal von Männern wie Hitler, Mussolini, Stalin oder Napoleon, wie wir seit Volker Elis Pilgrims Muttersöhne (1986) wissen. Sie alle und viele andere destruktive Politiker haben unter einer sich total aufopfernden Mutter gelitten, die beziehungslos war oder aber mit einem emotionalen Krüppel von Mann zusammenleben musste. All ihr Ehrgeiz galt nur dem Kind, ihrem Knaben. Es ist wirklich eine gefährliche und destruktive Liebe, diese Mutterliebe, wenn sie sich ganz und ausschließlich auf den Sohn konzentriert, wenn die Mutter nur noch durch ihren Sohn eine Daseinsberechtigung und einen Sinn im Leben sieht.

140 Siehe Olivier (1988): *Jokastes Kinder*, S. 157f.

141 Ebd., S. 79 und 89.

142 Siehe ebd., S. 166f.

143 Mit dieser Auffassung über die kleinkindliche Spaltung unterscheide ich mich natürlich radikal von der Psychohistorie des Amerikaners Lloyd deMause (1977): *Hört Ihr die Kinder weinen*. Siehe dazu meine Analyse im Anhang von *Selbstzerstörung aus Verlassenheit*, S. 271–273: Ist die Kindheit ein Alptraum, aus dem wir soeben erwacht sind?

144 Seit vielen Jahren gibt es zu diesem Thema internationale Kongresse und ebenso ein Journal: *Developmental Origins of Health and Desease*, abgekürzt im Internet zu finden unter DOHaD. https://dohadsoc.org/ (17.02.2020).

145 Siehe hierzu mein letztes Buch *Früheste Erfahrungen – ein Schlüssel zum Leben* (2018).

146 Und vergessen wir neben all den Krankheiten nicht, wie viele Menschen sich selber behandeln, ohne je einen Arzt aufzusuchen – Selbstbehandlung mit Aufputschmitteln, Schmerzmitteln, Beruhigungs- oder Schlafmitteln.

147 Man denke als ein Beispiel nur etwa an unsere Abhängigkeit von Handys.

148 Wir in den industrialisierten Nationen verbrauchen rund 80% der Güter dieser Welt, jedoch die Menschen der Entwicklungsländer haben genau die gleichen Rechte und Ansprüche wie wir. Würden sie diese in die Realität umsetzen, wäre der Kollaps unseres Planeten gesichert!

Es gibt dazu nur einen möglichen Ausweg: Wir müssen uns sofort auf ein Negativ-Wachstum einstellen, um die bevorstehende Katastrophe zu vermeiden. Aber die Menschen der Industrienationen sind zu diesem Schritt niemals bereit. Eine Katastrophe oder ein Kollaps stehen somit unausweichlich vor unserer Tür.

149 In meinem Pestbuch habe ich versucht, die globale Krise in ein paar Zahlen und Fakten der heutigen Zeit zu fixieren (Franz Renggli: *Selbstzerstörung aus Verlassenheit*: Kapitel 9: »Die globale Krise heute«, S. 223–248) und unser Elend heute zu umreißen. Wir alle »wissen« von diesem Elend, aber wir als Erwachsene sind fähig, unsere Ängste zu verdrängen oder abzuspalten. Kinder können das nicht und sie spüren all unsere verdrängten Ängste und Verletzungen, sie erspüren unsere Hoffnungslosigkeit. Das Gefühl von »No Future« ist die Folge.

150 Aletha Solter (2009): *Warum Babys weinen*.

151 Siehe Franz Renggli (2018): *Früheste Erfahrungen – ein Schlüssel zum Leben*, Kapitel 4: Die Geburt.

152 Siehe ebd.

153 Wenn sie verdrängt und abspalten werden, machen sie krank!

154 Meine Erfahrung mit Paaren, welche ich mit vielen Paartherapeuten teile, weisen zudem darauf hin, dass es in jedem Paar einen »unlösbaren Konflikt« gibt. Und es ist diese zentrale Polarität, die tiefe Verschiedenheit, welche uns ursprünglich zusammengeführt hat. Hier wollen wir beide weiterkommen, sanfter und weicher werden. Offen sein ohne anzuklagen. Und wenn unsere Erotik und Liebe dadurch nicht verschüttet wird, wenn unsere Dankbarkeit überwiegt, dann sind wir der Frage einen ganzen Schritt nähergekommen, warum wir uns in diese Welt inkarniert haben, was wir im Jenseits beschlossen haben zu lernen. Es ist dies unsere Lebensaufgabe. Diese Paararbeit und ihre Dynamik wird das Thema meines nächsten Buches sein. Siehe auch das Paarbuch von Andrea Frölich und Peter Oertle (2019): *Drei Schritte zum Paaradies, Frieden finden zu zweit.*

155 Siehe Hans Jonas (1973): *Das Prinzip Verantwortung*; Hans Küng (1990): *Weltethos*; oder Dalai Lama (2015): *Der Appell des Dalai Lama an die Welt.*

156 IPPNW: International Physicians for the Prevention of Nuclear War, die 1985 den Friedensnobelpreis erhalten haben und sich für eine Welt ohne Atomwaffen einsetzen.

157 Siehe ihre Initiative 1989 zur Abschaffung der Armee, welche 36,5 % Ja-Stimmen erhalten hat – ein unendlich wichtiger Schritt zur Menschlichkeit.

158 Siehe ihre Aufzeichnungen durch ihre Mutter Bernadette von Dreien: *Christina, Zwillinge aus Licht geboren* (2017) und *Christina, die Vision des Guten* (2018).

Register

E

F

G

H

N

O

P

R

Franz Renggli

Früheste Erfahrungen – ein Schlüssel zum Leben

Wie unsere Traumata aus Schwangerschaft und Geburt ausheilen können

2017 · 168 Seiten · Broschur
ISBN 978-3-8379-2801-3

Franz Renggli stellt die aktuellen Erkenntnisse der pränatalen Psychologie und Psychotherapie in einer allgemein verständlichen Sprache dar und zeigt anschaulich, wie tief und wie früh all unser Erleben, unsere Wahrnehmung und unser Verhalten geprägt werden. Er schildert, wie diese frühesten Erfahrungen aus Schwangerschaft, Geburt und Babyzeit in unserem Körper gespeichert werden und wie diese ersten Erlebnisse im Mutterleib beeinflussen, wie wir als Erwachsene wahrnehmen, uns verhalten und welche Entscheidungen wir treffen.

Anhand von eindrücklichen Falldarstellungen aus seiner langjährigen therapeutischen Arbeit zeigt Renggli, dass alle unsere heftigen Emotionen, Ängste und Krisen, aber auch unsere starken Körperempfindungen, Schmerzen und Krankheiten durch unsere Erfahrungen in der allerersten Lebenszeit bestimmt wurden. Diese Traumatisierungen und Verletzungen sind kognitiv, und das heißt über das Bewusstsein nicht zugänglich, sie können jedoch körperpsychotherapeutisch behandelt werden.

Bei dem Buch handelt es sich um einen überarbeitete Neuausgabe von *Das goldene Tor zum Leben. Wie unser Trauma aus Geburt und Schwangerschaft ausheilen kann*, 2013 (München, Arkana).

Psychosozial-Verlag

Thomas Harms

Keine Angst vor Babytränen

Wie Sie durch Achtsamkeit das Weinen Ihres Babys sicher begleiten.
Das Elternbuch

2019 · 184 Seiten · Broschur
ISBN 978-3-8379-2891-4

Durchatmen statt durchdrehen! Emotionelle Erste Hilfe für Eltern mit schreienden Kindern

Extra: Kostenlose Körper- und Achtsamkeitsübungen als Audiodatei zum Herunterladen

Der Babytherapeut Thomas Harms erklärt verständlich und fundiert, warum Babys weinen und wie Eltern die Gefühle ihrer Babys sicher und erfolgreich regulieren können. Hieß es früher noch, stundenlanges Schreien kräftige die Lungen und habe eine gesundheitsfördernde Wirkung, wissen TherapeutInnen heute, dass Babys sich nur dann sicher fühlen, wenn sie mit all ihren Gefühlen gespiegelt und wahrgenommen werden. Das Babyschreien enthält eine Botschaft an die Umwelt, die es zu entschlüsseln gilt. Doch das Schreien stellt Eltern vor größte emotionale Herausforderungen und kann im Alltag zu Stress und Unsicherheit führen.

Aktuelle Forschungsergebnisse zeigen, dass Eltern ihre Säuglinge besser verstehen und begleiten können, wenn sie mit den Gefühlen und Empfindungen ihres Körpers verbunden bleiben. Körper- und Achtsamkeitsübungen, die als Audiodatei heruntergeladen werden können, unterstützen Eltern dabei, eine achtsame Selbstbeobachtung und die richtige Bauchatmung zu lernen sowie die inneren Ressourcen zu stärken. So können sie die Tränen und Bedürfnisse ihres Babys besser wahrnehmen, verstehen und hinreichend beantworten.

Walltorstr. 10 · 35390 Gießen · Tel. 0641-969978-18 · Fax 0641-969978-19
bestellung@psychosozial-verlag.de · www.psychosozial-verlag.de